"中国停车产业研究与发展"系列丛书

机械式立体停车设施

曾 超 张 敏 辜 敏 编著
明艳华 唐伯明 主 审

人民交通出版社股份有限公司

北 京

内 容 提 要

本书共六章内容,包括机械式立体停车设施发展概况,机械式立体停车设备类别、执行标准及特征分析,机械式立体停车场(库)规划设计要点,机械式立体停车设施智慧化管理,机械式立体停车项目案例等。
本书可供城市交通管理部门、规划设计单位、停车建设和管理单位、大专院校及科研机构阅读参考。

图书在版编目(CIP)数据

机械式立体停车设施/曾超,张敏,辜敏编著. —北京:人民交通出版社股份有限公司,2021.4
ISBN 978-7-114-17205-2

Ⅰ.①机… Ⅱ.①曾… ②张… ③辜… Ⅲ.①停车设备 Ⅳ.①U491.7

中国版本图书馆 CIP 数据核字(2021)第 062730 号

"中国停车产业研究与发展"系列丛书

书　　名:	机械式立体停车设施
著 作 者:	曾　超　张　敏　辜　敏
责任编辑:	周　凯　郭红蕊
责任校对:	刘　芹
责任印制:	张　凯
出版发行:	人民交通出版社股份有限公司
地　　址:	(100011)北京市朝阳区安定门外外馆斜街 3 号
网　　址:	http://www.ccpcl.com.cn
销售电话:	(010)59757973
总 经 销:	人民交通出版社股份有限公司发行部
经　　销:	各地新华书店
印　　刷:	北京武英文博科技有限公司
开　　本:	787×1092　1/16
印　　张:	13.25
字　　数:	305 千
版　　次:	2021 年 4 月　第 1 版
印　　次:	2021 年 7 月　第 2 次印刷
书　　号:	ISBN 978-7-114-17205-2
定　　价:	49.00 元

(有印刷、装订质量问题的图书由本公司负责调换)

《机械式立体停车设施》编委会

编 著 者:	重庆交通大学/重庆市公路学会静态交通专业委员会	曾　超	副教授/秘书长
	中国重型机械工业协会停车设备工作委员会	张　敏	秘书长
	重庆市停车管理事务中心	辜　敏	主任
主　审:	中国重型机械工业协会停车设备工作委员会	明艳华	理事长
	重庆交通大学	唐伯明	教授/校长
顾　问:	国家发展和改革委员会综合运输研究所城市交通室	程世东	主任
	重庆市规划设计研究院	卢　涛	正高级工程师/院长
	重庆交通大学交通运输学院	何兆益	教授/院长
	中国建筑标准设计研究院有限公司	曹　彬	党委副书记/总经理

参编人员：张瑞锋　许明金　郭勇金　徐卫军　崔子豪　乔　昊　田仁庆　江颖锋
　　　　　林理科　梁　瑜　王欣宇　孟凡真　黄海琴　裴迎宇　黄立清　冯　鑫
　　　　　熊　震　李文波　马金华　李　欣　包训权　陈逢强　王　耀　苏　农
　　　　　毛健民　代永赞　付再营　刘程泉　朱志慧　靖学文　王银华　于华彬
　　　　　段可幸　禚昌富　周　卉　姚长杰　俞成虎　吴清海　沈　坚　梁　虎
　　　　　李文涛　王忠利　车明群　李仲军　翟凯鸿　薄晓鸣　杨京京　杨雪佳

参编单位：(按汉语拼音字母排序)
　　　　　安徽华星智能停车设备有限公司
　　　　　安徽凯旋智能停车设备有限公司
　　　　　安徽乐库智能停车设备有限公司

宝胜系统集成科技股份有限公司

北京航天汇信科技有限公司

北京鑫华源机械制造有限责任公司

大洋泊车股份有限公司

广东三浦车库股份有限公司

广州建德机电有限公司

杭州大中泊奥科技股份有限公司

杭州西子智能停车股份有限公司

杭州友佳精密机械有限公司

江苏川钿明椿电气机械有限公司

江苏金冠停车产业股份有限公司

江苏金三角钢结构有限公司

江苏普腾停车设备有限公司

江苏中泰停车产业有限公司

青岛茂源停车设备制造有限公司

青岛齐星车库有限公司

山东九路泊车设备股份有限公司

山东莱钢泰达车库有限公司

山西东杰智能物流装备股份有限公司

山东天辰智能停车有限公司

陕西隆翔停车设备集团有限公司

上海赐宝停车设备制造有限公司

上海禾通涌源停车设备有限公司

深圳精智机器有限公司

深圳市伟创自动化设备有限公司

深圳怡丰自动化科技有限公司

唐山通宝停车设备有限公司

中北大学电气与控制工程学院

前言
Preface

伴随城镇化与机动化发展进程，我国各大城市机动车保有量大幅增加，停车供需矛盾日益突出，一方面是停车需求持续增长，一方面是城市土地资源供给逐渐减少。"提高土地和空间利用效率"发展立体停车设施，已成为现阶段缓解停车难的必然趋势之一。目前，机械式立体停车设施以其占地面积小、空间利用率高、智能化管理水平高等优势，在缓解停车难方面得到了广泛应用。

但机械式立体停车设施的建设运营在我国仍处于发展阶段，项目建设单位、设计单位、停车管理单位对机械式立体停车设施设备的发展历程、类型、类别、工作原理、特征参数、设计要点等掌握尚不充分，导致机械式立体停车设施在建设运营过程中存在与停车需求不匹配等问题，一定程度上制约了该技术在我国更加广泛的应用及产业化发展。为促进机械式立体停车设施的推广与使用，中国重型机械工业协会停车设备工作委员会、重庆交通大学、重庆市停车管理事务中心共同组织成立编委会，组织重庆市规划设计研究院、国内外数十家知名停车设备制造企业、重庆市公路学会静态交通专业委员会的专家学者共同编著本书，本书获得重庆市教育委员会科学技术研究项目《面向多方需求均衡优化的公共立体停车设施适用性辨识机制及选址选型模型》科研经费支持。本书可供相关管理部门、规划设计单位、停车建设和管理单位、大专院校及科研机构阅读参考。

本书共分六章，总体介绍了机械式立体停车设施的起源、国内外发展现状及发展趋势。重点介绍了机械式立体停车设备的类别、基本术语、工作原理、基本参数、设计要点及项目案例。系统介绍了机械式立体停车场(库)的规划设计要点，并结合移动物联及"新基建"发展趋势，简要介绍了机械式立体停车设施智慧网联云平台、无人化管理等内容。附录中收录了最新主流车型的外形尺寸及质量数据。本书编写组尽可能收集了国内外最新数据及研究成果，便于读者掌握行业最新发展趋势。

由于机械式立体停车设施的制造技术和建造技术仍在更新迭代，直至本书定稿时，编委会依旧体会到尚有很多新知识、新技术未能在书中全面呈现，如有疏漏和错误之处，恳请广大读者提出宝贵意见，以便今后再版时进一步修正。

作 者
2021 年 3 月

目录 Contents

第1章 机械式立体停车设施发展概况 ········ 1
1.1 机械式立体停车设施起源及国外发展现状 ········ 1
1.2 我国机械式立体停车设施发展历程 ········ 7
1.3 机械式立体停车设施发展趋势 ········ 15

第2章 机械式立体停车设备类别及执行标准 ········ 17
2.1 机械式立体停车设备分类 ········ 17
2.2 机械式立体停车设备基本术语 ········ 21
2.3 机械式立体停车设备基本参数 ········ 25
2.4 机械式立体停车设备表示方法 ········ 29
2.5 机械式立体停车设备执行标准 ········ 30

第3章 机械式立体停车设备特征分析 ········ 33
3.1 升降横移类机械式立体停车设备 ········ 33
3.2 简易升降类机械式立体停车设备 ········ 43
3.3 平面移动类机械式立体停车设备 ········ 49
3.4 巷道堆垛类机械式立体停车设备 ········ 65
3.5 垂直升降类机械式立体停车设备 ········ 70
3.6 垂直循环类机械式立体停车设备 ········ 78
3.7 水平循环类机械式立体停车设备 ········ 83
3.8 多层循环类机械式立体停车设备 ········ 86
3.9 汽车专用升降机 ········ 90

第4章 机械式立体停车场(库)规划设计要点 ········ 96
4.1 基地与总平面设计 ········ 96
4.2 出入口类型及设计要点 ········ 98
4.3 建筑规模、出入口和车道数量 ········ 100
4.4 停车区域及交通设计 ········ 101
4.5 建筑标准及工程设计 ········ 105
4.6 消防设计 ········ 107
4.7 安全疏散与建筑设备 ········ 112

| 4.8 | 电气设计与充电设施 | 114 |

第5章　机械式立体停车设施智慧化管理　121

5.1	机械式立体停车设施智慧网联云平台	121
5.2	机械式立体停车设施远程诊断系统	123
5.3	机械式立体停车设施无人化管理	126

第6章　机械式立体停车项目案例　131

6.1	升降横移类机械式立体停车项目案例	131
6.2	简易升降类机械式立体停车项目案例	137
6.3	平面移动类机械式立体停车项目案例	140
6.4	巷道堆垛类机械式立体停车项目案例	147
6.5	垂直升降类机械式立体停车项目案例	151
6.6	垂直循环类机械式立体停车项目案例	162
6.7	水平循环类机械式立体停车项目案例	163
6.8	多层循环类机械式立体停车项目案例	165
6.9	汽车专用升降机项目案例	167
6.10	AGV 停车机器人项目案例	168
6.11	商用车专用机械式立体停车项目案例	172

附录 A　177

附录 B　189

参考文献　202

第1章
机械式立体停车设施发展概况

随着人民生活水平的提高及汽车产业的飞速发展,我国各级城市汽车保有量大幅增加,"行路难、停车难"问题日益严峻。停车难作为一个社会问题,已成为我国各级城市的顽疾,对城市经济、交通发展的制约日趋明显。解决城市停车难问题,发达国家经历了"尽量满足停车需求—限制停车需求—使用停车管理策略缓解停车矛盾"三个阶段。结合实际,我国现阶段及未来一段时间仍将处于尽量满足停车需求为主的阶段,停车设施建设依然是缓解停车难的主题。

我国城市的停车设施主要分为路外停车设施和路内停车设施,路外停车设施主要包括独立建设的公共停车场(库),公共建筑物、居民住宅小区等民用建筑物配建的停车场(库);路内停车设施是利用道路一侧或两侧设置的停车泊位。随着人们机动化出行水平的持续增长,尽量满足停车需求意味着增大停车位供给,继续发展路内停车位将加剧动静态交通矛盾,路内停车位将逐渐因城市畅通需求而被路外停车场取代。而建设路外停车项目需要占用较多的土地资源,特别是随着城市建设发展,建设用地日益紧张,停车空间的扩展与城市建设用地不足间存在较大矛盾。

一方面是持续增长的停车需求,另一方面是城市土地资源供给难度较大的现实困境,要解决停车难题,就要向地上、地下空间发展,突破平面约束,向立体空间要车位。"提高土地和空间利用效率"是城市停车场建设发展的重要原则。事实上,为了解决停车难问题,发达国家采取的措施也各有不同,但建设占地面积小、空间利用率高、智能化管理水平高的机械式立体停车设施是各国缓解城市停车难题最常用和最有效的手段之一。

机械式立体停车设施(Mechanical Parking Facilities)是指采用机械式停车设备存取、停放机动车的立体停车库或立体停车场。其中,机械式立体停车场(Mechanical Parking Lot)是指采用机械式停车设备存取、停放汽车的露天场地或构筑物;机械式立体停车库(Mechanical Parking Garage)是指采用机械式停车设备存取、停放机动车的建筑物。机械式停车设备(Mechanical Parking System)是指利用机械搬运的方式实现汽车平面停放或立体停放,集机、电、仪一体化的全成套设备。

1.1 机械式立体停车设施起源及国外发展现状

1.1.1 源于欧美

1905 年,法国建筑师 Auguste Perret 在巴黎建造了一座名为 Rue de Ponthieu 的立体停车库,这是目前所记载的最早出现的立体停车设施之一。由于该车库在汽车停放过程中需要廊桥两侧工作人员的帮助,因此该车库属于半自动化人车共乘方式的立体停车设施,车库内部结构如图1-1所示。

20世纪20年代初,Holabird和Roche为美国芝加哥市华盛顿西大街215号的一家宾馆设计建造了一座机械式立体停车库(图1-2)。以该车库的建造为起点,机械式立体停车库在美国纽约、芝加哥、洛杉矶等城市逐渐兴起,先后出现了垂直升降类、垂直循环类、升降横移类、简易升降类等不同类型的立体停车库。如美国西屋电气公司的垂直循环类立体停车库(1930年)(图1-3)、芝加哥垂直循环类立体停车库(1937年)(图1-4)等典型代表。

图1-1　法国巴黎Rue de Ponthieu停车库内部图

图1-2　芝加哥市华盛顿西街215号宾馆立体停车库

图1-3　美国西屋电气公司的垂直循环类
　　　　立体停车库(1930年)

图1-4　芝加哥垂直循环类立体停车库(1937年)

大跨径钢结构及预应力混凝土结构的广泛应用,为立体停车库的发展提供了新空间。20世纪50年代末,美国已建成70余座自动化立体停车库。如1950年建成的巷道堆垛类立体停车库(图1-5)、需要人工辅助提升的两层或三层简易立体停车库(图1-6)和Pigeon Parking Hole Corporation所建造的立体停车库(图1-7),不仅具备传统的停车功能,并将加油站、汽车维护场地相结合,成为综合型公共立体停车库最早的雏形。

图1-5 巷道堆垛类立体停车库(1950年)

图1-6 需人工辅助提升的简易立体停车库(1955年)

20世纪50年代,意大利、德国、瑞典等欧洲国家也先后建成机械式立体停车设施,主要为仓储式立体停车设施,但数量较少。典型代表如德国卡尔斯鲁尔的平面移动类立体停车库(1955年)(图1-8)。

图1-7 美国综合型公共立体停车库雏形

图1-8 德国卡尔斯鲁尔机械式立体停车库(1955年)

1.1.2 兴于日韩

1)日本

1929年,日本角利吉申请了垂直循环类立体停车设备专利,日本首座小型垂直循环类立体停车库在丸之内建成使用(图1-9)。

图1-9 日本首座垂直循环类立体停车设备专利证书及实景图

与欧美国家从步行时代到马车时代,再逐步过渡到汽车时代不同,随着汽车产量和汽车保有量的急剧增加,20世纪60年代的日本快速进入汽车时代,导致日本在汽车时代初期,狭窄的道路上停满了汽车。立体停车设施作为解决城市停车难与交通拥堵的方式之一,开始受到政府的青睐。

1960年,东京都千代区建成第一座两层四车位立体停车库;1961年,首座大型垂直循环类立体停车库建成(图1-10);1962年,首座垂直升降类立体停车库建成;1963年,巷道堆垛类立体停车库建成;1964年,多层循环类立体停车库建成(图1-11);1965年,公益社团法人——日本立体驻车场工业会设立;1966年,水平循环类立体停车库建成;1967年,平面移动类立体停车库建成;2010年,日本累计投入使用的机械式停车位已达到300万个。截至2018年底,日本建设机械式立体停车项目总计574223个,机械式立体泊位3139644个,各类机械式立体停车设施占有率分析如图1-12所示,1999—2018年日本机械式立体停车设施发展趋势如表1-1所示。

图1-10 日本垂直循环类立体停车库(1961年)

图1-11 日本循环类立体停车库(1964年)

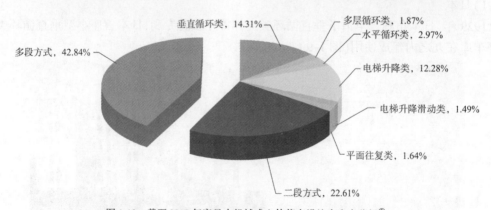
图1-12 截至2018年底日本机械式立体停车设施占有率分析①

---

① 日本机械式立体停车设施类型中,电梯升降类、电梯升降滑动类、平面往复类、二段方式、多段方式分别对应垂直升降类、巷道堆垛类、平面移动类、两层升降横移类和简易升降类、多层升降横移类和简易升降类。

1999—2018 年日本机械式立体停车设施发展趋势分析表（各类型新增比例,%）　表 1-1

年份	垂直循环类	多层循环类	水平循环类	电梯升降类	电梯升降滑动类	平面往复类	二段方式	多段方式
1999	2.76	1.08	1.32	11.47	0.45	2.99	21.84	56.17
2000	2.48	0.67	1.28	11.15	0.17	2.76	21.13	58.69
2001	1.99	0.68	1.77	11.00	0.44	2.02	17.32	63.14
2002	1.72	0.87	2.04	10.55	0.26	3.49	17.44	61.92
2003	1.14	0.52	2.91	11.62	0.02	2.39	15.25	64.27
2004	1.28	0.80	2.86	11.75	0.02	1.43	13.42	66.40
2005	0.90	0.48	1.89	13.03	0.00	2.56	12.93	66.15
2006	0.69	0.40	2.88	17.77	0.00	2.89	11.76	61.65
2007	0.70	0.95	2.75	19.22	0.01	2.19	11.18	61.16
2008	0.43	0.96	3.25	23.11	0.27	2.50	10.04	57.32
2009	0.76	0.94	5.77	26.82	0.00	2.43	8.86	51.52
2010	0.69	0.66	4.47	23.18	0.05	3.66	12.69	50.60
2011	0.69	0.45	5.00	13.92	0.00	3.46	13.45	58.97
2012	0.55	0.69	4.40	15.00	0.04	2.42	13.22	59.78
2013	1.24	0.35	4.81	14.80	0.00	1.19	12.46	61.18
2014	0.97	0.24	5.57	17.16	0.00	0.94	11.45	59.61
2015	0.77	0.28	4.63	19.68	0.00	2.02	12.59	55.90
2016	0.98	0.35	5.81	17.74	0.00	2.17	14.47	53.97
2017	1.16	0.59	4.36	17.24	0.00	1.46	10.29	60.34
2018	1.18	0.37	5.85	21.28	0.00	2.77	9.40	54.81

20 世纪 90 年代初期，日本机械式立体停车设施的应用达到顶峰，年需求泊位超过 14 万个，随后受经济危机的冲击，需求量逐年下降。而近些年随着日本汽车保有量的逐年下降，机械式立体停车库的需求也呈明显下降趋势。历经近六十年的发展，日本机械式立体停车设施已较为成熟。2016—2018 年，日本每年新增泊位数据基本保持在 4.2 万～4.5 万个，行业发展势态稳定。

2）韩国

韩国机械式立体停车设施的发展历程较为平稳。20 世纪 70 年代中期开始起步，20 世纪 80 年代开始引进日本技术并本土化生产，20 世纪 90 年代步入成长期，该阶段机械式立体停车设施车位保有量增速均在 30% 左右，2000 年后各类机械式立体停车设施进入快速发展阶段。

截至 2017 年 12 月，韩国累计共有机械式立体停车场 29515 个，车位数 705494 个，设备组数 47475 个（表 1-2）。以韩国首都首尔为例：机械式立体停车场 11824 个，占韩国全国机械式立体停车场总数的 40.10%；车位数 251935 个，占韩国全国总车位数的 35.70%；设备组数 19493 个，占韩国全国设备总组数的 41.10%。以釜山市为例：机械式停车场 4592 个，占韩国全国机械式立体停车场总数的 15.60%；车位数 123619 个，占韩国全国总车位数的 17.50%；设备组数 7067 个，占韩国全国设备总组数的 14.90%。

截至 2017 年 12 月韩国机械式立体停车位累计数量按地区分布统计情况　　表 1-2

地区	设备组数（个）	车位数（个）	设备组数占比（%）	车位数占比（%）	机械式立体停车场数量	
					数量（个）	占比（%）
首尔	19493	251935	41.10	35.70	11824	40.10
京畿道	4979	82699	10.50	11.70	3193	10.80
仁川	2577	53187	5.40	7.50	1979	6.70
江原道	683	8141	1.40	1.20	407	1.40
釜山	7067	123619	14.90	17.50	4592	15.60
蔚山	750	14689	1.60	2.10	567	1.90
庆南	1669	31452	3.50	4.50	1159	3.90
济州	508	10520	1.10	1.50	330	1.10
大邱	3009	41595	6.30	5.90	1406	4.80
庆北	883	11708	1.90	1.70	521	1.80
光州	1393	21471	2.90	3.00	766	2.60
全南	468	6589	1.00	0.90	333	1.10
全北	534	4711	1.10	0.70	276	0.90
大田	1987	25807	4.20	3.70	1138	3.90
世宗	5	76	0	0	4	0
忠南	806	8953	1.70	1.30	634	2.10
忠北	664	8342	1.40	1.20	386	1.30
合计	47475	705494	100.00	100.00	29515	100.00

截至 2017 年 12 月，韩国各类机械式立体停车设施所占比例如图 1-13 所示，两层升降横移类占比 46.81%，其次是垂直升降类占比 15.97%、多层循环类占比 14.51%、三层以上升降横移类占比 10.38%、垂直循环类占比 6.75%、平面移动类占比 4.52%、水平循环类占比 0.57%、巷道堆垛类占比 0.48%、其他占比 0.01%。

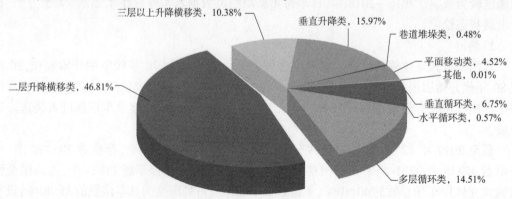

图 1-13　截至 2017 年 12 月韩国各类立体停车设施所占比例

1.2 我国机械式立体停车设施发展历程

1.2.1 发展历程

20世纪70年代初,台湾地区引入双层式立体停车设施(图1-14),自此揭开了台湾地区立体停车设施发展序幕。随后,台湾地区与日本开展技术合作,不断引进日本先进技术,于1981年建成第一座垂直循环类立体停车库(图1-15);1984年建成矩形水平循环类立体停车库(图1-16)。

图1-14 双层式立体停车设施

图1-15 垂直循环类立体停车库

大陆地区的机械式立体停车设施起源于20世纪80年代,北京有色冶金设计研究总院的技术研发人员参考日本相关资料,于1984年开始自主研发机械式立体停车设备。1988年,由日本IHI株式会社承建的台北市政府八德路四座垂直循环类立体停车库完工(图1-17)。同年,北京建成大陆地区首座机械式立体停车库,该车库为68个泊位两层升降横移类车库,从此拉开了大陆地区机械式立体停车设施建设序幕。

图1-16 矩形水平循环类立体停车库

图1-17 垂直循环类立体停车库

至20世纪90年代初,随着汽车进口政策的放开,机械式立体停车设备制造业得到飞速发展。在1994—1995年间,台北市兴起了民间投资兴建立体停车设施的热潮,先后建成投用48座立体停车设施。然而，由于经济不景气使停车设备行业出现业绩滑坡，经优胜劣汰后，许多专营双层立体停车设备的厂商纷纷退出市场。台湾立体停车机械产业协会的厂商会员也从1993年的253家大幅滑落至1999年的73家。多数立体停车设备厂商不再营业，部分企业则紧缩规模，依靠立体停车设备维保业务维持生存，至2002年6月台湾立体停车机械产业协会的厂商会员只剩不足50家，其中纯粹专营停车设备的厂商更是寥寥无几。由于制造成本原因，台湾仅存的立体停车设备厂商都只在台湾地区销售或针对东南亚地区开展出口业务，新产品的研发也基本停滞，仅销售市场已成熟且具有成本优势的产品。

随着改革开放的不断深入，大陆地区的机械式立体停车技术从萌芽走向成熟，从传统迈向现代化。至此，大陆地区机械式立体停车设备行业进入快速发展阶段。1992—1998年，相继建成垂直循环类、汽车专用升降机、垂直升降类（试验）、多层循环类、巷道堆垛类立体停车库。我国立体停车设备行业的管理机构——中国重型机械工业协会立体仓储及车库设备分会（中国重型机械工业协会停车设备工作委员会前身）于1998年成立。陆续出台的行业相关标准包括：《机械式停车设备类别、参数、型式与基本参数》（JB/T 8713—1998）、《简易升降类机械式停车设备》（JB/T 8909—1999）、《升降横移类机械式停车设备》（JB/T 8910—1999）；2015年，国家发改委等多部委联合下发《关于加强城市停车设施建设的指导意见》，鼓励社会资本投资建设公共停车场，个人资本与民营资本开始进入停车行业。

近年来，随着我国"停车难"问题的日益突出，立体停车设备行业发展迅猛。2011年，全国机械式立体停车泊位累计总量突破100万个，2013年突破200万个，2015年突破300万个，2016年突破400万个。截至2020年底，我国机械式立体停车设施累计泊位数达到7566159个，产销量位居世界第一，机械式立体停车设备制造行业迈入快速发展新阶段。

1.2.2 行业大事件

1988年12月28日，大陆地区首座机械式立体停车库在北京市中国有色金属工业总公司建成，该车库为两层升降横移类，共68个泊位（图1-18）。

1992年5月16日，大陆地区首座垂直循环类机械式立体停车库在北京石化院建成，共26个泊位（图1-19）。

1994年，北京市首次采用汽车专用升降机，上海市建成首座40个泊位垂直升降类（试验）立体停车库。

图1-18 大陆地区第一座机械式立体停车库

1998年，天津市建成首座24个泊位多层圆形循环类立体停车库。同年，上海市建成首座40个泊位垂直升降类立体停车库，深圳市建成首座186个泊位巷道堆垛类立体停车库。

1999年，上海市静安区昌平路958号自然美大厦建成首座22个泊位多层矩形循环类立体停车库。

2002年，大连市建成首座64个泊位平面移动类立体停车库。

图 1-19　大陆地区首座垂直循环类立体停车库

2005年,北京市建成首座水平循环类立体停车库。

2011年,全国(因统计资料有限,以下数据不包括港澳台地区)新增机械式停车泊位突破30万个,累计泊位总量突破百万个,达到124.7万个。

2013年,全国新增机械式停车泊位突破50万个,全国累计停车位总量突破200万个,全国选用机械式停车库的城市超过400个。

2015年,全国新增机械式停车泊位突破60万个,累计泊位总量突破300万个,达到336万余个,累计泊位总数超过日本35万余个。

2016年,全国新增机械式停车泊位突破72万个,累计泊位总量突破408万个。我国在智能停车自动引导小车(Automated Guided Vehicle,AGV)领域取得突破性成果,加速了国内智能停车AGV产业的发展与应用。

2017年,全国新增机械式停车泊位突破81万个,累计泊位总量突破490万个,机械式立体停车设备国内年销售总额突破147亿元。

2018年,全国新增机械式停车泊位突破86万个,累计泊位总量突破576万个,机械式立体停车设备国内年销售总额突破161亿元,国外销售额突破8.82亿元。

2019年,全国新增机械式停车泊位突破89万个,累计泊位总量突破665万个,机械式立体停车设备国内年销售总额突破163亿元,国外销售额突破9.6亿元。

2020年,全国新增机械式停车泊位突破90万个,累计泊位总量突破756万个,机械式立体停车设备国内年销售总额突破165亿元,受全球新冠肺炎疫情影响,国外销售额为5.3亿元。

1.2.3　历年数据统计

截至2020年底,我国机械式立体停车泊位总数累计共7566159个。我国历年机械式立体停车泊位保有量数据如图1-20所示。历年所建成泊位中,升降横移类占比82.95%,其次是简易升降类占比7.83%,平面移动类占比4.90%,垂直升降类占比2.52%,巷道堆垛类占比1.14%,垂直循环类占比0.57%,多层循环类占比0.08%,水平循环类占比0.01%。2020年,我国机械式立体停车泊位设备分类构成如图1-21所示。

以使用对象类型为依据,机械式立体停车设施主要面向公共配建、单位自用、住宅小区三类,其泊位增长情况如图1-22所示。

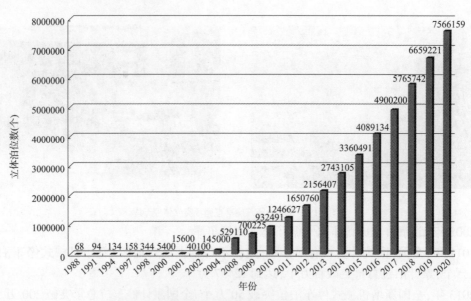

图1-20 历年机械式立体停车泊位保有量(1988—2020年)

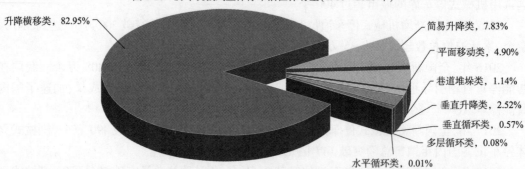

图1-21 截至2020年底我国机械式立体停车泊位设备分类构成

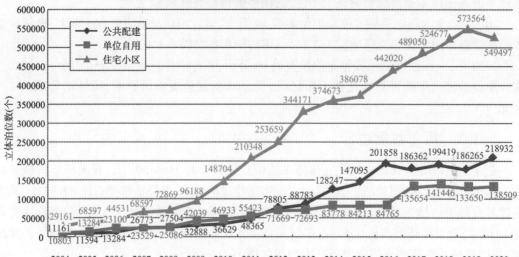

图1-22 历年公共配建、单位自用、住宅小区机械式立体停车泊位增长趋势图

截至2020年底,公共配建车库新增泊位218932个,同比增长17.54%,占泊位总数的24.1%;单位自用车库新建泊位138509个,同比增长3.64%,占泊位总数的15.3%;住宅小区新建泊位549497个,同比减少4.20%,占泊位总数的60.6%。

我国主要类型立体停车泊位增长情况如表1-3及图1-23~图1-32所示。

我国各类机械式停车设备泊位增幅表　　　　　　　　　表1-3

年份	升降横移类(%)	简易升降类(%)	巷道堆垛类(%)	垂直升降类(%)	平面移动类(%)	垂直循环类(%)	多层循环类(%)	水平循环类(%)	汽车专用升降机(%)
2004	52.35	124.34	67.23	-3.50	48.57	—	—	—	—
2005	34.12	1.50	10.76	33.77	17.87	—	—	—	—
2006	27.85	58.94	27.51	20.42	55.64	—	—	—	—
2007	37.14	56.05	53.17	-11.45	25.24	—	—	—	—
2008	5.62	-9.84	-2.72	46.36	19.75	100.00	-58.28	—	17.31
2009	35.41	35.28	86.22	5.89	50.71	1225.00	-57.02	100.00	-39.34
2010	31.18	102.23	24.80	-6.84	99.76	31.32	-57.69	—	-10.81
2011	36.55	53.78	8.34	67.60	-3.99	3.45	1690.91	—	75.76
2012	26.28	36.36	45.21	88.26	46.39	60.56	-31.47	—	-48.28
2013	26.17	15.23	-15.91	12.88	42.77	-39.79	50.00	—	13.33
2014	17.98	17.51	-3.19	-9.74	-12.67	267.82	95.56	—	-11.76
2015	4.54	-8.24	35.08	50.01	32.02	-71.72	-80.30	—	-26.67
2016	17.51	0.68	5.86	45.69	33.31	622.65	328.85	—	72.73
2017	7.16	52.63	-7.47	59.96	20.73	113.46	-65.17	—	-92.11
2018	-0.26	58.64	46.56	33.26	15.24	83.22	583.26	—	333.33
2019	1.55	29.02	-55.18	28.17	-15.23	-10.95	-80.97	100.00	246.15
2020	3.35	-7.69	29.31	5.03	-12.10	7.22	-64.69	—	-13.33

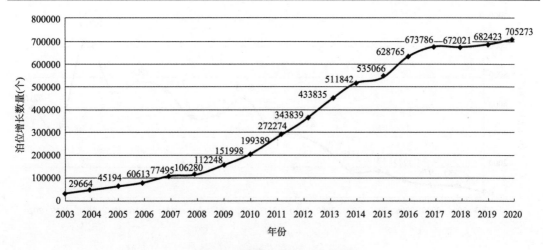

图1-23　升降横移类历年泊位增长图

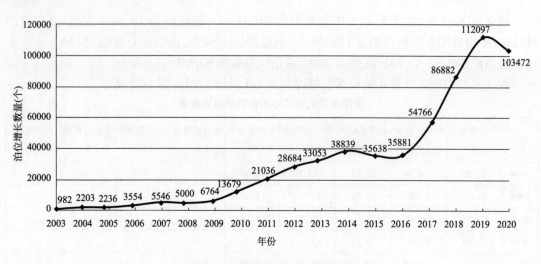

图 1-24　简易升降类历年泊位增长图

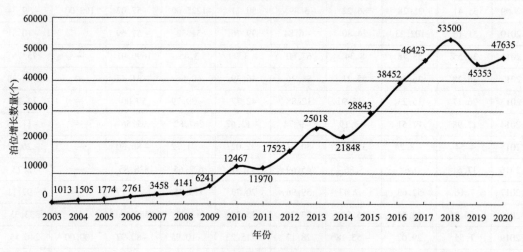

图 1-25　平面移动类历年泊位增长图

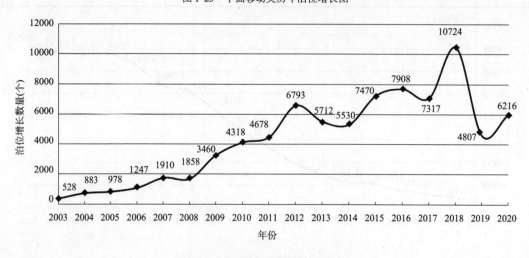

图 1-26　巷道堆垛类历年泊位增长图

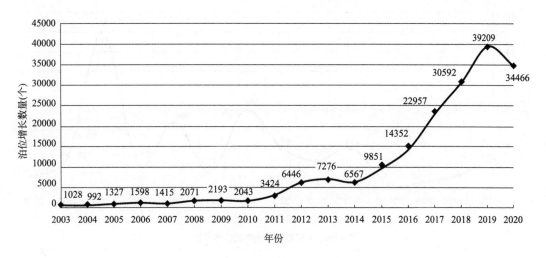

图1-27 垂直升降类历年泊位增长图

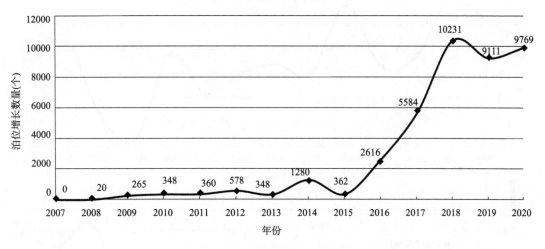

图1-28 垂直循环类历年泊位增长图

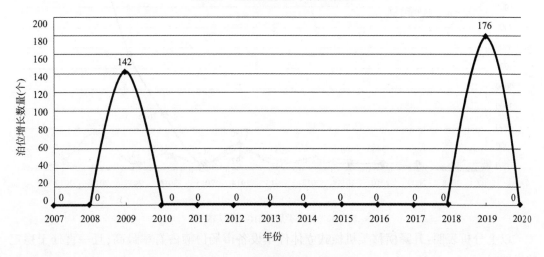

图1-29 水平循环类历年泊位增长图

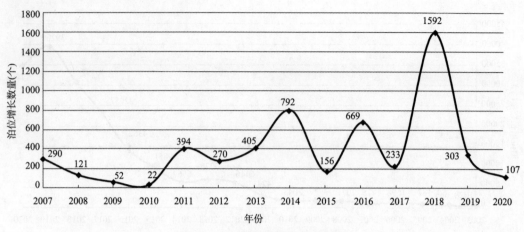

图1-30　多层循环类历年泊位增长图

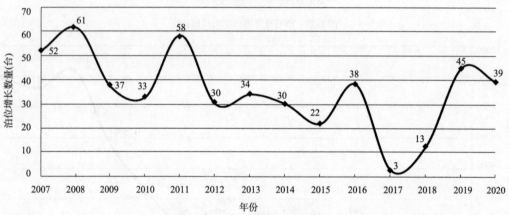

图1-31　汽车专用升降机历年台数增长图

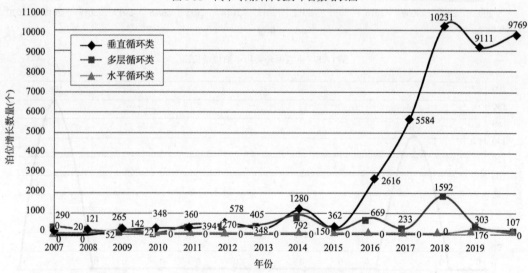

图1-32　循环类历年泊位新增趋势图

以上分析表明：升降横移类机械式立体停车设备市场份额占有率最高，且一直处于稳定的发展状态。

简易升降类立体停车设备的发展较为成熟稳定,经过不断的技术创新,简易升降类立体停车设备已向产品多样化发展。

垂直升降类、巷道堆垛类、平面移动类等容车密度大、土地利用率高、智能化程度高的全自动立体停车设备,在人们追求智能化、自动化停车体验的大趋势下,将会保持较快的发展趋势。

垂直循环类机械式停车设备具有占地小、空间利用率高、选址灵活等特点,随着产品技术和质量的不断提高,近年逐渐被大众认可,呈现出上升趋势。

多层循环类和水平循环类机械式立体停车设备因应用场景相对单一,近年来项目数量有限,发展较为缓慢。

汽车专用升降机通常仅起到搬运汽车的作用,因其受运输效率低、单位时间内运送车辆数量有限的限制,与可以运载汽车的货梯相比,价格相对高昂,因此,部分可以使用汽车专用升降机的项目被货梯替代,近年发展呈现出下降趋势。

1.3 机械式立体停车设施发展趋势

1.3.1 国外发展趋势

美国、意大利、德国等是最早从事机械式立体停车设施开发及生产应用的欧美国家。但由于欧美国家机动化水平已趋于稳定,停车难问题已通过精细化管理手段得到较好缓解。因此,欧美国家自走式停车库、巷道堆垛类及大型平面移动类立体车库发展较好,技术较为先进,且在装备制造、安装、运输、运行管理等全流程过程中已形成相对健全的规范和标准配套体系。如今,欧美国家的机械式立体停车设施发展已不再是为了单纯解决停车问题,而是寻求新领域、新技术的突破。

日本机械式立体停车设施发展至今已有近六十年历史,在设备研发、制造、管理及技术标准等方面都已形成较为完善的体系。此外,由于日本人口老龄化加剧、机动车保有量趋于稳定、公共交通设施完善便捷,日本机械式立体停车设施的应用在 20 世纪 90 年代达到顶峰,有效缓解了停车泊位不足的问题。20 世纪 90 年代后,日本及韩国机械式立体停车设施的发展变缓,需求量逐年下降,从满足停车需求逐渐转向追求停车库品质、停车用户体验及停车安全方向发展。

1.3.2 我国发展趋势

我国的机械式立体停车设施是在学习并消化吸收日本及欧美国家立体停车技术的基础上逐步发展而来,并在此基础上不断改进提高。目前,随着我国机械式立体停车行业的发展,立体停车设备的设计、制造、施工等方面正不断改革创新,核心技术更新换代速度不断加快,工程品质不断提升,机械式立体停车设施逐渐呈现车库产品规模化、设计标准化、生产绿色化、使用便捷化、维护专业化、运转高速化、监控系统化、多功能一体化、产品品牌化的发展趋势。

1.3.3 行业发展前景与挑战

1)行业发展前景

我国机械式立体停车技术经过不断创新实践,已走出一条自主创新的良性发展道路。

伴随我国社会经济快速发展及城市机动化水平持续增长,机械式立体停车行业将迎来一个持续、稳定的发展新时期。

(1) 机械式立体停车设施数量将会长期平稳增长。如今,我国已成为汽车制造大国,汽车产销量会持续增加,停车需求也会稳步上升,而我国人多地少,城市土地资源供给不足,机械式立体停车设施是缓解这种矛盾的有效途径之一,其数量将会持续平稳增长。

(2) 机械式立体停车设备制造业将得到不断发展。机械式立体停车行业的发展带动了停车设备制造业及相关行业的发展,机械式立体停车设备的主要目的之一是集约化使用紧缺的土地资源,其作为机械式立体停车设施建设的必需品,两者的发展是同步的。因此,机械式停车设备行业有着良好的发展前景。

(3) 机械式停车设备类型将不断优化。为了缓解或解决不同场景的停车难问题,机械式停车设备在9种类型的基础上对结构设计、制造工艺、自动化控制、存取车形式等多方面不断总结、优化、创新,研发出不少具有自主知识产权的新产品,极大促进了我国机械式立体停车设施的发展。

2) 面临挑战

目前,我国已成为世界上机械式停车设备制造大国、使用大国和出口大国,机械式立体停车设施对解决城市停车难题和缓解城市交通拥堵发挥了重要作用。但如何推动我国机械式立体停车设施健康、全面、可持续的发展,仍然是一个极为重要的课题。

(1) 从技术角度分析,我国不同机械式停车设备生产企业的设计计算能力水平参差不齐,部分企业在新产品力学性能的校核及可靠性方面存在一定的不足。

(2) 从制造角度分析,在智能制造时代,我国机械式停车设备的领军企业在制造技术和工艺水平方面近年来呈快速上升阶段,在保证产品质量的前提下,实现规模化生产,行业内制造水平差距较大。

(3) 从创新角度分析,我国机械式停车设备企业技术创新能力较强,新产品研发速度较快,为让新产品快速推向市场,对产品可靠性试验的投入相对不足,且对新产品的专利保护意识亟待加强。

(4) 从规划角度分析,部分机械式立体停车设施由于盲目追求泊位数量、选址不当、选型方案失误等原因,造成用户体验不佳及停车泊位不能用或不好用等问题。

(5) 从市场角度分析,机械式停车设备行业内存在着"价格战"的恶性竞争,且有愈演愈烈之势,有些厂家甚至以次充好,偷工减料,最终损害了消费者的利益,随着市场的竞争和市场的净化,实力雄厚的生产企业已逐步扩大规模,行业集中度逐步上升,企业品牌影响力越来越大,品牌效应也越来越明显,但设备维护保养体系还有待进一步完善和规范。

(6) 从政策支持角度分析,自2015年我国出台了多项与机械式立体停车设施相关的政策法规,但存在政策法规体系不够完备、缺乏政策落地实施细则、政策制度缺乏统筹协调等问题,尤其在贯彻落实各项政策法规并取得成效方面,仍然任重道远。

因此,机械式停车设备的技术革新、立体停车设施规划选址、设备选型理论的深化、停车产业化政策配套的完善将是我国机械式立体停车行业发展所面临的新挑战。

第2章
机械式立体停车设备类别及执行标准

本章针对机械式立体停车设备类别、基本术语、基本参数、表示方法、执行标准展开介绍。

2.1 机械式立体停车设备分类

2.1.1 分类及代号

机械式立体停车设备,根据其工作原理,并参照国家标准《机械式停车设备 分类》(GB/T 26559—2011)可分为九大类,具体分类及代号如下。

(1)升降横移类:代号为PSH,参照《升降横移类机械式停车设备》(JB/T 8910),如图2-1所示。

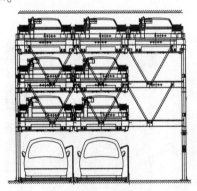 

图2-1 升降横移类机械式停车设备

(2)简易升降类:代号为PJS,参照《简易升降类机械式停车设备》(JB/T 8909),如图2-2所示。

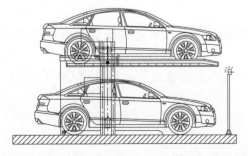 

图2-2 简易升降类机械式停车设备

(3)平面移动类:代号为PPY,参照《平面移动类机械式停车设备》(JB/T 10545),如图2-3所示。

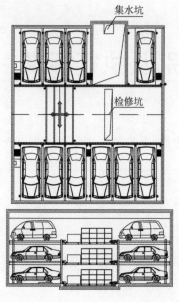

图2-3 平面移动类机械式停车设备

(4)巷道堆垛类:代号为PXD,参照《巷道堆垛类机械式停车设备》(JB/T 10474),如图2-4所示。

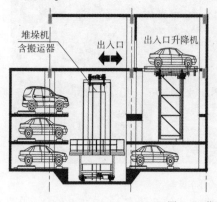

图2-4 巷道堆垛类机械式停车设备

(5)垂直升降类:代号为PCS,参照《垂直升降类机械式停车设备》(JB/T 10475),如图2-5所示。

(6)垂直循环类:代号为PCX,参照《垂直循环类机械式停车设备》(JB/T 10215),如图2-6所示。

(7)水平循环类:代号为PSX,参照《水平循环类机械式停车设备》(GB/T 27545),如图2-7所示。

(8)多层循环类:代号为PDX,参照《多层循环类机械式停车设备》(JB/T 11455),如图2-8所示。

(9)汽车专用升降机:代号为PQS,参照《汽车专用升降机》(JB/T 10546),如图2-9所示。

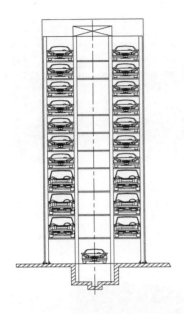

图 2-5　垂直升降类机械式停车设备

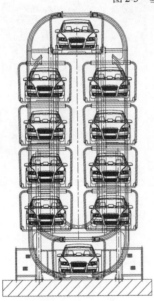

图 2-6　垂直循环类机械式停车设备

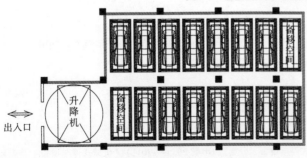

图 2-7　水平循环类机械式停车设备

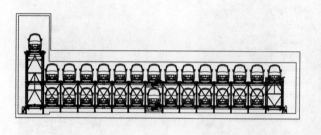

图 2-8 多层循环类机械式停车设备

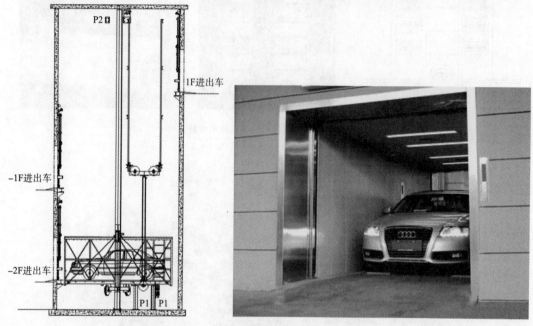

图 2-9 汽车专用升降机

2.1.2 类型划分

同一类别的机械式立体停车设备有多种类型,国家标准《机械式停车设备 分类》[①]按人与停车设备的关系、设备的控制方式、起升方式、出入口位置及停车位布置方式等情况进行分类。

1) 按人与停车设备关系分

(1) 无人式:驾驶员不进入工作区,由停车设备完成存/取车功能。

(2) 准无人式:驾驶员将汽车开进工作区,人离开后,由停车设备完成存/取车功能。

(3) 人车共乘式:人和汽车一同进入工作区,并一起移动。

2) 按控制方式分

(1) 手动式:汽车搬运动作由人工进行控制操作。

---

① 此处《机械式停车设备 分类》包括《机械式停车设备 分类》(GB/T 26559—2011)、《机械式停车设备 分类》(GB/T 26559—2011)修订版(征求意见稿)的部分相关内容。

(2)半自动化:汽车搬运动作某些环节可自动进行,某些环节由人工进行。

(3)全自动化:汽车搬运动作全部自动进行。

3)按起升方式分

(1)钢丝绳起升:通过钢丝绳运动升降载车板或其他载车装置进行汽车搬运的方式。

(2)链条起升:通过链条运动升降载车板或其他载车装置进行汽车搬运的方式。

(3)丝杆起升:通过丝杆运动升降载车板或其他载车装置进行汽车搬运的方式。

(4)液压起升:通过液压缸运动升降载车板或其他载车装置进行汽车搬运的方式。

(5)齿轮齿条起升:通过齿轮齿条啮合升降载车板或其他载车装置进行汽车搬运的方式。

(6)齿形带起升:通过齿形带运动升降载车板或其他载车装置进行汽车搬运的方式。

(7)其他起升:上述六种类型之外的起升方式。

机械式立体停车设备起升方式的特征代号,见表2-1。

机械式停车设备的特征代号　　　　　表2-1

起升方式	钢丝绳	链条	丝杠	液压	齿轮齿条	齿形带	其他
特征代号	S	L	G	Y	C	D	Q

4)按出入口位置分

(1)下部出入式:汽车在停车设备底部出入。

(2)中部出入式:汽车在停车设备除最上部或最下部以外的其他位置出入。

(3)上部出入式:汽车在停车设备上部出入。

5)按停车位布置方式分

(1)横向布置:停车位上车长方向与搬运台车或巷道堆垛机运行方向垂直的布置方式。

(2)纵向布置:停车位上车长方向与搬运台车或巷道堆垛机运行方向平行的布置方式。

(3)重列布置:连续两排及以上的机械车位纵向或横向贯穿排列在一起的布置方式。

(4)环形布置:停车位围绕升降机呈弧形或圆形的布置方式。

2.2 机械式立体停车设备基本术语

2.2.1 基本概念

(1)适停汽车(Cars Suitable for Parking):机械式停车设备允许停放的汽车。

(2)适停汽车尺寸(Dimensions of Vehicle Suitable for Parking):机械式停车设备所能容纳汽车的最大外形尺寸(汽车宽度不含汽车两侧固定突出部位)。

(3)适停汽车质量(Concessional Vehicle Mass):机械式停车设备中准许停放汽车的最大质量,它等于准许停放汽车整车整备质量加50kg物品的质量。

(4)存容量(Parking Capacity):一套控制系统内机械式停车设备最大存容汽车的数量。

(5)汽车宽度(Vehicle Width):分别过汽车两侧固定突出部位(不包括后视镜、侧面标志灯、示位灯、转向指示灯、扰性挡泥板、折叠式踏板、防滑链以及轮胎与地面接触变形部分)最外侧点且平行于Y平面之间的距离(注:Y平面为沿车长方向且垂直于地面的平面)。

(6)汽车全宽(Overall Width of Car):汽车的最大宽度,包括后视镜处于正常位置的宽度。

(7)停车设备高度(Overall Height):机械式停车设备在高度方向上所占用的总空间,它包含停车设备本身和停放汽车的所有高度。

(8)车位高度(Parking Space Height):机械式停车设备中停放适停汽车的停车位所需的净空高度。

(9)车位宽度(Parking Space Width):两相邻停车位中心线之间距离或单个停车位的有效停车宽度距离。

(10)层高(Distance Between Floors):停车设备中停车位层与层之间的高度,通常情况下它是车位高度和相应层停车设备设施所占高度之和,当其他设施(如消防、通风等)侵入停车位高度方向位置时,也应包括其他设施的高度。

(11)层数(Number of Floors):设有停车位的层的总数。

(12)单车最大进(出)车时间(Maximum Storage(or Retrieval)Time of Single Vehicle):从给出一个进车(或出车)指令开始,将车从出入口停放到机械式停车设备的最不利位置(或将汽车从最不利的位置取出至出入口),直至该停车设备能进行下一个进车(或出车)指令为止所需的时间(不包括辅助时间)。

(13)满库时间(Filling Time):在不间断的连续运行情况下,将一套全空的机械式停车设备全部存满车所需的时间(包括辅助时间)。

(14)清库时间(Emptying Time):在不间断的连续运行情况下,将一套停满车的机械式停车设备中的汽车全部取出所需的时间(包括辅助时间)。

(15)辅助时间(Personal User Time):驾驶员将汽车开进转换区并准确停车,然后离开所需的时间,或驾驶员进入转换区将汽车开出所需的时间。

(16)井道宽度(Well Width):平行于升降平台宽度方向井道壁内表面之间的水平距离。

(17)井道深度(Well Depth):垂直于井道宽度方向井道壁内表面之间的水平距离。

(18)平层精度(Leveling Precision):平层后确定测量基准实际停止的位置与理论停止的位置在垂直方向上的误差。

(19)停准精度(Stay Precision):水平运行的搬运器移动到位后,实际停止的位置与理论停止位置在水平方向上的误差。

(20)空载(No Load):搬运器上无汽车时的工况。

(21)额定载荷(Rated Load):搬运器或升降平台上最大适停汽车的质量。

(22)额定速度(Rated Speed):在额定电压、额定频率和额定载荷状态下,机构或部件的起升或运行速度。

(23)满载(Full Load):每个停车位上都停有相应车位的最大适停汽车质量的工况。

(24)静载荷(Static Load):机械式停车设备搬运器和升降平台处于静止状态时,搬运器、升降平台或停车位所承受的载荷。

(25)动载荷(Dynamic Load):机械式停车设备搬运器和升降平台处于运动状态时,搬运器、升降平台或停车位所承受的载荷。

(26)最大偏载(Maximum Eccentric Load):对称设置的机械式停车设备中,一侧的每个停车位均为额定载荷,而另一侧的停车位均为空载时的工况。

(27)平层(Leveling):升降平台升降至汽车进、出口及各停车层时,实现在垂直方向升降平台与停车层平面平齐的一种运动。

2.2.2 停车区域与通道

(1)停车位(Parking Space):在机械式停车设备中,用于最终停放汽车的空间。

(2)充电车位(Parking Space for Charge):具有充电功能的停车位。

(3)混凝土结构停车位(Concrete Parking Space):用钢筋混凝土建筑结构体存放汽车的停车位。

(4)钢结构停车位(Steel Structure Parking Space):用钢结构体存放汽车的停车位。

(5)出入口(Access):进出机械式停车设备转换区或工作区最外部的出入口。

(6)人员出入口(Personnel Access):仅供人员进出机械式停车设备而设置的出入口。

(7)汽车出入口(Vehicle Access):仅供汽车进出机械式停车设备而设置的出入口。

(8)人车共用出入口(Personnel and Vehicle Access):供人员或汽车共同使用的进出机械式停车设备而设置的出入口。

(9)转换区(Transfer Area):存取汽车时,由人员驾驶状态转换为机械式停车设备控制状态或由机械式停车设备控制状态转换为人员驾驶状态的区域。

(10)工作区(Working Area):机械式停车设备运行、存放汽车的区域。对无人方式的停车设备,该区域不允许驾乘人员进入。

(11)库前等候区域(Waiting Area):机械式停车设备出入口前供汽车暂时停放或通行的空地。

(12)井道(Well):升降平台在垂直方向运行的通道。

(13)巷道(Tunnel):搬运台车或堆垛机在水平方向运行的通道。

(14)底坑(Pit):机械式停车设备底层地面以下的井道或地面以下的空间。

(15)地坑(Parking Pit):机械式停车设备出入层以下的地下停车空间。

(16)汽车通道(Drive Way):汽车自行驶入的供汽车通行的道路。

(17)人行通道(Walk Way):机械式停车设备内仅供人员通行的通道。

2.2.3 设备机构与部件

(1)起升机构(Lifting Mechanism):机械式停车设备中用以提升升降平台或载车板的升降机构。

(2)纵移机构(Longitudinal Mechanism):机械式停车设备中沿车长方向将载车板或汽车存入或取出停车位的机构。

(3)横移机构(Traverse Mechanism):机械式停车设备中垂直于车长方向将载车板或汽车存入或取出停车位的机构。

(4)水平循环机构(Horizontal Circulation Transfer Mechanism):在水平面内使机械式停车设备载车板循环移动的机构。

(5)垂直循环机构(Vertical Circulation Transfer Mechanism):在垂直面内使机械式停车设备载车板循环移动的机构。

(6) 存取交接机构(Accessing Outfit):在机械式停车设备中用于将汽车或载车板在汽车出入口、升降平台、搬运器、停车位之间交换的机构。

(7) 回转机构(Slewing Mechanism):使汽车水平回转一定角度以改变汽车方向的机构。

(8) 搬运器(Load Carrier):具有独立的动力驱动机构,运送汽车的装置。

(9) 升降机(Lift):可将汽车升降至不同高度的装置。

(10) 升降平台(Elevating Platform):升降机中承载汽车或搬运器、载车板或其他载车装置的平台。

(11) 巷道堆垛机(Aisle-Stacking Machine):沿着多层停车位车库巷道内轨道运行,向单位车位存取汽车,完成出入库作业的设备。

(12) 搬运台车(Shuttle):在巷道轨道上运行,用于运送汽车使之到达预定停车位、升降平台或转换区的搬运器。

(13) 搬运小车(Transfer Trolley):在水平面内运行,并直接从停车位、升降平台或转换区存取汽车的搬运器。

(14) 自动引导车(Automated Guided Vehicle):装备有电磁或光学等自动引导装置,由计算机控制,以轮式移动为特征,自带动力或动力转换装置,并且能够沿规定的导引路径自动行驶的运输工具,一般具有安全防护、移载等多种功能。

(15) 停车用自动导引车(Parking AGV):具有自动搬运、存取汽车功能的自动导引车。

(16) 梳齿型停车用自动导引车(Comb Parking AGV):采用梳齿机构搬运、存取汽车的自动导引车。

(17) 抱夹式停车用自动导引车(Clamp Arms Parking AGV):采用抱夹机构搬运、存取汽车的自动导引车。

(18) 载车板式停车用自动导引车(Pallet Parking AGV):采用载车板搬运、存取汽车的自动导引车。

(19) 回转盘(Rotary):可将汽车水平回转一定角度以改变汽车方向的独立的机械装置。

(20) 载车板(Pallet):在机械式停车设备中,用于存放汽车的托板。

(21) 梳齿架(Comb Finger Frame):在机械式停车设备中,用于承载汽车的梳齿形支撑架。

(22) 导轨(Guide Rails):供升降平台、对重、平衡重等升降用,不主要用来承受载荷的导向部件。

(23) 轨道(Rrack):供堆垛机或搬运器水平面内运行时,承载重力并为其导向的部件。

(24) 平衡重(Counterpoise Weight):为节能而设置的平衡全部或部分升降质量的装置。

(25) 对重(Counter Weight):由曳引绳经曳引轮与升降平台相连接,在运行过程中保持曳引能力的装置。

(26) 出入库平台(Entrance Platform):在机械式停车设备出入口处设置的用于汽车出入库用的停车平台。

(27) 平层定位装置(Locking Device for Leveling):在平层时用于升降平台达到平层定位功能的装置。

(28) 辅助设备(Auxiliary Equipment):协助机械式停车设备共同完成存取、储存汽车的设备,例如:大门及其联锁装置、工作区域门、侧门、检修门、紧急出口、通行门等。

(29)周边设备(Peripheral Equipment):独立于机械式停车设备以外,具有自身功能的设备,例如充电设施、消防设施、排水设施、换气通风设施、照明设施和停车收费管理系统等。

2.2.4 驱动装置与安全装置

(1)强制驱动(Positive Drive):用链条、齿形带或钢丝绳等悬吊的非摩擦方式的驱动方式。

(2)曳引驱动(Traction Drive):提升绳(带)依靠主机驱动轮的摩擦力的驱动方式。

(3)液压驱动(Hydraulic Drive):依靠液压系统产生动力的驱动方式。

(4)防坠落装置(Anti-Dropping Device):防止载车板或转换区内的升降平台运行到位后处于空中静态位置时坠落的装置。

(5)自动门防夹装置(Anti-Clamp Device of Automatic Operated Door):当自动门在关闭的过程中有车辆或障碍物出入门时而自动停止或自动开启的安全保护装置。

(6)安全钳(Safety Gear):升降平台在超速下降时,制动并控制升降平台使其停止运行的机械装置。

(7)限速器(Speed Limit Device):当升降平台的运行速度超过额定速度一定值时,其动作能导致安全钳起作用的安全装置。

(8)阻车装置(Vehicle-Block Devie):在搬运器、升降平台或载车板上沿汽车行进方向设置的起阻挡汽车作用的装置。

(9)人车误入检测装置(Error-Entering Protection Device):在机械式停车设备出入口处,设置的用于设备运行时检测人员或汽车误入机械式停车设备的保护装置。

(10)缓冲器(Buffer):位于行程端部,用于吸收搬运器、升降平台、平衡重、对重等动能的一种缓冲安全装置。

(11)紧急停止开关(Emergency Stop Switch):机械式停车设备运行过程中能断开动力及控制电源使设备停止运行的开关。

(12)警示装置(Alarm Device):机械式停车设备运行时能够发出声、光报警信号的装置。

2.3 机械式立体停车设备基本参数

2.3.1 适停汽车尺寸及质量

1)《机械式停车设备 分类》(GB/T 26559—2011)中适停汽车尺寸及质量

对适合在机械式停车设备中停放的汽车,按其尺寸[《汽车和挂车类型的术语及其定义 车辆尺寸》(GB/T 3730.3)定义的汽车长、宽、高]及质量[《道路车辆 质量 词汇和代码》(GB/T 3730.2)定义的整车整备质量加50kg物品的质量],《机械式停车设备 分类》(GB/T 26559—2011)分为X(小型)、Z(中型)、D(大型)、T(特大型)、C(超大型)五个轿车组和K(客车)一个客车组,共六个组。各组别汽车尺寸及质量见表2-2。各种常见的汽车品牌型号、尺寸及质量举例,见附录A。

《机械式停车设备 分类》(GB/T 26559—2011)中适停汽车的组别、尺寸和质量 表 2-2

组别代号	汽车尺寸(长×宽×高)(mm×mm×mm)	质量(kg)
X	≤4400×1750×1450	≤1300
Z	≤4700×1800×1450	≤1500
D	≤5000×1850×1550	≤1700
T	≤5300×1900×1550	≤2350
C	≤5600×2050×1550	≤2550
K	≤5000×1850×2050	≤1850

2)《机械式停车设备 分类》(修订稿)中适停汽车尺寸及质量

近年来,随着制造技术发展和市场需求变化,机械式停车设备出现了很多新类型,停车设备所适停汽车的组别、尺寸及质量也发生了变化,特别是针对停放新能源汽车及客车的机械式停车设备需求量逐年增加,这使得《机械式停车设备 分类》(GB/T 26559—2011)标准中适停汽车的组别、尺寸及质量已不能满足产品和技术发展的需要。

为推动行业的有序发展,配合特种设备的监督管理需要,《机械式停车设备 分类》(GB/T 26559—2011)目前正处于修订阶段。此次修订拟将 2011 年版标准的五个轿车组和一个客车组修订为 X(小型)、Z(中型)、D(大型)、T1(特大 1 型)、T2(特大 2 型)、C(超大型)六个乘用车组和 K1(小型)、K2(轻型)、K3(中型)、K4(大型)四个客车组,共十个组别。

此外,目前市场中存在很多车长尺寸小而车高尺寸大的车型,如 Smart 和比亚迪 E1 新能源车等,按 2011 年版标准组别应将其归类于 K1 型车,而实际上这类车型并不属于客车,因此,修订稿中拟增加"组别代号-G"来表示乘用车组别中汽车长、车宽及质量属同一组别,而车高超出规定尺寸但不超出 2050mm 的这一类车型。

结合上述原因,拟增加"X-G、Z-G、D-G、C-G",将原"T"扩充为"T1、T1-G、T2、T2-G",将原"K"扩充为"K1、K2、K3、K4"。

修订稿中各组别汽车尺寸及质量见表 2-3。各种常见的汽车品牌型号、尺寸及质量举例,见附录 B。

《机械式停车设备 分类》(修订稿)中拟规定的适停汽车的组别、尺寸和质量 表 2-3

组别名称	组别代号	汽车尺寸(长×宽×高)(mm×mm×mm)	质量(kg)
小型乘用车	X	≤4400×1750×1450	≤1300
	X-G	≤4400×1750×2050	
中型乘用车	Z	≤4700×1800×1450	≤1500
	Z-G	≤4700×1800×2050	
大型乘用车	D	≤5000×1850×1550	≤1700
	D-G	≤5000×1850×2050	
特大 1 型乘用车	T1	≤5200×1900×1550	≤2000
	T1-G	≤5200×1900×2050	
特大 2 型乘用车	T2	≤5300×1900×1550	≤2350
	T2-G	≤5300×1900×2050	

续上表

组别名称	组别代号	汽车尺寸（长×宽×高）(mm×mm×mm)	质量(kg)
超大型乘用车	C	≤5600×2050×1550	≤2550
	C-G	≤5600×2050×2050	
小型客车	K1	≤5300×1850×2050	≤1850
轻型客车	K2	≤6000×2300×3300	≤6000
中型客车	K3	≤9000×2450×3500	≤10000
大型客车	K4	≤12000×2550×3700	≤13000

注：新版《机械式停车设备 分类》以正式发布为准。

3)《商用车辆机械式停车设备》(T/CHMIA 0802—2019)中商用车车辆的组别、尺寸及质量

随着近年来公共交通事业和物流事业的迅速发展，市场上对能停放客车和物流车辆的机械式停车设备需求量逐年增加，中国重型机械工业协会团体标准《商用车辆机械式停车设备》(T/CHMIA 0802—2019)针对在设计和技术特征上用于运送人员和货物的商用车辆，包括9座以上的客车、货车、半挂牵引车、客车非完整车辆和货车非完整车辆等五类商用车辆，其适停商用车辆的组别、尺寸及质量数据，见表2-4。

适停商用车辆的组别、尺寸和质量　　　　表2-4

组别代号	汽车尺寸（长×宽）(mm×mm)	质量(kg)
A	≤7000×2300	≤5000
B	≤10000×2500	≤8000
M	≤10000×2500	≤10000
N	≤12000×2550	≤12000
U	≤12000×2550	≤14000
V	≤15000×2600	≤18000
W	≤19000×2650	≤21000

注：适停商用车辆高度应≤4000mm，设备适停汽车高度由用户与制造商协商。

2.3.2 存容量

存容量是指一套控制系统内机械式停车设备最大存容汽车的数量。

建设一个机械式立体停车库，在设计时必须考虑车库的总体布局和停车设备的存车能力能确保顺利且安全地停放汽车。人们往往希望一个库内存车数量越多越好，实际上设计一个停车库时，确保一个车库的顺畅且安全地运行至关重要。因此，设计机械式停车库最大存容量时(存放汽车的最大数)，还应考虑以下两个时间要求：

1)满负荷运行时全部汽车入库时间

从汽车处于空库状态开始，以连续入库的方式工作，直到存车库达到满库状态为止所需要的时间。

2)满负荷运行时全部汽车出库时间

在停车库出入口处不存在交通阻塞的情况下，从存车库处于满库状态开始，以随意的连续出库的方式工作，直到存车库达到空库状态为止所需要的时间。

另外,还应考虑到在入库或者出库的高峰时段里,该停车库的运行不会妨碍周围其他各种城市设施的正常使用,并且应尽可能缩短出/入库排队时间。

参照行业标准《机械式停车库工程技术规范》(JGJ/T 326—2014)及重庆交通大学城市停车研究课题组研究成果,根据经济合理和使用方便的原则,单套机械式停车设备的存容量可参考表2-5。

机械式停车设备存容量　　　　　　　　　　　表2-5

设备类型	单套停车设备的存容量(车位)
升降横移类	3～31
简易升降类	2～4
平面移动类	12～80
巷道堆垛类	12～80
垂直升降类	20～50
垂直循环类	8～20
水平循环类	10～40
多层循环类	10～40
汽车专用升降机	2～25

注:平面移动类和巷道堆垛类机械式停车设备单套停车设备存容量指单个出入口的停车设备存容量。

2.3.3　单车最大进(出)车时间

机械式停车设备的最大进(出)时间是指从给出的一个进车(或出车)指令开始,将车从出入口停放到该机械式停车设备的最不利位置(或将汽车从最不利的位置取出至出入口),直至该停车设备能进行下一个进车(或出车)指令所需要的时间(不包括机械动作以外的辅助时间,如驾驶员开车至载车板、上下车开关车门,或驾驶员从载车板将汽车开出车库、关闭车库安全门时间)。测量时,需测量三次,取其平均值为最大进(出)车时间。不同类型的机械式停车设备选取的单车最大进(出)时间虽不相同,但基本要求是不出现排队现象。

机械式停车设备单车最大进(出)时间需根据其使用环境、地区、用途等合理选定。在具体环境不明晰时,可参考表2-6选取。

机械式停车设备单车最大进(出)时间　　　　　　表2-6

设备类型	单车最大进出车时间(s)
升降横移类	170
简易升降类	110
平面移动类	200
巷道堆垛类	200
垂直升降类	180
垂直循环类	180
水平循环类	420
多层循环类	540
汽车专用升降机	180

2.4 机械式立体停车设备表示方法

2.4.1 型号表示方法

1)《机械式停车设备 分类》(GB/T 26559—2011)中型号表示方法

国家标准《机械式停车设备 分类》(GB/T 26559—2011)中机械式停车设备型号表示方法,如图2-10所示。

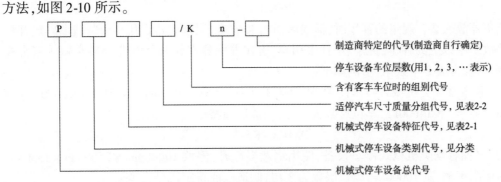

图2-10 机械式停车设备型号表示方法

2)《机械式停车设备 分类》(修订稿)中型号表示方法

《机械式停车设备 分类》(修订稿)中型号表示方法,如图2-11所示。

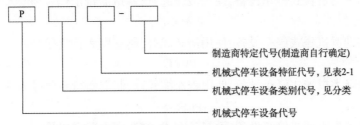

图2-11 机械式停车设备型号表示方法

注:新版《机械式停车设备 分类》以正式发布为准。

修订稿拟省略车型代号及层数。省略车型代号是因为,只要符合停车设备尺寸的车型都可以停放,具体可见标牌上的停车尺寸和质量。市场上的车型无法严格用组别代号来表示。例如某一车型,满足D型车的车长、车宽和车高,而车重超出D型车车重,则会被归类为T型车,如果设计时是按照设计停车尺寸来设计的话,那该停车设备则无法停放超出D型车尺寸的T型车。

2.4.2 型号表示举例

1)《机械式停车设备 分类》(GB/T 26559—2011)中型号表示举例

(1) 四层机械式停车设备,升降横移类,使用液压起升,停放中型及以下轿车,并且部分车位可以停放客车,制造厂家特定代号为C:

PSHYZ-K4-C

(2) 五层机械式停车设备,平面移动类,使用链条起升,停放大型及以下轿车,并且部分

车位可以停放客车,制造厂家无特定代号:

$$\text{PPYLD-K5}$$

（3）二十五层机械式停车设备,垂直升降类,使用钢丝绳起升,停放特大型及以下轿车,并且车位不能停放客车,制造厂家特定代号为Q:

$$\text{PCSST-25-Q}$$

（4）单层机械式停车设备,水平循环类,无起升方式,停放大型及以下轿车,并且车位不能停放客车,制造厂家无特定代号:

$$\text{PSXD-1}$$

当不停放表2-2规定的客车时,横线后面的K省略,制造商特定代号由制造商确定并标记。停放9座以上的客车、货车、半挂牵引车、客车非完整车辆和货车非完整车辆等五类商用车辆,可参考表2-4数据,示例如下:

（1）巷道堆垛类机械式停车设备,使用链条起升,停放12000mm×2550mm×3600mm规格的商用客车,重14000kg,车位层数为5层,制造厂商特定代号为A:

$$\text{PXDLU-K5-A}$$

（2）平面移动类机械式停车设备,使用钢丝绳起升,停放10000mm×2500mm×3550mm规格的商用车辆,重10000kg,车位层数为3层,制造厂商特定代号为W:

$$\text{PPYSM-3-W}$$

2)《机械式停车设备 分类》（修订稿）中型号表示举例

（1）升降横移类机械式停车设备,使用液压起升,制造商特定代号为C:

$$\text{PSHY-C}$$

（2）平面移动类机械式停车设备,使用链条起升,制造商无特定代号:

$$\text{PPYL}$$

（3）垂直升降类机械式停车设备,使用钢丝绳起升,制造商特定代号为S:

$$\text{PCSS-S}$$

（4）水平循环类机械式停车设备,无起升方式,制造商无特定代号:

$$\text{PSX}$$

2.5 机械式立体停车设备执行标准

本节列举目前国家及行业发布的机械式立体停车设施相关的标准,从机械式立体停车设备标准、车库建筑设计标准、防火标准三方面进行说明。

2.5.1 停车设备标准

（1）国家标准《机械式停车设备 通用安全要求》（GB 17907）,该标准规定了机械式停车设备的设计、制造、检验、使用等方面的基本安全要求。

（2）国家标准《机械式停车设备 使用与操作安全要求》（GB/T 33082）,该标准规定了机械式停车设备的使用与操作安全要求。

（3）国家标准《机械式停车设备 分类》（GB/T 26559）,该标准规定了机械式停车设备的分类、型号表示方法,并对汽车组别、尺寸和质量进行说明。

(4)国家标准《机械式停车设备　术语》(GB/T 26476),该标准定义了机械式停车设备的主要类别、机构和部件、安全装置、参数和一般概念等术语。

(5)国家标准《起重机械　检查与维护规程　第11部分:机械式停车设备》(GB/T 31052.11),该部分标准规定了机械式停车设备在使用过程中应进行的检查与维护的基本要求。

(6)机械行业标准《升降横移类机械式停车设备》(JB/T 8910),该标准规定了升降横移类机械式停车设备的术语和定义、型式与基本参数、技术要求、试验方法、检验规则、标志、包装、运输和贮存。

(7)机械行业标准《简易升降类机械式停车设备》(JB/T 8909),该标准规定了简易升降类机械式停车设备的术语和定义、型式与基本参数、技术要求、试验方法、检验规则、标志、包装、运输和贮存。

(8)机械行业标准《平面移动类机械式停车设备》(JB/T 10545),该标准规定了平面移动类机械式停车设备的术语和定义、型式与基本参数、技术要求、试验方法、检验规则、标志、包装、运输和贮存。

(9)机械行业标准《巷道堆垛类机械式停车设备》(JB/T 10474),该标准规定了巷道堆垛类机械式停车设备的术语和定义、型式与基本参数、技术要求、试验方法、检验规则、标志、包装、运输和贮存。

(10)机械行业标准《垂直升降类机械式停车设备》(JB/T 10475),该标准规定了垂直升降类机械式停车设备的术语和定义、型式与基本参数、技术要求、试验方法、检验规则、标志、包装、运输和贮存。

(11)机械行业标准《垂直循环类机械式停车设备》(JB/T 10215),该标准规定了垂直循环类机械式停车设备的术语和定义、型式与基本参数、技术要求、试验方法、检验规则、标志、包装、运输和贮存。

(12)国家标准《水平循环类机械式停车设备》(GB/T 27545),该标准规定了水平循环类机械式停车设备的术语和定义、型式与基本参数、技术要求、试验方法、检验规则、标志、包装、运输和贮存。

(13)机械行业标准《多层循环类机械式停车设备》(JB/T 11455),该标准规定了多层循环类机械式停车设备的术语和定义、型式与基本参数、技术要求、试验方法、检验规则、标志、包装、运输和贮存。

(14)机械行业标准《汽车专用升降机》(JB/T 10546),该标准规定了汽车专用升降机的术语和定义、型式与基本参数、技术要求、试验方法、检验规则、标志、包装、运输和贮存。

(15)机械行业标准《停车设备链条》(JB/T 11079),该标准规定了机械式停车设备链条的结构型式、尺寸、链条精度、抗拉强度和动载强度,以及与相关连接件有关的技术要求。

(16)中国重型机械工业协会团体标准《机械式停车设备搬运器》(T/CHMIA 0801),该标准规定了机械式停车设备搬运器的术语和定义、型式与基本参数、技术要求、试验方法、检验规则、标志、包装、运输与储存。

(17)中国重型机械工业协会团体标准《商用车辆机械式停车设备》(T/CHMIA 0802),

该标准规定了商用车辆机械式停车设备的术语和定义、型式与基本参数、技术要求、试验方法、检验规则、标志、包装、运输与储存。

2.5.2 建筑设计标准

（1）行业标准《车库建筑设计规范》（JGJ 100），该规范适用于新建、扩建和改建的机动车库和非机动车库的建筑设计，第五章对机械车库设计进行说明。

（2）国家标准《钢结构设计规范》（GB 50017），该规范适用于工业与民用建筑和一般构筑物的钢结构设计要求，是机械式立体停车设备中的高层停车设备钢结构设计的主要依据之一。

（3）行业标准《民用建筑电气设计规范》（JGJ 16），该规范明确了城镇新建、改建、扩建的民用建筑的电气设计，技术内容包括供配电系统、常用设备电气装置、安全技术防范系统等。

（4）国家标准《建筑给水排水设计规范》（GB 50015），该规范明确了建筑给排水的设计质量，以满足生产、生活、消防的要求。

（5）国家标准《建筑物防雷设计规范》（GB 50057），该规范对建筑物防雷设计作出了详细规定，包括建筑物防雷分类、措施、装置等。

（6）国家标准《建筑抗震设计规范》（GB 50011），该规范对建筑物的抗震性能设计起到规范作用。

（7）国家标准《民用建筑采暖通风与空气调节设计规范》（GB 50736），该规范适用于新建、扩建和改建的民用建筑的供暖、通风与空气调节设计。

（8）行业标准《机械式停车库工程技术规范》（JGJ/T 326），该规范明确了对新建、扩建和改建的机械式车库工程的设计、施工、验收和运行维护的相关规定。

（9）国家标准《城市停车规划规范》（GB/T 51149），该规范明确了城市总体规划、详细计划以及相关专项规定所涵盖的停车规划。

（10）国家标准《建筑地基基础设计规范》（GB 50007），该规范适用于工业与民用建筑（包括构筑物）的地基基础设计。

（11）国家建筑标准设计图集《机械式汽车库建筑构造》（08J927-2），该图集简要介绍了九大类机械式停车设备的特点、停车空间要求、设备型式、相关技术要求、布置方式、运行原理。

（12）国家标准《民用建筑设计统一标准》（GB 50352），本标准是各类民用建筑设计必须共同遵守的通用规则，适用于新建、改建和扩建的民用建筑设计。

2.5.3 防火标准

（1）国家标准《汽车库、修车库、停车场设计防火规范》（GB 50067），该标准规定了汽车库、修车库、停车场的防火分类和耐火等级、防火分隔和建筑构造、消防给水和救援措施等。

（2）国家标准《建筑设计防火规范》（GB 50016），该规范是一项综合性的防火技术标准，同样适用于机械式停车设备的建筑设计。

第3章
机械式立体停车设备特征分析

3.1 升降横移类机械式立体停车设备

3.1.1 设备概述

利用载车板或其他载车装置升降和平移存取汽车的机械式停车设备,称为升降横移类机械式立体停车设备(Lift-sliding Mechanical Parking System)。该设备的设计和选择应符合现行业标准《升降横移类机械式停车设备》(JB/T 8910)的规定。

升降横移类机械式立体停车设备类型较多(图3-1),可根据不同的地形和空间进行任意组合、排列,规模可大可小,可建在露天,也可建在建筑的地上、地下,对土建的要求相对较低,设备空间利用率较高,存取车快捷,使用及维护简便,费用较低。因此,升降横移类机械式立体停车设备应用较为普遍。

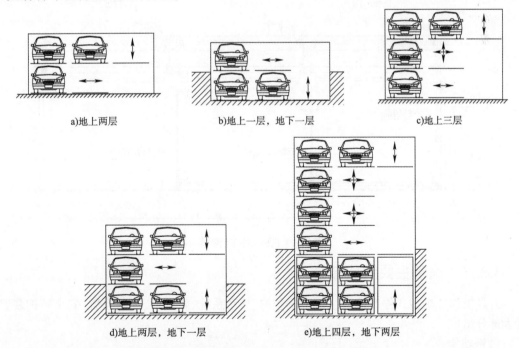

图3-1 升降横移类机械式停车设备常见类型及示意图

3.1.2 工作原理

这类停车设备,每个车位均有载车板,载车板通过升、降、横移运动到达地面层,驾驶员将所存汽车停放到载车板或将载车板上所停汽车开出,完成存取过程。停在该类停车设备内的地面层汽车只做横移搬运动作,不做升降搬运动作,存取上层车位或下层车位时,需通过中间层横移让出空位,将所调载车板升或降到地面层,驾驶员才可进入设备内将汽车开进或开出。升降横移类机械式停车设备结构示意图,如图 3-2 所示。

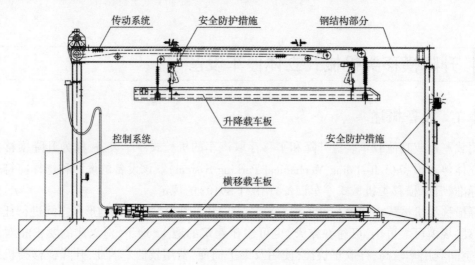

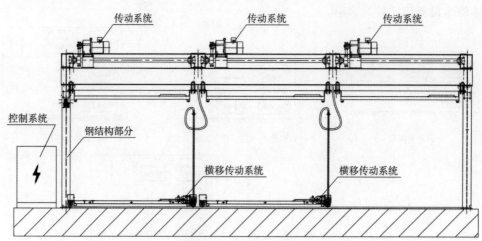

图 3-2 升降横移类机械式停车设备结构示意图

3.1.3 设备主要组成部分

升降横移类机械式停车设备主要由钢结构、传动系统、载车板、控制系统、安全防护装置五大部分组成。

1)钢结构

主要采用热轧 H 型钢、方管、槽钢等型材与钢板等焊接成型,用高强度螺栓连接成框架结构，具有较好的强度和刚度。根据不同的结构要求，有跨梁式(图3-3)、单列多柱式(图3-4)、后悬臂式(图3-5)等。

图3-3　跨梁式

图3-4　单列多柱式

图3-5　后悬臂式

跨梁式根据结构不同有二跨度、三跨度类型。其他跨数的跨梁类型基本是这两种类型的组合。跨梁式进出汽车较方便，为目前市场上主流产品。结构较简单，但较单柱式跨度大，钢结构所用型材截面较大，安装、搬运较不便。

单列多柱式结构紧凑，安装、搬运方便，但因每个车位前方都有立柱，驾驶员开进或开出停车位时容易刮到立柱，便捷性不佳。

后悬臂式无前立柱，有利于汽车及人员进出载车板，但因承重结构设置于设备后侧，所以结构受力较大，对地面承载基础要求较高，且不宜重列设置。

2) 传动系统

传动系统包括机械传动、液压传动、电气传动，传动机构分为升降传动机构、横移传动机构及升降横移机构。

升降传动机构有四点悬吊式、带平衡机构式、后悬两点吊挂式和直顶式等。横移传动机构一般由电机减速机、驱动轮与从动轮、横移导轨组成。升降横移机构则为升降传动机构与横移传动机构的结合。

传动动力系统的主机一般包括减速电机、吊车葫芦、液压泵等。减速电机、吊车葫芦必须设有制动装置,制动装置采用常闭式制动器,其制动力矩不小于1.75倍的额定载荷。液压泵站必须设有防止因漏油或油管瞬间破裂而导致载车板下坠的装置,如防爆阀等。

3) 载车板

载车板用来存放汽车,按结构形式有整体式和拼装式两种。

整体式载车板用型材和钢板焊接成承载框架,通常采用中间凸起结构,在两侧停车通道和中间凸起的顶面铺设钢板或直接用两块钢板折弯拼焊而成。这种载车板的优点是可按需要设置行车通道的宽度,并具有较好的汽车导入功能,适合车型变化较多且小批量生产的项目。

拼装式载车板通常由边梁、波浪板等组成,用镀锌钢板一次滚压或折弯为组装件,采用咬合拼装成载车板,用螺栓紧固连接。拼装前可以先对组件进行电镀、烤漆等表面处理,使载车板轻巧、美观、运输方便、通用性互换性好,适合批量生产。

4) 控制系统

控制系统主要由主回路和控制回路组成动力控制回路。主回路主要是指控制传动系统,如减速电机、液压泵站等,实现载车板的升降、横移的功能。控制回路控制设备整体运行的功能,如运行方式、安全防护、联锁等。

控制系统主要有可编程序控制器(Programmable Logic Controller,PLC)控制、微电脑控制等。这些硬件通过软件控制各类继电器、接触器的动作,完成设备的升降、横移动作。

通过控制系统可以实现设备的自动运行方式、手动运行方式或点动运行方式。自动运行方式:操作人员只要输入存、取停车位的密码+停车位编号(或只需输入停车位编号、刷停车卡),再按动确认键(或启动键),所有升降、横移动作都会自动完成,指定停车位就会到达出入口层地面,驾驶员即可将车开到该停车位的载车板上,或从该停车位的载车板上将车开出。自动运行方式主要为正常情况下的使用者使用,常用的存取车方式有按停车位号存取车、密码存取车、刷卡(分接触式与非接触式)存取车等。一般操作盒上除按键及刷卡功能外,还带有故障显示功能与紧急停止开关等。

手动或点动运行方式:手动运行方式是操作人员可单独操作某一个运行动作实现车库的运行,如单独升降、单独横移等。点动运行方式是操作人员可单独操作一个运行动作,即通过操作按钮实现分步运行,放开即停止。以上两种方式一般在调试、检修时使用。在其运行过程中,可能部分安全回路无效。

5) 安全防护装置

根据《机械式停车设备 通用安全要求》(GB 17907—2010)附录A的要求,升降横移类机械式停车设备一般装有以下一些安全防护装置(但不限于此,可参考表3-1)。

(1) 紧急停止开关:一般在操作盒上设有红色紧急停止按钮,当发生紧急异常情况时按下此按钮,能使设备立即停止运行,同时该状况未解除前,停车设备不会启动。

(2) 防止超限运行装置:升降载车板应在上、下定位开关外还分别设有上、下极限开关,在定位开关失效时能保护载车板及汽车的安全。

(3) 汽车车长检测装置:一般在设备前后装有汽车长度检测装置,当车长超过适停汽车长度时,设备不启动动作并报警。汽车长度检测装置一般为光电开关。

(4) 阻车装置：沿汽车进入的方向，在载车板适当位置装有高度为25mm以上的阻车装置或其他用于阻止汽车溜车的有效措施。

(5) 人、车误入检测装置：为防止在设备运行时，人、车进入设备造成危险，对不设门的设备应装备人、车误入检测装置，以确保安全。对于升降横移类车库，一般采用光电开关。

(6) 防坠落装置：当载车板升至定位后，须设置防坠落装置，以防止载车板因故突然落下伤害人、车。防坠落装置一般采用挂钩形式。挂钩驱动方式有电磁吸铁驱动和机械驱动两种形式。

(7) 警示装置：设备运行时必须有警示装置，以提醒人员注意。一般为警灯或蜂鸣器。

(8) 出入口门或栅栏门联锁安全检查装置：对设置有出入口门或栅栏门的设备应设置联锁检查保护装置。当汽车未停放到准确位置时，出入口门或栅栏门等不运行；当出入口门或栅栏门未关闭时，设备不运行。

(9) 轨道端部止挡装置：为防止载车板横移时脱轨，应在横移轨道端部设置止挡装置。

(10) 松绳（链）检测装置：为防止驱动绳（链）松动导致载车板倾斜或钢丝绳跳槽，应设置松绳（链）检测装置，当载车板在运行过程中出现松绳（链）情况时设备应立即停止运行。

(11) 控制联锁装置：当设备可以由几个控制点操作存取车时，这些控制点应联锁，以使得仅能从所选择的控制点操作。

3.1.4 设备核心关键部件

1) 循环链式升降机构

此类升降机构是二、三、四层的升降横移类机械式立体停车设备中使用较为广泛的一类升降机构。循环链式升降机构由主传动机构及升降机构组成（图3-6）。

图3-6 循环链式升降机构

主传动机构主要由减速电机及电机轴端的驱动链轮、主传动轴组及驱动链条组成，主传动轴组包括与驱动链轮传动的从动链轮、轴端的升降链轮和带座轴承。主传动机构一般布置于设备后端。

升降机构主要由主传动链条、升降链条、循环链条、转向轮或转向链轮、链条张紧装置、升降定位开关及极限开关、松链检测装置、链条端部固定装置及防脱装置等组成。升降机构一般布置于车位左右两侧的纵梁上,通过主传动链条与主传动轴两端的升降链轮同步连接,每侧的主传动链条与循环链条形成一个闭环,载车板一侧的前后升降链条分别连接于闭环的链条连接点上,整个载车板通过四条升降链条连接,构成整个升降机构(图3-7),通常这类机构形式的主传动链条比升降链条大一个规格。

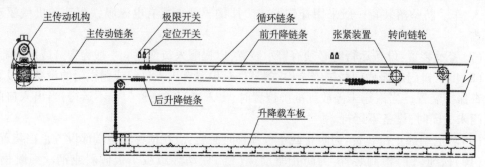

图3-7 循环链式升降机构示意

整个循环链式升降机构利用减速电机的正反转带动主传动轴回转,通过主传动轴两端的升降链轮同步带动整个循环链条回转,以实现升降载车板的同步平衡升降运动。

此类升降机构也有将四根升降链条改成钢丝绳形式及每一侧主传动链条采用与升降链条同规格的双链条形式。

2)钢丝绳卷筒式升降机构

此类升降机构主要用于高层升降横移类机械式停车设备,四层及以上升降横移类机械式停车设备通常选用钢丝绳起升方式。

钢丝绳卷筒式升降机构一般用减速电机作为动力源,通过减速电机轴端的驱动链轮、驱动链条与从动链轮,完成从减速电机到主传动轴的动力传输。主传动轴两端各装有一套卷筒机构,每套卷筒机构有左右旋向的两个卷筒组成(有些机构采用同旋向的一个或两个卷筒),每个卷筒固定有一根升降钢丝绳,四根钢丝绳另一端分别固定于载车板四角。载车板后端固定的两根钢丝绳一般在每套卷筒机构的内侧,另外两根钢丝绳一般在每套卷筒的外侧通过前端转向轮固定于载车板前侧,以此构成整个升降机构(图3-8)。

a)

图 3-8

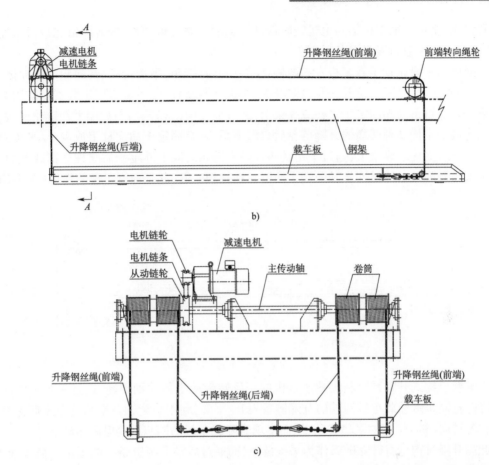

图 3-8 钢丝绳卷筒式升降机构

升降机构通过减速电机驱动,带动主传动轴上的卷筒同步转动,通过卷筒回收或释放四根钢丝绳,达到载车板升降功能。此升降机构也有将整个机构安装于载车板上(一般在载车板后端),钢丝绳另一端固定于上端钢结构上的结构形式。

3) 带平衡机构式升降系统

此类升降机构在地面二、三层,地坑二、三层的升降横移类机械式立体停车设备中有一定的应用。带平衡机构式升降系统由主传动机构及升降机构组成(图 3-9)。此类升降机构是按动滑轮原理设计,省力 50%,提升速度下降 50%,业内也将这类升降机构称为 2:1 挂比形式。

图 3-9 带平衡机构式升降系统

主传动机构主要由减速电机及电机轴端的驱动链轮、主传动轴组、驱动链条、压链及拨链装置组成,主传动轴组包括与电机链轮传动的轴端从动链轮、两端的升降链轮以及带座轴承,主传动机构一般布置于设备后端。

升降机构一般布置于载车板左右两侧,主要由升降链条、平衡链条、转向轮或转向链轮、同步轴、平衡链轮、升降定位开关及极限开关、松链检测装置、链条端部固定装置及防脱装置等组成。升降链条前端固定于立柱或纵梁上,通过前转向(链)轮后与后端平衡链轮连接,然后向上连接于主传动轴两端的升降链轮后自然下垂,末端固定于后立柱上或墙上,平衡链条上端固定于后立柱或纵梁上,通过平衡链轮及转向链轮后向下固定于后立柱底部或地面上,平衡链条与升降链条通过同步轴两端平衡链轮连接到一起,起到强制平衡的作用(图3-10)。

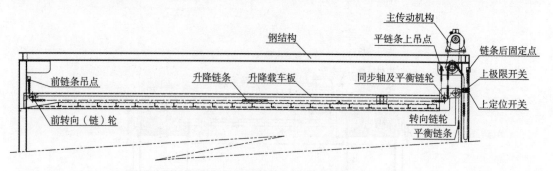

图3-10 带平衡机构式升降系统示意图

带平衡机构式升降系统利用减速电机的正反转带动主传动轴回转,通过主传动轴两端的升降链轮同步带动载车板两端的升降链条提升/下降,利用平衡轴及平衡链条来确保升降链条在各转向(链)轮间的平稳转动,从而实现升降载车板的同步平稳升降运动。

此类升降机构也有升降链条作为平衡链条,而通过后端升降链条一端固定于载车板上,绕过主传动轴的升降链轮后直接提升的形式。一般,此类提升链条末端为自由下垂状态,所以应在主传动轴提升链轮处设置提升降链条的压链与拨链装置,确保提升安全。

4)一机多板升降机构

一机多板升降机构一般有采用钢丝绳升降配平衡链条形式及采用链条升降配平衡链条形式两种。图3-10所示为采用钢丝绳升降配平衡链条形式的升降机构。现在采用一机多板升降机构形式的升降横移类机械停车设备在市场上并不多见,主要原因是,此种设备只有一个动力源,当升降动力源损坏时,整套设备将会无法运行;但只要设计合理,确保动力源性能稳定,此类设备故障反而较少。

采用一机多板升降机构形式的停车设备,升降动力源一般为安装于设备后侧的减速电机,通常减速电机通过法兰或联轴器直接连接升降机构的卷筒或升降链条。

采用钢丝绳升降配平衡链条形式的一机多板升降机构一般由升降钢丝绳、转向绳轮、钢丝绳固定装置及张紧装置、平衡链条、同步轴组、转向(链)轮、定位及极限开关、松(断)绳开关、轴承等组成。升降钢丝绳的一端通过钢丝绳固定装置先固定于卷筒上,然后按要求依次缠绕过每个转向绳轮(包括载车板上的转向绳轮),最后通过钢丝绳固定装置及张紧装置固定于钢结构后侧另一端,使所有升降载车板都通过同一根(也可以是两根)钢丝绳进行升降传动,如图3-11所示。若采用链条升降配平衡链条形式的一机多板升降机构,则升降钢丝绳换为升降链条,所有与升降钢丝绳传动有关的部件应换成链轮所需的配件。

第3章 机械式立体停车设备特征分析

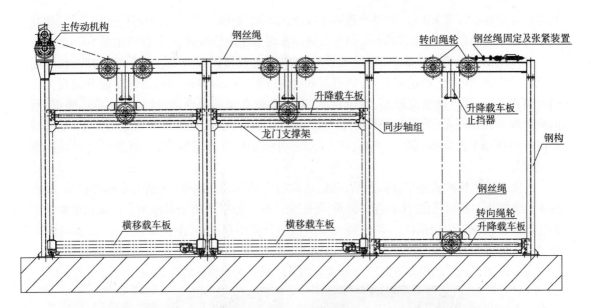

图3-11 一机多板升降机构示意图

一机多板升降机构要实现任意一个升降载车板的下降,必须要借助横移载车板的龙门支撑架。正常情况下,一机多板形式停车设备会有一个升降载车板在地面,其他两个升降载车板落在横移载车板的龙门支撑架上。当二层某一升降载车板要下降时,升降减速电机转动,带动升降钢丝绳或升降链条张紧收缩,使所有升降载车板都上升并且全部升到顶住升降载车板止挡器为止,需下降位置下方的横移载车板横移让出空位后,升降减速电机反转,释放升降钢丝绳或升降链条,使各升降载车板下降,由于其他升降载车板下降到横移载车板的龙门支撑架上后无法下降而停止,只有下方横移出升降通道的升降载车板会一直下降至地面,完成升降载车板下降功能。

一机多板升降机构一般布置于升降载车板的后侧,为确保整个升降载车板的升降平稳及防止载车板前倾,一般都要在载车板宽度两侧各布置一条平衡链条,平衡链条上端固定于前立柱或纵梁上,通过升降载车板上的转向链轮及同步轴组(同步轴组两端装有同步链轮)后向下固定于后立柱底部或地面上,左右平衡链条通过同步轴两端同步链轮连接到一起,起到强制平衡及承载升降载车板一定荷载的作用。

一机多板升降机构为确保全部升降载车板都与升降载车板止挡匹配到位,使横移载车板能顺利横移,一般都要在升降载车板到位后再通过减速电机多转动一定距离,这会造成减速电机负载加大,设计时应选用具有较大过载能力的减速电机。

3.1.5 设备选型与配置

升降横移类是九大类停车设备中应用最多的类型,其类型也有多种划分方式。

按层数分有两层和多层(高层),可根据场地大小、车位数量要求、周围环境及允许建设高度等因素确定层数,从经济性及使用方便性考虑,一般推荐建设五层及以下。

按结构分为单列多柱式、跨梁式、后悬臂式。跨梁式结构使用最多,为最常用的结构形式,其结构稳定、可扩展性强,可用于两层到多层。后悬臂式结构一般只用作两层结构,同时由于其悬臂结构对柱脚要求很高,较易出现载车板或汽车倾覆事故,所以目前使用并不广泛。单柱式是每跨车位都有立柱的结构形式,但存在进出车便捷性不佳等问题,目前应用并不广泛。

按传动形式分为链条起升、钢丝绳起升、丝杠起升及液压起升等。链条起升和钢丝绳起升应用较广泛,相对于钢丝绳起升,链条起升定位准确,但运行噪声较大;丝杠起升通常为后侧直顶式起升,其传动精度较高,定位精准,但因单侧直顶起升原因,丝杠容易单边磨损,后期维护成本相对较高;液压起升具有噪声低,运行平稳等优点,但其安装及维修要求较高,后期维护烦琐且维护成本较高。一般,两、三层起升链条起升方式较多,四层及以上多采用钢丝绳起升。

升降横移类机械式停车设备产品成熟,结构与传动都较为简单,产品性能相对稳定,投入成本与维护成本相对较低,维护保养简单,可扩充性好。通常适用于对停车自动化程度要求不高,同时投入成本有限的用户。对于最简单的两层升降横移设备,至少保证3.6~3.8m净高。设备车位前方车道宽度不宜小于6m,每组设备通常留有至少一个空车位用于升降横移,驾驶员通常采取倒车入库的停车方式。几种常见的升降横移类机械式停车设备形式详见图3-12。

a) 地面两层

b) 地面三层

c) 地面四层

d) 地面五层

e) 地坑两层(地面一、地下一)

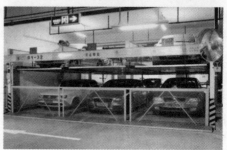
f) 地坑三层(地面二、地下一)

图3-12 几种常见的升降横移类机械式停车设备形式

3.2 简易升降类机械式立体停车设备

3.2.1 设备概述

使用升降或俯仰机构使汽车存入或取出的机械式立体停车设备,称为简易升降类机械式立体停车设备(Easy Lifting Mechanical Parking System)(图3-13)。该设备的设计和选择应符合现行业标准《简易升降类机械式停车设备》(JB/T 8909)规定。

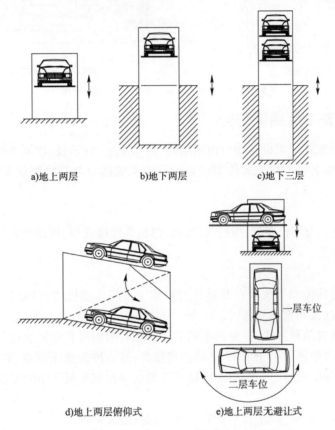

图 3-13 简易升降类机械式停车设备常见类型及示意图

简易升降类机械式停车设备一般为准无人式,即驾驶员将汽车开入设备停放,待人离开后移动汽车的方式。简易升降类机械式停车设备按具体构造或配置关系分为:地上两层简易升降式、地下两层简易升降式、地下三层简易升降式、地下两层俯仰升降式、地上两层无避让式等。

该类停车设备的结构简单、操作简易,多用于私人住宅、企业事业单位等。该类停车设备可充分利用地下室空间场所,在面积一定时将至少增加一倍以上停车位。

3.2.2 工作原理

这类设备通过升降机构或俯仰机构,将汽车直接存入载车板或从载车板中取出。简易升降类机械式停车设备结构示意图,如图3-14所示。

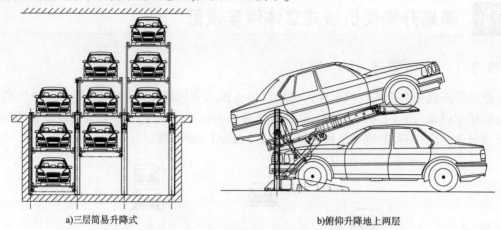

a) 三层简易升降式　　　　b) 俯仰升降地上两层

图3-14　简易升降类机械式停车设备结构示意图

3.2.3　设备主要组成部分

简易升降类机械式停车设备主要由钢结构、传动系统、载车板、控制系统、安全防护装置五大部分组成,简易升降类机械式停车设备的许多组成部分与升降横移类机械式停车设备基本相同。

1) 钢结构

主要采用热轧H型钢、方管、型材、C型钢、钢板等焊接成型,用螺栓连接成框架结构,具有较好的强度和刚度。

2) 传动系统

此类停车设备的传动系统只有升降传动机构。升降传动机构有四点悬吊式、带平衡机构式、后悬两点吊挂式和直顶式等。

传动系统一般有两种方式,一种为电机驱动,例如:采用带有常闭制动器的减速电机、吊车葫芦等,其制动力矩不应小于1.75倍的额定载荷;另一种为液压驱动,采用液压泵站与液压缸作为动力,同时应设有防止因漏油或油管破裂而导致载车板下坠的装置,如防爆阀等。

3) 载车板

载车板用来存放汽车,按结构形式有整体式和拼接式两种。

整体式载车板用型材和钢板焊接成承载框架,并多数采用中间凸起结构,在两侧停车通道和中间凸起的顶面铺设钢板或直接用两块钢板折弯拼焊而成。这种载车板的优点是可按需要设置行车通道的宽度,并具有较好的导入功能,适合车型变化较多的小批量生产。

拼接式载车板用镀锌钢板一次滚压或折弯成组装件,采用咬合拼装成载车板,用螺栓紧固连接。拼装前可以先对组件进行各类表面处理(如电镀、烤漆等),使载车板轻巧、美观、运输方便、通用性互换性好,适合批量生产。

4) 控制系统

此类停车设备的控制系统较为简单,一般只需几个接触器就能控制减速电机的正反转或液压泵站的运转,外加一些辅助元器件及安全控制回路,即完成整个控制系统。此类停车设备以按键操作为主,存取车只要按一下相应的停车位编号按钮,停车设备就自动完成升降动作,让相应停车位到达地面层。

5) 安全防护装置

根据《机械式停车设备 通用安全要求》(GB 17907—2010)附录 A 的要求,简易升降类机械式停车设备一般装有以下一些安全防护装置(但不限于此,可参考表 3-1)。

(1) 紧急停止开关:一般在操作盒上设有红色紧急停止按钮,当发生紧急异常情况时按下此按钮,能使设备立即停止运行,同时状况未解除前,停车设备不会启动。

(2) 防止超限运行装置:升降载车板应在上、下定位开关外还分别设有上、下极限开关,在定位开关失效时能保护载车板安全。

(3) 汽车车长检测装置:一般在设备前后装有汽车长度检测装置,当车长超过适停车长时,设备不动作并报警。汽车长度检测装置一般为光电开关。

(4) 阻车装置:沿汽车进入的方向,在载车板适当位置上装有高度为 25mm 以上的阻车装置或其他有效措施用于阻止汽车溜车。

(5) 防坠落装置:当载车板升至定位后,须设置防坠落装置,以防止载车板因故突然落下伤害人、车。防坠落装置一般采用挂钩形式。挂钩驱动方式有电磁吸铁驱动和机械驱动两种形式。

(6) 警示装置:设备运行时必须有警示装置,以提醒人员注意。一般为警灯或蜂鸣器。

(7) 控制联锁装置:当设备可以由几个控制点操作存取车时,这些控制点应联锁,以使得仅能从所选择的控制点操作。

3.2.4 设备核心关键部件

1) 循环链式升降机构

此类升降机构主要用于两层简易升降类机械式停车设备及两、三、四层的升降横移类机械式停车设备,是目前使用较广的一种升降机构。循环链式升降机构的详细介绍参见 3.1.4 节。

2) 侧置单吊点附平衡链条式升降机构

在简易升降类机械式停车设备中,侧置单吊点附平衡链条式升降机构是比较常用的一种起升方式,它与升降横移类机械式停车设备中的双吊点附平衡链条式升降机构原理类似,区别在于双吊点升降机构可以布置在载车板长度及宽度方向而侧置单吊点升降机构一般只能布置在载车板宽度方向。

主传动机构主要由减速电机、传动轴、升降链轮、压链及拨链装置组成,为减小空间,传动轴、升降链轮可以通过法兰或联轴器直接与减速电机连接。主传动机构一般布置于设备侧面。

升降机构主要由起升装置与平衡装置组成,起升装置由升降链条、转向轮或转向链轮、升降定位开关及极限开关、松链检测装置、链条端部固定装置及链条防脱装置等组成。升降链条一端固定于一侧的立柱上,另一端向下绕过载车板宽度左右两侧的转向(链)轮,然后向上连接于升降链轮后自然下垂,末端固定于另一侧立柱上或墙上,形成一个完整的起升装置。平衡装置由平衡链条、同步轴、平衡链轮、链条端部固定装置等组成,平衡装置一般布置于载车板宽度方向的左右,平衡链条上端固定于立柱上,通过平衡链轮及转向链轮后向下固定于立柱底部或地面上,左右两根平衡链条通过同步轴两端平衡链轮连接到一起,起到强制平衡的作用(图 3-15)。

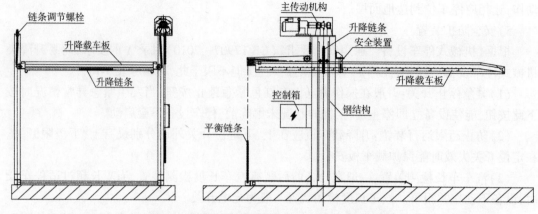

图3-15 侧置单吊点附平衡链条式升降机构结构示意图

侧置单吊点附平衡机构式升降机构利用减速电机的正反转带动主传动轴及升降链轮回转,由升降链轮带动绕过载车板下面的升降链条提升/下降,利用平衡轴及平衡链条来确保载车板的平稳升降运动。

3) 俯仰机构

俯仰机构是简易升降类机械式停车设备特有的一种起升形式,采用俯仰机构的停车设备主要适用于层高不足以安装两层垂直升降式简易升降类机械式停车设备的场所,一般只要净高大于或等于2800mm就可以采用俯仰式两层简易升降类机械式停车设备。

俯仰式两层简易升降类机械式停车设备的钢构分别布置于载车板宽度方向的左右两侧,一般为L形结构,由左右立柱、底脚及连接件等组成,左右立柱内侧有用于载车板后侧导轮上下升降用的导槽。俯仰机构是整个设备的核心传动机构,主要由液压泵、液压缸、摆臂机构及载车板升降导轮组成(图3-16)。摆臂机构的一端安装于左右两侧的立柱钢构上,另一端装有可以在载车板下边缘自由滚动的滚轮并且为悬挑形式,左右摆臂悬挑端通过圆管连接成一体,左右两支液压缸的一端固定于立柱钢构上端,另一端固定于摆臂机构的中部,每支液压缸通过油管与液压泵连接,液压泵是整个俯仰机构的动力。

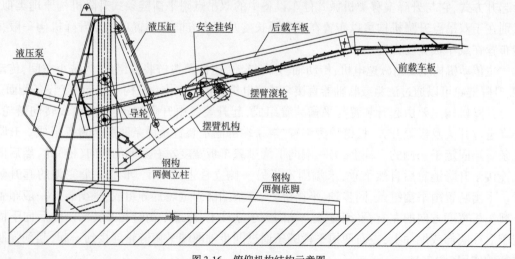

图3-16 俯仰机构结构示意图

俯仰式两层简易升降类机械式停车设备的载车板由前后两部分组成,前后载车板通过铰接连接,前载车板有一定的上下自由摆动空间,主要是用于确保前载车板降到地面后能与地面紧密贴合及微调二层停放汽车的高度。载车板后端左右侧各装有两个导轮,导轮安装于左右立柱的导槽内,起到导正及调节后载车板角度的功能,通过调整两个导轮的角度,可以起到调节整个设备所需层高高低的功能。当载车板向下下降到接近地面时,载车板后端的导轮将会顺着左右立柱下侧的斜导槽运行,使整个后载车板的角度由向后倾斜慢慢变成向前倾斜,从而方便存取汽车。

整个俯仰机构运行原理并不复杂,为使整个俯仰机构运行顺畅、平稳,设计时应注意立柱导槽,特别是下端斜导槽的设计及如何确保左右液压缸的升降同步。

4) 侧置双吊点附平衡链条式升降机构

侧置双吊点附平衡链条式升降机构是地下多层简易升降类机械式停车设备使用较多的起升机构之一,由两部分组成,一部分是起升机构,另一部分是平衡机构。起升机构一般由减速电机、电机链轮、电机链条、主传动轴组、升降链条、下转向(链)轮、压链装置、拔链装置(配重)及链条固定装置等组成,主传动轴组通过带座轴承固定于钢结构上,包括主传动轴、升降链轮、从动链轮及带座轴承组成,起升机构的升降链条一般为前后两条。平衡机构一般由平衡链条、下转向(链)轮及链条固定装置组成,这种平衡机构一般采用在载车板宽度方向左右对称的两条链条作为平衡。整个起升机构结构示意图如图3-17所示。

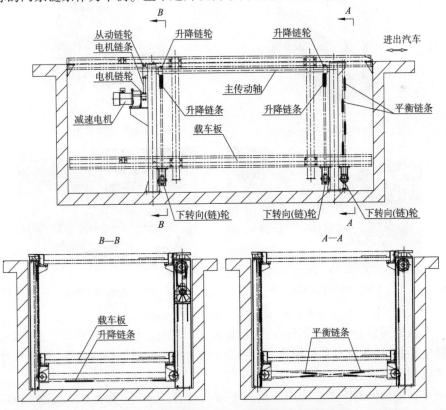

图3-17 侧置双吊点附平衡链条式升降机构结构示意图

每条升降链条一端固定于一侧的立柱上,另一端向下绕过载车板宽度左右两侧的下转向(链)轮,然后向上连接于升降链轮后自然下垂,末端固定于另一侧立柱上或压链装置上,前后两条升降链条组成一个完整的起升装置。一般,此类起升装置的升降链条末端为自由下垂状态,所以在主传动轴升降链轮处应设置升降链条的压链与拨链装置或配重(用配重代替拨链装置),确保起升安全。

每条平衡链条一端固定于一侧立柱的上侧,另一端向下交叉绕过载车板宽度左右两侧的下转向(链)轮,然后向下末端固定于另一侧立柱底板上。两条平衡链条左右对称布置于载车板宽度两侧,形成双平衡结构。

侧置双吊点附平衡链条式升降机构利用减速电机的正反转带动主传动轴组上的升降链轮回转,由升降链轮带动绕过载车板下面的升降链条提升/下降,利用两条平衡链条来确保载车板的平稳升降运动。

3.2.5 设备选型与配置

简易升降类机械式停车设备有多种类型,一般分为地上两层简易升降、地下两层简易升降、地下三层简易升降、地下四层简易升降、俯仰式简易升降。该种产品比较成熟,投入成本低、操作简单、维护方便。此外,目前市场上新推出的无避让停车设备,也属于简易升降类机械式停车设备,具体形式如图3-18所示。

a)地上两层简易升降

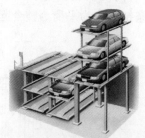
b)地下三层简易升降

c)地上两层俯仰式简易升降

d)两层无避让停车设备

图3-18 简易升降类机械式停车设备类型

单一车板的简易升降类有多种形式,最普遍的形式有二柱式与四柱式,二柱式一般是一列一个独立系统,适用于双车位家庭;四柱式可以一到三列车位任意组合,装置尺寸较二柱式小。主要用于家庭、企事业单位及子母车位。

单一车板的俯仰升降类主要用于层高不够的场合,一般只要梁下净高达2800mm以上即可设置。这类设备一般多采用液压升降方式,也有部分采用链条升降形式。

地下多层简易升降设备一般安装于室外对景观或视线有一定要求的场合,在室外选用此类设备时,一定要做好地坑排水,同时建议选择表面全镀锌型。地下两层停车设备也可设置于地下室,但事实上若在地下室只做地下两层简易升降,对空间利用率不高,不如选择地下三层升降横移停车设备更为经济合理。

无避让式停车设备是近几年在国内兴起的一种产品类型,其带有升降、回转功能或汽车外送功能,目前已研发出多种类型,但其安全性、可靠性还有待进一步完善与验证。

3.3 平面移动类机械式立体停车设备

3.3.1 设备概述

在同一水平层上用搬运器平面移动汽车或载车板、多层时使用升降机来进行不同层间的升降,从而实现存取汽车的机械式停车设备,称为平面移动类机械式立体停车设备(Horizontal Shifting Mechanical Parking System)。该设备的设计和选择应符合现行业标准《平面移动类机械式停车设备》(JB/T 10545)规定。

平面移动类机械停车设备分为单层平面横移、单层(或多层)平面移动(图3-19)。可建于地上、地下,设备安全、可靠、自动化程度高、存取车效率高、空间利用率高。平面移动类机械式停车设备主要用于大型配建停车库、室外立体停车场,广泛应用于机场、医院、城市综合交通枢纽、商业办公区及繁华的城市中心公共停车库,可设计为独立式车库建筑或地下室内配建车库。

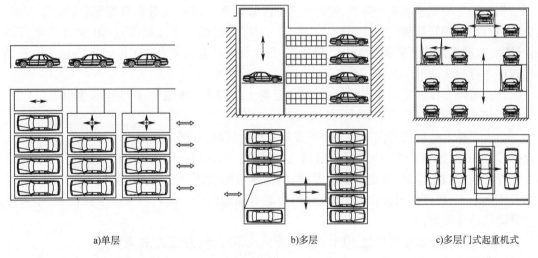

a)单层 b)多层 c)多层门式起重机式

图3-19 平面移动类机械式停车设备常见类型及示意图

3.3.2 工作原理

图3-20为多层平面移动类机械式停车设备的立体结构示意图。升降机从出入口处将汽车做垂直升降运动,至不同层,该层搬运台车(搬运器)沿巷道在轨道上高速运行至升降机口,由搬运台车上的搬运器或存取交换机构将汽车从升降机运送至搬运台车,然后搬运台车承载搬运器和汽车自动高速运行至停车位前方,再次通过搬运器或存取交换机构将汽车搬

运至停车位,完成存车过程,取车过程与此动作相反。

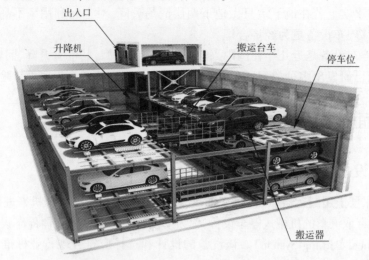

图3-20 平面移动类机械式停车设备的立体结构示意图

3.3.3 设备主要组成部分

平面移动类机械式停车设备主要由钢结构框架、出入口设施、升降机、搬运台车、搬运器（或载车板）、电气控制系统、监控系统、安全防护装置八大部分组成。

1）钢结构框架

钢结构主要用于承载升降机、搬运台车（含搬运器）、汽车或载车板等部件,由H型钢、方管、矩形管、圆管等组成。此类钢结构一般应根据《钢结构设计规范》（GB 50017）进行设计计算,根据实际需要依据《汽车库、修车库、停车场设计防火规范》（GB 50067）对主体钢结构表面进行耐火防护。

当此类停车设备建在室内时,可由建筑混凝土结构代替钢结构,作为承载主框架。

2）出入口设施

出入口是驾驶员驾驶汽车进入停车设备停放的区域,在平面移动类机械式停车设备中,除操作室外,此区域是唯一允许驾驶员进入的区域。出入口一般由安全门,汽车引导屏及语音引导功能,车长、车高、车宽检测装置,移动物体检测装置等组成,根据项目采用的设备类型及实际需求,可设置回转功能、车轮对中功能等辅助设施。出入口可以单独设置,也可以与升降机结合设置。

根据进车口与出车口位置不同,出入口形式有贯穿式、旁通式、折返式。

3）升降机

升降机是此设备的核心部件之一,通过它可实现存入车辆从出入口位置升降到指定层（或从指定层升降到出入口）的搬运过程。升降机的设计一般要结合现场空间条件、搬运器的存取车形式、需提升高度及使用频率等综合确定。升降机按结构形式分为四柱式与两柱式;按起升方式分为链条起升、钢丝绳起升、液压起升、齿轮齿条起升、齿形带起升等;按动力驱动形式分为强制驱动、曳引驱动、液压驱动等。通常,出入口设置于升降机的顶层或最底层,在一些特殊情况下,升降机自身带回转功能。在地形受限的条件下,升降机可设置于中间巷道（图3-21）。

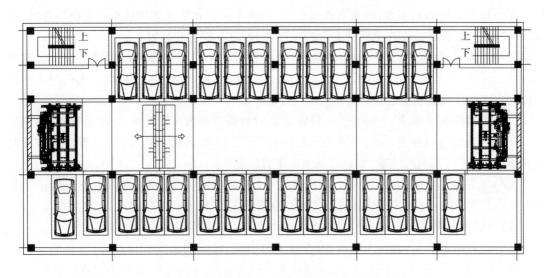

图 3-21　平面移动类机械式停车设备升降机中置示意图

4）搬运台车

搬运台车在平面移动类机械式停车设备中充当"摆渡车"作用，它的功能是接驳升降机（或出入口）的汽车，然后在同一层巷道上高速行走至预定的停车位，再通过搬运器将汽车送至停车位。有些搬运台车除具有在巷道上转运汽车的功能外，还具有将存取汽车搬运至停车位的功能，如输送带式、载车板式、滚筒式等。多数搬运台车只具有行走功能，汽车搬运由搬运器完成，如固定梳齿交换式、伸缩梳齿交换式、夹持轮胎式、AGV 停车机器人等。

5）搬运器

搬运器是该类设备的核心部件之一，其性能与质量直接影响整个停车设备的可靠性、安全性与效率。搬运器形式较多，通常包括载车板式、固定梳齿式、伸缩梳齿交换式、夹持轮胎交换式、输送带式、滚筒式、AGV 停车机器人等。

6）电气控制系统

平面移动类机械式停车设备的所有机械动作，通过控制器实现控制，控制器一般为 PLC、单片机、工控机等，PLC 是最常用的控制器，由计算机实现调度与车位信息的储存。整个控制系统可实现设备的自动运行、手动运行、点动运行等。控制系统主要由配电部分、控制部分、调速部分、操作部分及显示部分组成。

7）监控系统

在平面移动类机械式停车设备中，6 层及以上设备，为实时对平面移动类机械式停车设备运行状态的全程监控，目前新建的设备基本将监控系统作为标配，主要监视出入口内外部状况、升降机运行状况、横移台车运行状况、搬运器运行状况及存取车状况等。

8）安全防护装置

根据《机械式停车设备　通用安全要求》（GB 17907—2010）附录 A 的要求，平面移动类机械式停车设备一般配置有以下安全防护装置（但不限于此，可参考第 3 章 3.9.3 中相关要求）。

(1) 汽车长、宽、高限制装置：在出入口位置应设置汽车长度、宽度、高度检测装置，当汽车超过适停汽车规格时，设备不动作并报警。汽车规格检测装置一般为光电开关或光幕开关。

(2)汽车位置检测装置：应设置检测装置，当汽车未停在搬运器或载车板正确位置时，设备不能运行，但若有操作人员确认安全的场合，则可以不设置此装置。

(3)出入口门(栅栏门)联锁保护装置：对设置有出入口门或栅栏门的设备应设置联锁保护装置。当汽车未停放到准确位置时，出入口门或栅栏门等不能启动；当出入口门或栅栏门未关闭时，设备也不能运行。

(4)自动门防夹装置：为防止进入停车设备时自动门将汽车意外夹坏，应设置防夹装置。

(5)防重叠自动检测装置：为避免向已停放汽车的车位再存放汽车，应设置对车位状况(有车无车)进行检测的装置，或采取其他防重叠措施。

(6)轨道端部止挡装置：为防止运行机构脱轨，在水平运行轨道的端部，应设置止挡装置，止挡装置应能承受运行机构以额定载荷、额定速度下运行产生的撞击。

(7)缓冲器：搬运器在垂直升降的下端或水平运行的两端应设置缓冲器。

(8)运转限制装置：人员未出设备，设备不得启动，可采用激光扫描器、灵敏光电装置等自动检测在出入口有无人员出入；当有管理人员确认安全的情况下，也可不设置此装置。

(9)载车板锁定装置：为防止意外情况下，载车板从停车位中滑出，应设置载车板锁定装置；在采取了有效措施情况下，可不设置此装置。

3.3.4 设备核心关键部件

搬运器及升降机是全自动车库的核心关键部件，本节对目前最常用的几类全自动车库搬运器、升降机及AGV停车机器人的类型展开介绍。

1)几类常用的搬运器

(1)固定梳齿交换式与伸缩梳齿交换式搬运器。

梳齿式搬运器是利用梳齿状台架，通过梳齿的上下交叉实现汽车存取。梳架搬运汽车时一般以前轮定位，前轮两个梳齿间距一般在310~340mm之间，这样既起到了定位作用，又能防止汽车在搬运过程中前后移动，后轮梳架间距为140mm左右，而且由10根以上梳齿组成，这样基本保证了车长为3~5.3m汽车的存放。

梳齿式搬运器的优点是利用搬运器上的梳齿直接与停车位上的梳齿架通过上下错位交叉存取汽车，无须载车板的交换，存取车效率高。另外，该类输送方式通常为纵向输送，在一些特殊场合亦可重列布置，每一列可停放2辆车甚至3辆车，提高了存车容量。由于存放汽车的梳体采用方管，因此每个车位所需材料相对较少，降低了成本。经过技术的不断改良与完善，梳齿式搬运器已非常成熟、可靠。不足之处是，库内汽车长期停放在具有一定间隔的梳齿架上，不利于对汽车的轮胎的保护；另外，由于梳体上下交叉需要一定的高度，搬运汽车的搬运器本身也有一定高度，导致层高要比其他存放形式每层高出150~250mm。

伸缩梳齿交换式搬运器与固定梳齿交换式搬运器外形基本相同，不同之处在于前后梳齿可以伸缩。正常情况下搬运器的梳齿是缩回在搬运器内，伸缩梳齿上表面一般只比库位梳齿上表面低20mm左右。存取车时，搬运器进入汽车底盘下方，定位后(一般是前轮定位形式)伸缩梳齿通过库位梳齿的间隙伸出至车轮下方，通过升降机构抬起伸缩梳齿(一般让伸缩梳齿高出库位梳齿40mm左右)，完成汽车从库位或出入口到搬运器的交换，然后搬运器行走存入或取出汽车。该类搬运方式节省了梳齿式搬运器要从固定梳齿下方行进的高度,结构通常比梳齿式搬运器每层至少降低高度 100mm 以上。

固定梳齿交换式搬运器与伸缩梳齿交换式搬运器外观、交换原理,如图 3-22、图 3-23 所示。

a) 固定梳齿交换式搬运器

b) 伸缩梳齿交换式搬运器

图 3-22　固定梳齿交换式搬运器与伸缩梳齿交换式搬运器

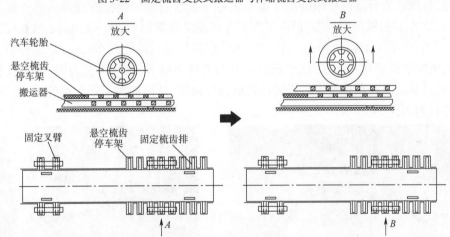

a) 固定梳齿交换式搬运器汽车交换原理示意

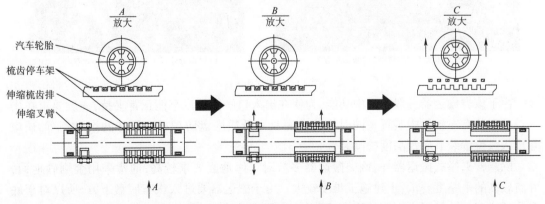

b) 伸缩梳齿交换式搬运器汽车交换原理示意

图 3-23　固定梳齿交换式搬运器与伸缩梳齿交换式搬运器汽车交换原理示意

(2)夹举式搬运器。

该类存取车方式的主要特点是搬运功能集中在一台或多台搬运器上,依靠搬运器上的夹持机构将汽车的四个车轮抬离地面后做纵向运行。无须载车板交接,也无须载车板或梳齿架之间的抬轮机构,搬运器运行到指定的停车位后夹持机构释放车辆轮胎,汽车平稳停放在停车位,搬运器退回,完成存取车动作。夹举式存取车机构通常采用前轮定位形式,这种方式也是目前应用最广泛的方式之一。

目前,夹举式存取车主要包括两种形式:一种为超薄型搬运器,总高度仅为90~120mm,该类搬运器可以直接在地面上进行夹持存取车。其优点是,占用高度小,特别适合土建结构车库,无须载车板和停车梳架,安装简便,从而降低了停车设备成本。缺点是,对停车位及运行通道的平整度要求较高,由于搬运器较薄,所以一般采用伺服电机、液压或直流电机驱动与夹取,由于液压驱动后期维护较为烦琐,现阶段采用较少。使用较多的是伺服电机或直流电机驱动,由于车轮尺寸较小,所以要求行走轨道及停车面要有较高的精度和平面度,当阻力较大时,电机容易过载报警,另外所有零件小尺寸、精致化,对后期维护保养所要求的技术水平较高。超薄搬运器因高度限制,搬运器所拖带的电源线与通信线容易受到损伤。针对上述问题,目前已有行业内厂家推出了电池供电与无线通信的超薄搬运器。另一种为厚度200~220mm左右的厚型搬运器,但由于汽车底盘高度通常低于200~220mm,故在停车位的中部需设有一个下沉100~150mm的沟槽,供搬运器行走至停放汽车的底部,这种搬运器一般采用电机减速机驱动与夹取,优点是行走力与夹持力较大,过间隙能力强,可直接抬起汽车运行,缺点是需要在车位处设置供搬运器运行的沟槽,从而加大了停车位的层高。夹举式搬运器外观如图3-24所示。

a)薄型分体式(总高度90~120mm左右)　　b)厚型分体式(厚度200~220mm左右)

图3-24　夹举式搬运器

由于该类搬运器一般无对中功能,为使在出入口停偏的汽车能正常夹持,一般要求在出入口位置装有车轮对中装置。同时为防止底盘太低或底盘防护板有损坏的汽车停车,还应在出入口位置装有底盘高度检测装置。

除悬臂夹举式搬运器外,该类搬运器多数对车库地面要求较高,通常采用金刚砂地面,并有较高的平整度要求,土建施工难度较大。由于搬运器要进入汽车底盘下方,所以对于底盘太低或底盘防护板有损坏的汽车,不适合此类存取方式;另外搬运器动作较多,运动机构和控制相对较复杂,这对日后的维修保养要求较高。

夹举式搬运器汽车交换原理,如图3-25所示。

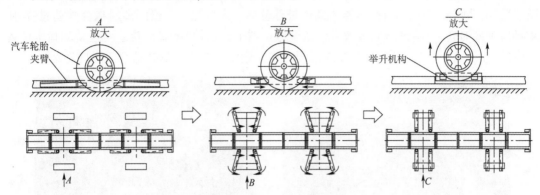

图3-25 夹举式搬运器汽车交换原理示意

(3)输送带交换式搬运器。

输送带交换式搬运是一种存取车效率较高的汽车存取方式(图3-26、图3-27)。其搬运原理是,搬运器在汽车左右车轮处有两条可以容纳前后汽车的输送带,前后各有一对可伸缩的单边夹抱车轮的机构,汽车在出入口停好后,搬运器进入出入口位置,左右车轮处的输送带转动,同时搬运器靠近汽车侧的单边夹抱车轮机构的夹臂收缩后往汽车底盘内伸展,当检测到过前轮一定位置后,夹臂打开,搬运器往前移动,使输送带紧贴前轮,通过输送带回转及输送带的摩擦力把前轮移到搬运器上,接着单边夹抱车轮机构的夹臂再次收缩后,继续往汽车底盘伸展,当检测到过后轮一定位置后,夹臂打开,然后搬运器往前移动,使输送带紧贴后轮,再次通过输送带回转及输送带的摩擦力把后轮移到搬运器上。当检测到汽车已经完全停到搬运器准确位置后,输送带运行停止,同时可伸缩的单边夹抱车轮的机构回到原始位置。然后,搬运器回到巷道内搬运台车或巷道堆垛机上,通过搬运台车或巷道堆垛机运动到指定位置后,用出入库取车的相反动作将汽车送至停车位,完成汽车存放。

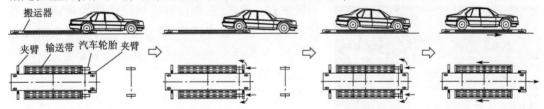

图3-26 输送带交换式搬运器汽车交换原理示意

输送带交换式搬运器因为本身没有可以校正汽车位置的机构,通常要在出入口设置车轮校正装置,否则汽车在搬运过程中可能偏位造成安全隐患,但对底盘高度无任何要求,因为输送带回转要有一定弧度,所以要求层高比载车板式高,通常与超薄型夹举式搬运器对层高的要求类似。其优点是,存取车速度较快;缺点是,整个搬运器离地间隙偏小,底部容易擦地,同时输送带搬运器机构及电机较多,自重大且成本高,且停车位也需要敷设输送带,因此施工过程烦琐、成本相对较高。根据输送带交换式搬运器的原理,现在行业内还有用托辊代替输送带的托辊式搬运器。

(4)履带式搬运器。

履带式搬运是一种存取车效率较高的汽车存取方式(图3-28)。其搬运原理是,搬运器在汽车前后轮处有两条主动履带,在停车位或出入口(或升降机)有被动履带,搬运器到达出入口位置后,主动履带转动,同时搬运器主动履带部分向出入口微移一段距离后啮合被动履带,使被动履带同时转动,将汽车通过履带传送至搬运器上,然后搬运器在巷道内运动到指定位置后,相同原理将汽车送至停车位,完成汽车存取。通常该类搬运形式适合于纵向搬运。

图3-27 输送带交换式搬运器　　　　图3-28 履带式搬运器实物图

履带式搬运器因为本身没有可以校正汽车位置的机构,通常要在出入口设置车轮校正装置,否则汽车在搬运过程中可能偏位造成安全事故,但对底盘高度无任何要求。由于履带回转要有一定弧度,所以要求层高比载车板式高。其优点是,存取车速度较快;缺点是,因为履带自重大且成本高,且停车位也需要敷设履带,因此施工过程烦琐、成本相对较高。

(5)滚筒输送式搬运器。

滚筒输送式搬运器与履带式搬运器运行原理基本类似(图3-29)。其不同之处在于将履带改成滚筒,同时在停车库位需要有动力驱动滚筒。搬运原理是,搬运器、停车位及出入口(升降机)位置在汽车前后车轮处有两条滚筒输送线,滚筒与滚筒之间通过链轮链条连接,前后滚筒输送线一般通过减速电机同步驱动。搬运器到达出入口位置后,搬运器上滚筒输送线及出入口处滚筒输送线同向转动,通过两条滚筒输送线的接驳传输,将汽车从出入口位置传送到搬运器上,然后搬运器在巷道内运行到指定位置后,相同原

图3-29 滚筒输送式搬运器

理将汽车送至停车位上,完成汽车存取。通常该类搬运形式适合于纵向搬运形式。

滚筒输送式搬运器也需要在出入口安装汽车校正装置。此类搬运形式的优点是,存取车速度相对较快,层高要求比履带式搬运形式低;缺点是,每个库位都要有前后两条滚筒输送线体,施工量大,成本较高。

(6)载车板式搬运器。

载车板式搬运是一种使用较为广泛的汽车存取方式。既可横向搬运,也可纵向搬运(图3-30)。其搬运特点是,汽车停放在载车板上,汽车的转运是通过搬运载车板来实现的。一般在载车板上装有滚轮或在停车位上装有让载车板在上面滑动的滚轮。当程序设置为进车优先时,有一块空载车板放置在进出口,入库汽车停入载车板后,停车系统自动将载车板与停放汽车存入原载车板所在位置,然后再就近取出一块空载车板放在进出口。若在此状态下,程序收到取车指令时,则系统先要把在出入口的载车板存回原载车板所在位置,然后再去取要取车位置的载车板,之后通过整个取车过程,将此载车板放至出入口。

a)纵向搬运方式

b)横向搬运方式

c)单板交换方式

d)双板交换方式

图3-30 载车板式搬运器

载车板式搬运形式一般有摩擦轮式、链条钩拉式与回转钩拉式三种。

摩擦轮式一般通过搬运器上一对或几对相对位置较近且带有动力的包胶轮,夹持住载车板下面的摩擦轨,利用包胶轮转动产生的摩擦力,把载车板送到停车位或从停车位取至搬运器上。该形式横搬式与纵搬式均可采用,要克服的难点是,如何确保包胶轮磨损后其摩擦力还足够存取载车板。图3-31是摩擦轮载车板式搬运器结构示意图。搬运台车包括搬运台车钢架、横移驱动机构、横移导正装置、搬运器微移驱动机构及支撑搬运器的滚轮等,搬运器包括搬运器钢结构、摩擦轮传动机构及与搬运器微移驱动机构连接的传动机构等。摩擦轮传动机构一般有减速电机、摩擦轮及其张紧装置、链轮链条及其张紧装置、齿轮等组成,图3-32是摩擦轮载车板式搬运器端部结构示意图。

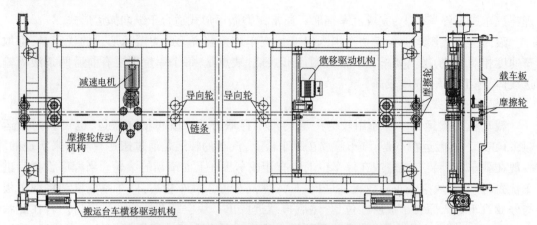

图3-31 摩擦轮载车板式搬运器

图3-32 摩擦轮载车板式搬运器端部结构示意图

链条钩拉式是在搬运器长度方向两端各设置有1条或2条封闭循环链条,在每端的链条适当位置装有2个钩拉机构,在载车板两边与钩拉机构对应位置装有4个带槽的固定板。取停车位载车板时,搬运器中的微移机构适当向载车板侧移动,然后减速电机驱动循环链条转动,让左右2个钩拉机构进入载车板的固定槽内,链条继续带动,将载车板从停车位钩拉至搬运器上,在此过程中,另外2个钩拉机构要在载车板即将全部进入搬运器时进入载车板另一侧的固定槽内,然后微移机构复位,从停车位取载车板的整个动作就全部完成。从搬运器向停车位送载车板的动作与此相反。这种形式一般为横搬形式,在垂直升降类机械式停车设备中使用比较普遍,并且此类机构技术已非常成熟。要克服的难点是如何顺利钩拉与脱钩。

回转钩拉式是搬运器中心设置有一个摆臂,摆臂端部有一个圆柱状回转体。取载车板时,搬运器移动到取车位后,摆臂旋转,通过圆柱状回转体进入停车位载车板边上的滑槽内,利用摆臂的继续旋转,将载车板从库位钩拉至搬运器上,此时圆柱状回转体未脱槽,可以确保搬运器在运行时载车板不会滑脱。相反,搬运器移动至存取位后,摆臂直接转动,将载车板从搬运器上推送至停车位,然后摆臂反方向脱槽收回,完成存载车板动作。这种形式一般为横搬形式,要克服的难点是摆臂从一边取的载车板要能两边互存,如何做到摆臂顺利入槽与脱槽并钩拉平稳、无异常声响,同时脱槽时要确保载车板不会移动。

载车板式搬运的优点是,在转运车辆过程中搬运器不接触车辆,有利于保护车辆,搬运器结构简单、层高要求较低,整套系统的成本也相对较低。随着新能源充电汽车的普及,机械停车库如需实现停车位自动充电,载车板式是最适合的形式。其缺点是,在实际使用中,经常会有存取空载车板的动作,导致存取时间相对较长,存取车效率相对较低。但目前有采用双车板交换法或在出入口附近设置空车板存放区的方式,减少了送回载车板动作,从而减少取车时间。

2) 常用升降机

平面移动类机械式停车设备的升降机根据现场井道尺寸不同,按结构一般可分为四柱式与二柱式,此类升降机一般多采用无机房式,一般有强制驱动、曳引驱动两种形式。动力源以减速电机或伺服电机为主,也有少部分用液压泵站。起升方式一般以钢丝绳、链轮链条及齿轮齿条为主,现在也有用齿形带起升的,但应用不多,可靠性还有待时间验证。

(1) 四柱式升降机。

四柱式升降机一般由左右钢结构、升降平台、升降传动机构、对重(配重)机构、平层定位装置及安全装置等组成。升降机构一般采用减速电机或伺服电机作为动力源,设计时可以把动力源布置在升降平台下,也可布置在钢架上。对重(配重)机构的传动一般采用链轮链条、钢丝绳或齿形带。

图 3-33 是一种采用动力源布置在升降平台下、齿轮齿条传动升降、链轮链条作为对重传动的四柱式升降机结构示意图,属于强制驱动形式的一种。升降机钢结构一般由方管、矩形管、H 型钢、冷拉方钢、冷拉扁钢、角钢等的一种或多种材料组成,钢构一般都设计成钢架形式。对于超过运输长度的钢架,一般会在厂内分段处理,各段钢架运到现场后,再进行焊接拼装或螺栓连接。

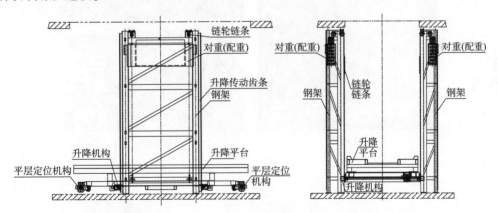

图 3-33 齿轮齿条传动升降的四柱式升降机结构示意图

齿条固定于左右两侧钢结构,装有动力源并且两端装有同步齿轮的传动轴组,通过带座轴承固定于升降机平台下方,同时应确保传动轴组两端同步齿轮与左右两片钢架相对应的两根齿条啮合,升降机构一般由一组或两组传动轴组组成,若采用一组传动轴组完成升降,则此传动轴组一般布置在升降机中间轴线位置;若采用两组传动轴组完成升降,则两组传动轴组之间应设计同步机构,以确保两组升降机构的同步升降。采用齿轮齿条传动的起升机构,设计时齿轮齿条的模数不应小于 7。

升降平台是搬运器及汽车的支持平台,升降平台一般会在各立柱对应位置设计导向轮,以确保搬运器在进出升降平台及升降平台升降运行时的平稳。若升降机直接到出入口,则升降平台同时也作为汽车进出平台,应设置有一系列的出入口安全检测装置,此类升降平台还可以设计成带回转功能的形式。对搬运器不具有对中功能的平面移动类车库,比如采用夹举式搬运器的平面移动类车库,升降平台还应设计有对中功能。

四柱式结构升降机的对重(配重)装置一般为左右两套,图3-33所示为链轮链条传动方式,在设计中也可采用钢丝绳配曳引轮或齿形带配同步带轮的配重传动形式。设计配重时,配重总重量一般为升降平台(含升降传动机构等)全部重量加搬运器(载车板)与适停汽车额定载重之和的40%~60%。

平层定位装置的功能是确保升降机停到各层时升降平台停车表面与搬运台车停车平面的平层精度,一般要求平层精度不应大于10mm。图3-33所示的是定位销平层机构,其动作原理是在升降机升降到某一层后,通过减速电机驱动装有定位销轴的曲柄回转机构回转,通过曲柄的长短变化使定位销对接至升降机钢构的该层定位孔内,以实现强制平层功能。平层定位装置也可采用液压缸定位及电机减速机搭板等方式。

(2)二柱式升降机。

二柱式升降机一般由单侧钢结构、升降平台、升降传动机构、对重(配重)机构、平层定位装置及安全装置等组成。升降机构一般采用减速电机或伺服电机作为动力源,动力源一般都布置在钢架上。对重(配重)机构的传动一般采用链轮链条、钢丝绳或齿形带。

图3-34为一种采用动力源布置在钢构上、钢丝绳曳引升降的二柱式升降机结构示意图,属于曳引驱动形式的一种。二柱式升降机的钢构组成与选材基本与四柱式相同。

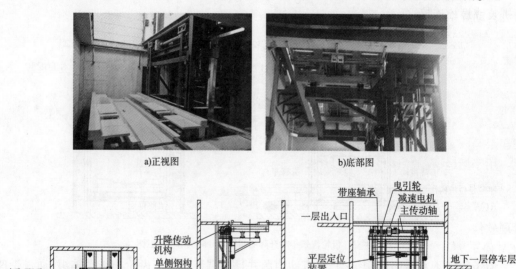

图3-34 钢丝绳曳引升降的二柱式升降机结构示意图

二柱式升降机的升降平台一般都为悬挑式的L形结构,为保持升降平台升降运行时及搬运器在进出升降平台时的平稳,升降平台应在两个立柱对应位置的上下设计双向导轮。若升降机直接到出入口,则升降平台同时作为汽车进出平台,应设置有一系列的出入口安全检测装置,对搬运器不具有对中功能的平面移动类车库,比如采用夹举式搬运器的平面移动类车库,升降平台还应设计有对中功能。当车库出入口设置位置低于二柱式升降机顶部时,升降机自身不适合增加回转功能。

图 3-34 所示的升降机构由减速电机、曳引轮、主传动轴组及带座轴承、钢丝绳、钢丝绳固定装置及防脱装置等组成。此升降机构为两点吊挂曳引式,主传动轴组通过带座轴承固定于钢结构顶部,减速电机直接安装于主传动轴上,主传动轴两端各装有一个曳引轮,每个曳引轮一般有 4~6 个曳引槽,每根钢丝绳一端固定于升降平台上,另一端绕过曳引轮后固定于对重(配重)端,调节各端 4~6 根钢丝绳的张紧力,使其受力均匀,这样就形成整个曳引升降机构。通过减速电机的正反转带动曳引轮的回转,各根钢丝绳通过与曳引槽的摩擦力来带动升降平台上升或下降。

二柱式升降机的对重机构与平层机构的设置形式基本与四柱式升降机相同,可参考四柱式升降机相关内容的说明。

四柱式升降机及二柱式升降机在实际设计中都可以采用钢丝绳、链轮链条、齿轮齿条甚至齿形带的一种或几种组合的起升方式,采用何种形式的升降机及起升方式,应根据项目现场尺寸、客户要求及设计人员对某种起升方式的操作熟练程度等因素确定。

3) AGV 停车机器人

自动导引小车 AGV 是指装备有电磁或光学等自动导引装置,能够沿规定的导引路径行驶,具有安全保护及各种移载功能的运输小车;是一种以电池为动力,装有非接触导向装置的无人驾驶自动化汽车。它的主要功能是,能在计算机监控下,按路径规划和作业要求,使小车较为精确地行走并停靠到指定地点,完成一系列作业功能。AGV 以轮式移动为特征,较之步行、爬行或其他非轮式的移动机器人,具有行动快捷、工作效率高、结构简单、可控性强、安全性好等优势。与物料输送中常用的其他设备相比,AGV 的活动区域无须铺设轨道、支座架等固定装置,不受场地、道路和空间的限制。

用于搬运、存放汽车的 AGV,统称为 AGV 停车机器人。AGV 停车机器人具有技术先进、智能化程度高、布置灵活、场地适应性强等特点。

AGV 停车机器人的主要功能集中在自动搬运与转运。AGV 停车机器人的控制核心是管理软件(行业内也称为调度系统),通过管理软件实现智能化的路径规划和交通管理,实现 AGV 停车机器人的自动引导,智能化搬运,提高存取车的搬运效率。

AGV 停车机器人管理软件由任务管理、汽车管理、交通管理、图像监控、路径管理等多个子系统组成,模块之间合作协同工作,共同完成智能化搬运。软件运行时,接受任务管理系统发送的存取车任务,根据地面交通情况、AGV 停车机器人空闲情况和当前 AGV 停车机器人运行情况等综合决策,智能调度 AGV 停车机器人执行搬运任务,并同步监控任务的执行过程。

(1) AGV 停车机器人的导航方式。

① 电磁感应式。

也就是最常见的磁条导航,通过在地面粘贴磁性胶带,AGV 自动搬运车经过时车底部的电磁传感器会感应到地面磁条地标从而实现自动行驶运输货物,站点定义则依靠磁条极性的不同排列组合设置。磁条导航成本较低，实现较为简单。但此导航方式灵活性差，AGV只能沿磁条行走，更改路径需重新铺设磁条，无法通过控制系统实时更改任务，且磁条容易损坏，后期维护成本较高。

②惯性导航。

惯性导航是在 AGV 上安装陀螺仪，在行驶区域的地面上安装定位块，AGV 可通过对陀螺仪偏差信号的计算及地面定位块信号的采集来确定自身的位置和方向，经过积分和运算得到速度和位置，从而达到对运载体导航定位的目的。其主要优点是技术先进，定位准确性高，灵活性强，便于组合和兼容，适用领域广；其缺点是制造成本较高，导引的精度和可靠性与陀螺仪的制造精度及使用寿命密切相关。

③激光感应式导航。

激光感应式导航是在 AGV 行驶路径的周围安装位置精确的激光反射板，AGV 通过发射激光束，同时采集由反射板反射的激光束，来确定其当前的位置和方向，并通过连续的三角几何运算来实现 AGV 的运行，把汽车运送到预定的停车位。

此项技术最大的优点是 AGV 定位精确度高，可以高速行驶，行驶速度最高可达 1.5m/s，地面不需要其他定位设施，行驶路径灵活多变，能够适合多种现场环境，是目前国外许多 AGV 生产厂家优先采用的先进导航方式。缺点是制造成本高，对环境要求相对苛刻（外界光线、地面要求、能见度要求等）。

④视觉导航。

视觉导航是在 AGV 的行驶路径上涂刷与地面颜色反差大的油漆或粘贴颜色反差大的色带，在 AGV 上安装有摄图传感器将不断拍摄的图片与存储图片进行对比，偏移量信号输出给驱动控制系统，控制系统经过计算纠正 AGV 的行走方向，实现 AGV 的导航。

视觉导航优点：AGV 定位精确，视觉导航灵活性较好，改变或扩充路径较容易，路径铺设相对简单，导引原理简单可靠，便于控制通信，对声光无干扰，投资成本低于激光导航，但比磁条导航略贵。

视觉导航缺点：路径同样需要维护，目前基于无固定参照的视觉导航 AGV，其定位精度往往不高。

⑤自然导航。

自然导航是基于即时定位与地图构建（Simultaneous Localization And Mapping, SLAM）的导航方式，指在未知环境中，AGV 通过自身所携带的内部传感器（编码器、IMU 等）和外部传感器（激光传感器或者视觉传感器）来对自身进行定位，并在定位的基础上利用外部传感器获取的环境信息增量式的构建环境地图。自然导航主要包括测距定位与地图构建，目前最为常见的测距方式是测光测距和视觉测距。根据 AGV 位置传感器的观测，提取得到观测信息中的特征点，然后将目前观测到特征点的位置、AGV 运动距离、AGV 运动前观测到特征点的位置相互结合，根据当前位置与任务目的地进行路径规划（动态路线或者固定路线，且每次的路线都略微不同），根据规划得到的轨迹给 AGV 发送控制指令，使 AGV 小车实现自动行驶。

自然导航优点：安装时间短，不需要进行实体改造；不需要进行路径规划，可根据环境实际情况自主学习地图；无须安装其他导航辅件（如激光反射板），可大大减少施工及后期维护时间。

自然导航缺点:如遇环境变化超过50%时,会出现导航信号弱的情况;不适用特征区别不明显的行驶环境;定位精确度低于激光导航,一般导引精度在10mm左右;SLAM算法复杂,多个AGV同时协同作业时调度复杂;在精度要求较高的点位(如出入口、停车位或其他)需要增加辅助定位(如激光反射板、磁钉、二维码等)。

⑥混合导航方式。

为确保定位精准,AGV停车机器人一般会采用混合导航方式,比如激光导航+惯性导航的导航模式。在运行过程中,用激光导航作为主导航,用惯性导航来校验与修正AGV停车机器人的行走轨迹,同时用磁钉来精确定位,可以达到定位精确度误差少于5mm。

(2)AGV停车机器人的主要搬运形式。

AGV停车机器人主要有夹举式、梳齿式、台板式、托辊式、子母升降式等搬运形式,如图3-35所示。目前国内这几类搬运形式的AGV停车机器人都逐渐应用在工程中。

①整体式结构的夹举式AGV停车机器人(图3-35a):采用视觉+惯性双导航技术,整个夹举式AGV停车机器人为整体结构形式,夹举臂类似叉车叉臂,通常配对使用,两对夹举臂可以自动检测汽车轴距并进行自动调节。存/取车时,两对夹举臂先打开比较大的距离,确保两对夹举臂各自可以夹住车轮。这类AGV停车机器人的夹举臂一般从汽车侧面进入底盘,然后两对夹举臂各自向车轮位置收缩,夹举抬起车轮后行驶。

②分体式结构的夹举式AGV停车机器人(图3-35b):采用激光+视觉导航的分体式小车,每个小车上各有4个夹举臂用于夹举轮胎,整车高度较低可直接进入车底,即夹抱轮胎机器人能直接钻入汽车下面,利用夹举装置将汽车轮胎夹起,把汽车送到停车位。实现汽车夹持举升和运输。其具有结构简单、安装方便快捷、运行效率高等优点,但控制相对复杂。

③梳齿式AGV停车机器人(图3-35c):利用激光+磁钉的混合导航方式及梳齿交换技术,无须载车板,具有运行速度快、效率高、定位精准、运行可靠等特点。梳齿交换存取车动作可参看3.3.4 2)小节中固定梳齿交换式与伸缩梳齿交换式搬运器的相关说明。

④抬板式AGV停车机器人(图3-35d):载车板+带举升功能的AGV。此类形式的载车板下有一定高度,带举升功能的AGV停车机器人可以钻到载车板下,通过AGV的举升机构抬起载车板后行走,完成存取车动作。该类交换方式技术门槛低,使用效果优良。但占用空间大,效率低,层高要求高。

⑤托辊式AGV停车机器人(图3-35e):是托辊式搬运器技术与AGV行走技术的结合,托辊式存取车动作可参看3.3.4 2)小节中输送带式搬运器的相关说明。此类AGV停车机器人对地面要求较其他AGV停车机器人要求低,但因为该类型两侧有传动机构,所以对停车位宽度要求较宽。

⑥子母升降式AGV停车机器人(图3-35f):由子搬运器与AGV母车组成,子搬运器负责将汽车从AGV母车到停车位、升降机或出入口之间的搬运作业,子搬运器采用薄型夹举式搬运器,其存取车动作可参看3.3.4 2)小节中夹举式搬运器的相关说明。AGV母车负责运载子搬运器和汽车,除可实现360°全向运动外,还具有举升功能,可把子搬运器及汽车举升到二层高度,实现立体停放汽车。此类AGV停车机器人突破了传统AGV停车机器人一般只能完成单层存取汽车的瓶颈,通过AGV与传统机械立体停车的结合,拓展了AGV的产品功能,可以实现两层,甚至多层存取汽车,增加了停车数量、可满足更多元化的停车需求。

a)整体式结构的夹举式AGV停车机器人

b)分体式结构的夹举式AGV停车机器人

c)梳齿式AGV停车机器人

d)抬板式AGV停车机器人

e)托辊式AGV停车机器人

f)子母升降式AGV停车机器人

图3-35　AGV停车机器人常见搬运形式

3.3.5　设备选型与配置

该类停车设备是一种自动化程度较高、停车舒适性佳、停车密度大、存取车便捷的立体停车设施,是目前全自动立体车库领域中使用最广泛的一种停车设备。因平面移动类机械式停车设备的形式不同,其工作原理、适用范围、主要组成、车库选型、配置设计均不尽相同。

平面移动类机械式停车设备可以根据升降机、出入口及搬运台车数量的不同配比,停车数量可多可少。为确保进出汽车顺畅、高效、可靠,建议每套车库系统至少配置2个出入口或升降机,同时每台升降机负责12～80辆车为宜。尽量不采取多层停车位共用搬运器方案的平面移动类机械式停车设备。

多层平面移动类机械式停车设备属于全自动智能立体车库,为保障人员、汽车、设备的安全,方便车库管理,提高设备使用寿命,一般设置为封闭或半封闭形式。在规划设计、建造立体车库时,往往要与建筑、照明、消防、通风、排水等工种配合或协调。因此,停车设备厂家、建筑设计单位、业主等需先进行技术交底与技术沟通,保证土建有效尺寸、升降机井道尺寸、巷道尺寸等与停车设备要求的安装空间相一致,达到最大限度增加容车数量、安全可靠、布置经济合理、运行高效的目的。

不同厂家设计生产的停车设备尺寸大小并不一致,因此,必须根据具体厂家提供的停车设备布置尺寸进行机械式停车设备的土建规划设计。

3.4 巷道堆垛类机械式立体停车设备

3.4.1 设备概述

使用巷道堆垛机,将汽车水平且垂直移动到停车位旁,并用存取交接机构存取汽车的机械式停车设备,称为巷道堆垛类机械式立体停车设备(Stacking Mechanical Parking System)。该设备的设计和选择应符合现行业标准《巷道堆垛类机械式停车设备》(JB/T 10474)规定。

巷道堆垛类机械式停车设备是20世纪60年代后欧洲根据自动化立体仓库原理设计的一种专门用于停放小型汽车的立体停车设备。该类设备采用先进的计算机控制,自动化水平较高,且全封闭式建造,存车安全性高。根据场地的不同可设置在室外(一般采用全封闭类型)、室内、地上或地下。一部巷道堆垛机和搬运器所负责搬运的汽车通常在12~80辆之间较为合适,层数为2~6层,考虑到巷道堆垛机运行时的稳定性与存取车效率,层数4层左右较为合适。

按搬运形式可以分为:横向搬运巷道堆垛类机械式停车设备(图3-36a)、纵向搬运巷道堆垛类机械式停车设备(图3-36b)。

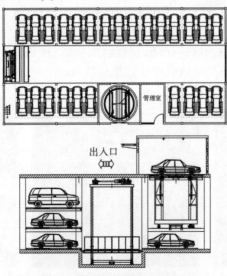

a)横向搬运巷道堆垛类机械式停车设备

图 3-36

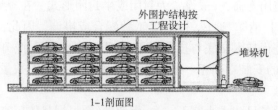
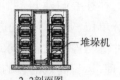

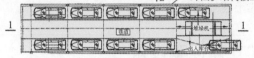

b)纵向搬运巷道堆垛类机械式停车设备

图3-36 巷道堆垛类机械式停车设备常见类型及示意图

巷道堆垛类机械式停车设备,如图3-37所示。

a) 纵向搬运案例实景　　　　　　　b) 横向搬运案例实景

图3-37 巷道堆垛类机械式停车设备实景图

巷道堆垛机按轨道分为:单轨堆垛机和双轨堆垛机;按轨道立柱分为:双轨双立柱式堆垛机、单轨双边立柱式堆垛机、单轨双立柱式堆垛机等(图3-38)。

a)双轨双立柱式　　　　b)单轨双边立柱式　　　　c)单轨双边(弧形轨道)立柱式

图 3-38

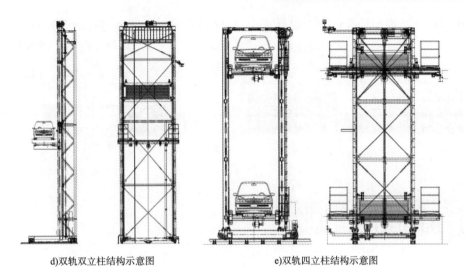

d)双轨双立柱结构示意图　　　　　　e)双轨四立柱结构示意图

图3-38　巷道堆垛类机械式停车设备堆垛机结构示意图

3.4.2　工作原理

使用堆垛机将汽车水平且垂直移动到停车位旁,并用搬运器或堆垛机上的存取机构将汽车存入,反之取出。图3-39为巷道堆垛类机械式停车设备的结构示意图。

图3-39　巷道堆垛类机械式停车设备的结构示意图

3.4.3　设备主要组成部分

目前,国内外投入使用的巷道堆垛类机械式停车设备类型较多,但基本上是由钢结构、出入口设备、有轨巷道堆垛机(简称堆垛机)、升降机、搬运器、控制系统、监控系统和安全防护装置八大部分组成。图3-40为常见的典型巷道堆垛类机械式停车设备布置图。

1) 钢结构

钢结构主要用于承载运动构件、汽车或载车板等构件,由H型钢、方管、矩形管、圆管等组成。此类钢结构一般应根据《钢结构设计规范》(GB 50017)进行设计计算,同时应依据

《汽车库、修车库、停车场设计防火规范》(GB 50067)对钢结构表面进行耐火防护。

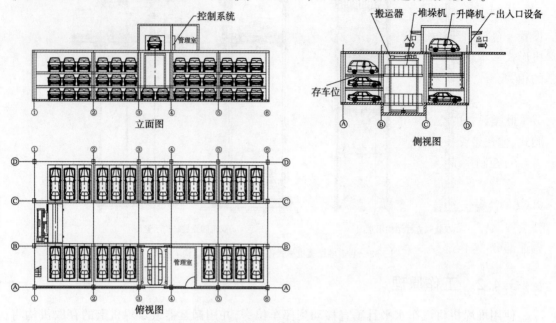

图3-40 巷道堆垛类机械式停车设备的典型示意图

此类停车设备很多情况下是建在室内,由建筑混凝土结构来代替钢结构,作为承载主体。

2) 出入口设备

出入口是驾驶员驾驶汽车进入停车设备停放的区域,在巷道堆垛类机械式停车设备中,此区域是除操作室外唯一允许驾驶员进入的区域。出入口通常设置有安全门,汽车引导屏及语音引导系统,车长、车高、车宽检测装置,移动物体检测装置等,有些出入口还具有回转功能及车轮对中功能。出入口可单独设置,也可与升降机结合设置。

根据进车口与出车口位置不同,出入口形式有贯穿式、旁通式、折返式。

3) 堆垛机

堆垛机是此类停车设备的核心部件之一,堆垛机至少具有在巷道方向的水平移动及上下升降功能,部分特殊需求的堆垛机还具备侧向移动功能(往停车位方向)。堆垛机主要由框架部分、行走部分、升降部分组成。

(1) 框架部分:堆垛机框架主要是行走机构与升降机构的承载体,由方管、矩形管、H型钢、冷拉扁钢、角钢、T型导轨等组成。结构形式有四柱门式结构、双立柱门式结构和双立柱悬臂式结构等。

(2) 行走部分:这部分设备主要将汽车输送到每个停车位在巷道上的相对位置,它的运行速度一般在0.5~2m/s之间,国外有部分装置的运行速度最高已达6m/s。驱动一般采用5~10kW的变频减速电机直接驱动主轴运动,一般采用双轨道运行,对于高度较高的堆垛机,也有采用单轨加顶部导向的运行方式。

(3) 升降部分:主要是将待存入的汽车从出入口位置升降到指定层,然后通过搬运器或堆垛机上的存取机构将汽车存入到停车位。升降速度一般为0.5~1m/s左右。升降部分的起升方式一般有钢丝绳、链条、齿形带等。

4）升降机

此设备中升降机不是必备设备,只有当堆垛机无法直接从出入口搬运汽车时,在出入口设置一台辅助升降机,汽车通过升降机升降到指定位置,然后再由堆垛机来搬运汽车。升降机形式基本与平面移动类机械式停车设备中的升降机形式相同。详细说明参见第 3.3.4 节的相关介绍。

5）搬运器

此类设备的搬运器形式多样,包括载车板式、固定梳齿交换式、伸缩梳齿交换式、夹持轮胎式、输送带交换式、滚筒式、AGV 停车机器人等。详细说明可参见第 3.3.4 节相关内容。

6）控制系统

巷道堆垛类机械式停车设备的所有机械动作,通常由控制器实现控制,控制器一般为 PLC、单片机、工控机等,PLC 是最常用的控制器,然后由计算机来实现调度与车位信息储存。整个控制可以实现自动运行、手动运行、点动运行等。控制系统主要由配电部分、控制部分、调速部分、操作部分及显示部分组成。

巷道堆垛类机械式停车设备的控制系统各部分说明可参考 3.5.3 节垂直升降类机械式停车设备的控制系统。

7）监控系统

在巷道堆垛类机械式停车设备中,监控系统不是设备的必需配置,6 层以上设备为能实时监视巷道堆垛类机械式停车设备的运行状态,应配置监控系统,其主要监视出入口内外部状况、升降机运行状况、堆垛机运行状况、搬运器运行状况及存取车状况等。

8）安全防护装置

根据《机械式停车设备 通用安全要求》(GB 17907—2010)附录 A 的要求,巷道堆垛类机械式停车设备通常需要装备以下安全防护装置(但不限于此,可参考表 3-1)。

(1)汽车长、宽、高限制装置:在出入口位置应设置车辆长度、宽度、高度检测装置,当汽车超过适停规格时,设备不动作并报警。汽车规格检测装置一般为光电开关或光幕开关。

(2)汽车位置检测装置:应设置检测装置,当汽车未停在搬运器或载车板上的正确位置时,设备不能运行,但若有操作人员确认安全的场合,则可以不设置此装置。

(3)防重叠自动检测装置:为避免向已停放汽车的车位再存放入汽车,应设置对车位状况(有车无车)进行检测的装置,或采取其他防重叠措施。

(4)轨道端部止挡装置:为防止运行机构脱轨,在水平运行轨道的端部,应设置止挡装置,止挡装置应能承受运行机构以额定载荷、额定速度下运行产生的撞击。

(5)运转限制装置:人员未出设备,设备不得启动,可采用激光扫描器、灵敏光电装置等自动检测在出入口有无人员出入,当有管理人员确认安全的情况下,也可不设置此装置。

(6)载车板锁定装置:为防止意外情况下载车板从停车位中滑出,应设置载车板锁定装置,在采取了有效措施情况下,可不设置此装置。

3.4.4 设备核心关键部件

全自动搬运器为巷道堆垛类机械式停车设备的核心关键部件,其详细说明可参见第 3.3.4 节相关内容。

3.4.5 设备选型与配置

巷道堆垛类机械式停车设备是一种全自动化停车设备,可采用全钢结构独立设置,也可设计在建筑物内,根据场地情况可选择横向搬运方式也可选择纵向搬运方式(图3-41)。一般建成全封闭形式,存(取)车速度快,安全可靠,容积率高。这类停车设备的特点是运行机构少、存取汽车方便、效率高;全自动化控制、集中监控、运行可靠、成本较低。

a) 横向布置方式　　　　　　　　　　b) 纵向布置方式

图3-41　巷道堆垛类机械式停车设备搬运方式

根据场地、高度要求不同,巷道堆垛类机械式停车设备既可做成地下车库,也可做成地上车库,此类停车设备比较适用于空间十分有限的狭长地带,且需要解决较多停车需求的场地。由于堆垛机的特性(一台设备完成了在巷道内的行走与升降功能,甚至有些还完成了存取车功能),一般建议每台堆垛机承担12~80辆车的存取比较理想,容车数量太少,会提高单车位成本;容车数量太多,则影响清库时间。当单车库停车数量超过100辆或巷道特别长时,建议采用2台堆垛机协同作业存取车。应根据所能利用的平面和立体空间,确定车库的层数与每层的车位数,从清库能力、存取车时间及安全性考虑,建议此类车库建造层数应在6层以下,且4层左右最为理想。

不同厂家设计生产的巷道堆垛类机械式停车设备尺寸并不相同,特别是升降机尺寸及基坑深度、堆垛机尺寸、库位各层层高等,需要根据具体厂家提供的停车设备布置尺寸进行立体车库土建规划设计。

3.5　垂直升降类机械式立体停车设备

3.5.1　设备概述

使用升降机将汽车升降到指定层,并用存取交换机构存取汽车的机械式停车设备,称为垂直升降类机械式停车设备(Vertical Lifting Mechanical Parking System)(图3-42)。该设备的设计和选择应符合现行业标准《垂直升降类机械式停车设备》(JB/T 10475)规定。

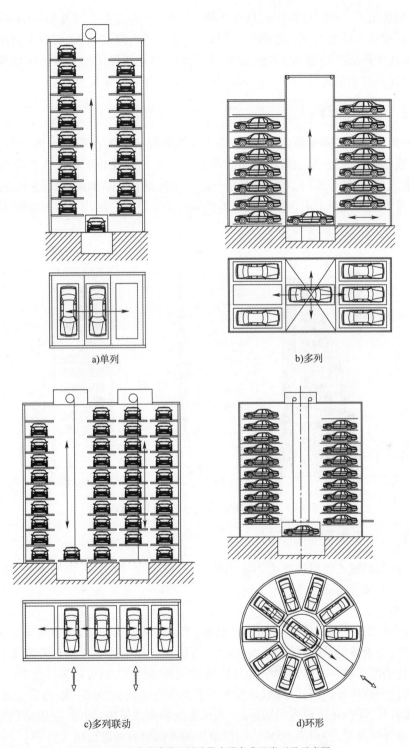

图 3-42 垂直升降类机械式停车设备常见类型及示意图

垂直升降类机械式停车设备又称为塔库或电梯式停车塔,该类停车设备占地少,在所有机械车库类型中平面和空间利用率较高,50m² 通常停放 20~50 辆车;具有高性能,低噪声,前进入库、前进出库,安全装置齐全,操作方便、维护方便等优点。可根据周围环境对设备进行外部装饰,使其与城市景观相协调,亦可附建于建筑物内部或地下,实现全封闭管理,安全性好。一般建于高层办公建筑、住宅、医院、商业综合体建筑等用地紧张的区域及老城改造,尤其适宜建在高度繁华的城市中心区域以及汽车集中停放的聚集点。

3.5.2 工作原理

用提升机将汽车升降至指定层,然后用安装在升降机上的存取机构将汽车或载车板送入停车位;或是相反,通过存取机构将指定停车位上的汽车或载车板送入升降机,升降机升降到汽车出入口处,打开库门,驾驶员将车开走。多数垂直升降类机械式停车设备都带汽车掉头功能,可以实现正进正出。垂直升降类机械式停车设备的结构示意图如图 3-43 所示。

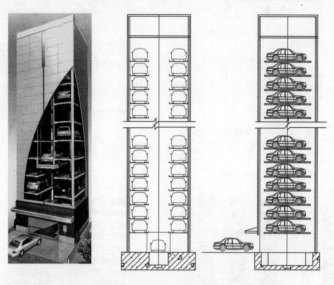

图 3-43 垂直升降类机械式停车设备的结构示意图

3.5.3 设备主要组成部分

垂直升降类机械式停车设备主要由钢结构、升降系统、搬运器、控制系统、监控系统、安全防护装置六大部分组成。

1)钢结构

钢结构主要由外框架、内框架等构件组成,形成一座高层钢结构建筑物。主要的作用是,存放汽车,并为传动系统、控制系统提供安装位置。对于独立式垂直升降类机械式停车设备,车库外的维护结构可以是钢结构外框架加装饰板组成,也可以采用混凝土结构;由混凝土框架替代钢结构外框架,以降低建设车库的总费用。该类车库一般均为全封闭设置,除机械停车设备外,库内还应设置消防系统、通风系统和避雷设施;同时,应依据《汽车库、修车库、停车场设计防火规范》(GB 50067)对钢结构的外框架表面进行耐火防护。

外框架由立柱、横梁、纵梁、支撑等组成,内框架由辅助立柱、车位导轨、升降导轨、配重导轨等组成并与外框架连接成一体。

此类钢结构应根据《钢结构设计规范》(GB 50017)进行设计计算。

2）升降系统

垂直升降类机械式立体停车设备的升降系统形式较多，一般主要由曳引电机、减速电机或电动机外配独立减速机作为动力，通过钢丝绳、链条进行起升，常见驱动形式有曳引驱动与强制驱动。

变频曳引驱动是最常用的升降系统，其主要由减速电机（或电动机外配独立减速机）、曳引轮、钢丝绳、钢丝绳端部固定装置及张紧装置、转向绳轮及配重组成。升降系统的主要部件安装于设备最顶部位置（机房）。钢丝绳一端固定于搬运器，另一端通过导向绳轮、曳引轮的缠绕后固定于配重端，搬运器通过固定于4个角的钢丝绳起升，一般每个角悬吊位置固定有2~3根钢丝绳，整个升降系统有8~12根钢丝绳负责起升功能，这些钢丝绳通过张紧装置来均摊整个系统的起升，图3-44所示为采用曳引驱动系统的示意图。

图3-44 垂直升降曳引驱动示意图

通常，垂直升降类机械式停车设备的曳引驱动采用变频电机，也可用伺服电机；伺服曳引驱动与变频曳引驱动的传动原理基本相同，只是动力源不同，但其较变频曳引驱动有输出转矩恒定、定位精度高、加减速更快更平稳等特点，成本也相对较高。

强制驱动常见的有卷筒式钢丝绳提升和链条提升方式。其机构组成也与曳引驱动相似，主要区别在于动力的输送，卷筒驱动的动力是通过安装在设备顶部机房内的组合卷筒来传递的,升降搬运器的四角均设有悬吊钢丝绳,钢丝绳一端固定于搬运器上,另一端通过导向轮转向后,缠绕固定在卷筒上,电机通过减速器驱动卷筒转动缠绕钢丝绳,实现搬运器的升降;一般采用这种方式驱动的搬运器,每个吊点通常用单绳悬吊,以减小组合卷筒的尺寸。由于卷筒驱动的卷筒较大,成本也较高,且一旦设备发生过卷故障,会造成较大的损失,故卷筒驱动在垂直升降类机械停车设备上使用较少。图3-45所示为采用卷筒强制驱动示意图。

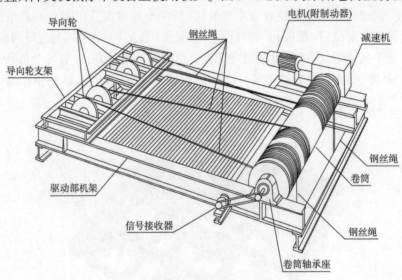

图3-45 垂直升降卷筒驱动示意图

链条提升的驱动系统布置在车库的顶部,搬运器四角由链条悬吊,链条的另一端连接在对重上;通过电机、减速器、传动轴等装置驱动布置在库顶传动轴上的驱动链轮,链轮带动提升链条,以实现搬运器的升降;链条在提升速度较高时会发生较大的抖动并产生较大的噪声,故链条提升一般用在层数较低或升降速度较慢的垂直升降类停车设备上。

3)搬运器

垂直升降类机械式停车设备的搬运器同时承担着汽车的升降和转运功能,最常见的主要有两种形式,一种是载车板式,另一种是梳齿式(图3-46)。目前已有升降机+横移机构+搬运器的形式,行业内称之为"大轿厢式"垂直升降车库;还有升降机+回转机构+搬运器的形式,行业内称之为"圆形塔或方形塔式"垂直升降车库,平面移动类或巷道堆垛类中使用的独立式搬运器理论上都可以用在这两类垂直升降类车库上。

a)载车板式

图 3-46

b)梳齿式

图 3-46 垂直升降类机械式停车设备的交换形式

4)控制系统

垂直升降类机械式停车设备的所有机械动作,一般由控制器实现控制,然后由计算机实现调度与车位信息的储存。整个控制可以实现自动运行、手动运行、点动运行等。

(1)自动运行方式:自动运行方式属于正常使用模式,一般采用按键、刷卡、触摸屏及计算机操作等模式;随着"智慧停车"技术的不断发展,车牌识别、无感支付和手机应用程序(App)预约存取、扫码支付或存取、人脸识别存取等技术已逐步与停车设备的控制系统相融合。

(2)手动运行方式:在手动运行方式下,操作人员能单独操作某一个运行动作的连续运转。例如,搬运器的升降、回转盘的旋转、搬运器的单次存取车动作等。

(3)点动运行方式:在点动运行方式下,操作人员单独操作某一个运行动作的断续运转,即按住按钮运行,放开即停。

手动运行方式与点动运行方式一般是由专业人员在检修或调试时用,正常情况下禁止使用。

垂直升降类机械式停车设备的控制系统主要由配电部分、控制部分、调速部分、操作部分及显示部分组成。

(1)配电部分:主要由各级断路保护开关、熔断丝、相序保护开关、变压器(或开关电源)、接触器、继电器(固态继电器)等组成,为控制系统提供各路电源、过载、过流或短路保护等。

(2)控制部分:主要由控制器、各种光电传感器、行程开关、中间继电器等组成,控制器是整个控制系统的关键器件,一般为 PLC、单片机、工控机等。PLC 是最常用的控制器,它由软件与硬件两部分组成,硬件主要是指 PLC 及外部各种接线,含电源、输入/输出、通信等模块,软件主要是指用户为实现设备控制所编制的程序。控制系统启动后,PLC 会实时采集各类输入信息及接收存取车指令,根据采集到的信息经用户程序执行后,依序发出各个指令给执行元器件来完成各个执行机构的动作,有序完成整个存取车过程。

(3)调速部分:主要是指矢量变频器或伺服控制器。垂直升降类机械式停车设备中通常至少有两个矢量变频器或伺服控制器,一个是控制垂直升降速度的矢量变频器或伺服控制器,一个是控制搬运器存取车和回转台旋转速度的变频器(通常此处不采用伺服控制器)。

(4)操作部分:主要是指人机交互设备,人机交互设备有按键式、触摸屏式、刷卡式等,现在也有用 PC 计算机作为人机交互设备。人机交换设备一般都可以实现自动运行、手动运行、点动运行的切换及设备故障显示甚至查询等功能。

(5)显示部分:主要由指示灯箱、汽车引导屏、信息显示屏以及人机交互设备上的显示区域等。用以反映停车设备的各种运行状态及引导提示存取车人员正确存取汽车。

5）监控系统

监控系统主要由前端监视设备、传输设备、后端存储、控制及显示设备这五大部分组成，其中后端设备可进一步分为中心控制设备和分控制设备，前、后端设备有多种构成方式，它们之间的联系（也可称作传输系统）可通过电缆、光纤、无线等多种方式来实现。

随着监控系统成本的降低，为能实时监视垂直升降类机械式停车设备的运行状态，基本上监控系统已属于标配设备，其主要监视出入口内部状况、出入口外部状况、搬运器运行状态及存取车状况等。

6）安全防护装置

根据《机械式停车设备　通用安全要求》(GB 17907—2010)附录A的要求，垂直升降类机械式停车设备一般装有以下安全防护装置（但不限于此，可参考表3-1）。

（1）汽车长、宽、高限制装置：在出入口应设置汽车长度、宽度、高度检测装置，当汽车超过适停规格时，设备不动作并报警。汽车规格检测装置一般为光电开关或光幕开关。

（2）防重叠自动检测装置：为避免向已停放汽车的停车位再存放进汽车，应设置对停车位状况（有车无车）进行检测的装置，或采取其他防重叠措施。

（3）缓冲器：搬运器在垂直升降的下端应设置缓冲器。

（4）运转限制装置：人员未出设备，设备不得启动，可采用激光扫描器、灵敏光电装置等自动检测在出入口有无人员出入，当有管理人员确认安全的情况下，也可不设置此装置。

（5）载车板锁定装置：为防止意外情况下，载车板从停车位中滑出，应设置载车板锁定装置；在采取了有效措施情况下，可不设置此装置。

3.5.4　设备核心关键部件

搬运器为垂直升降类机械式停车设备的核心关键部件，标准形式的载车板式搬运器一般由两部分组成。第一部分是搬运器框架，第二部分是载车板的输送机构（常见有钩拉机构、拨叉机构和摩擦轮机构）。载车板式搬运器还带有微移机构以及载车板旋转机构。

通常载车板式搬运器的最下面部分是搬运器框架，一般由H型钢、方管、矩形管或槽钢等组成，主要承载上面另外两个部分及车辆载荷，框架的四角各装有一套升降导向轮及起升钢丝绳（或链条）的固定装置。输送机构安装在框架的上面，负责载车板的存取，其结构组成与平面移动类机械停车设备中所介绍的交换搬运器相同，其介绍见本章3.3.4节。

载车板式搬运器所用载车板一般为整体结构，由两片或三片花纹钢板折弯拼装焊接而成，在下面钩拉位置由矩形管或其他型钢补强。

梳齿式搬运器结构比较简单，一般是由左右两根前后各带一排梳齿的钢架组成，每排梳齿约有10根小方管或小矩形管组成，前轮位置的梳齿会有一个约40mm的下凹，以便前轮定位，每根梳齿架前后装有升降导向轮组与吊点固定装置。

3.5.5　设备选型与配置

垂直升降类机械式停车设备的动力单一，动力能耗少，控制简单，占地面积小，自动化程度高。出入口布置灵活，可以从底部、中部或上部进出车辆，出入口可实现入库车辆90°或180°回转。设备可以室外独立设置也可设置在建筑物内。根据场地情况，可以单塔布置，也可以多个塔并列布置或纵列布置，甚至混合布置。

垂直升降类机械式停车设备一般一层布置两个停车位，整个车库可多达20～25层（国内目前最高做到了50层），即可停放40～50辆车，占地面积50m²左右，平均每辆车占地面积仅1～1.2m²。在所有类型的停车设备中，其平面和空间利用率最高。具有节省电能，噪声低，运转高速，出入车快，前进入库、前进出库，安全装置齐全可靠，操作简单及维护方便等优点。最适宜建设在繁华的城市中心区域及汽车集中停放的集聚点。

近年来，随着停车设备技术的不断创新，垂直升降类停车设备出现了多种变型，除库内每层左右各一个车位，中间为升降机通道的标准塔库外，还有多列式、多列联动式、圆环式等多种类型。图3-47所示为垂直升降类机械式停车设备常见类型示意图。

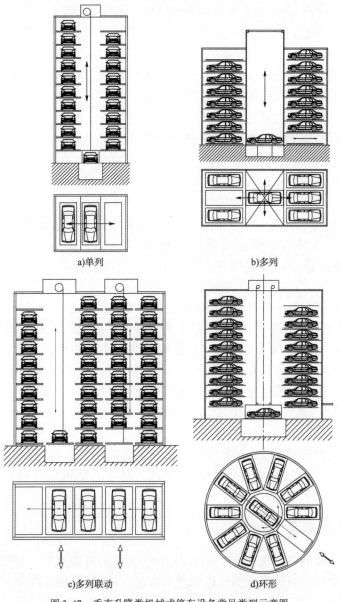

图3-47　垂直升降类机械式停车设备常见类型示意图

多列式：业内也称"大轿厢式"。车库内每一层前后两端分别并列设置多个车位，中间配置一个通长的升降机，升降机框架上设有横移机构和交换搬运机构，共同完成各位置车辆的搬运与存取。此类型一般一个平层停4～10辆车（每边停2～5辆车），一个车库停放40～80辆车。其优点是可在高度受限且场地面积有限（150～250m²）的场合实现更多停车位，同时存取车效率比较高效，产品性能较为稳定（图3-47b）。

多列联动式：库内同层并列设置三个以上的停车位，且每个车位均可横移，同时设备顶部的双数列位置均设有一升降机系统，但车库内只需留有一个升降通道，通过停车位的横向移动，改变升降通道的位置，进而使用不同的升降机来存取每一个停车位的车辆（图3-47c）。

环形：业内也称圆形塔库，此类车库的整体结构一般是一个直径为18～20m的圆柱体，占地约260～320m²，每层沿外圆周均匀分布8～12个停车位，圆塔中心装有可回转的升降机，搬运器平层后，通过回转机构，与停车位对接，进行车辆的存取，一个车库可停放50～100辆车，在比较小的面积内能解决比较多的停车位。此类停车设备正处于发展初期，比较著名的案例是德国沃尔夫斯堡大众汽车停车塔（图3-47d）。

3.6 垂直循环类机械式立体停车设备

3.6.1 设备概述

使用垂直循环机构使车位产生垂直循环运动到达出入口层而存取汽车的机械式停车设备，称为垂直循环类机械式立体停车设备（Vertical Circulating Mechanical Parking System）。该设备的设计和应用应符合行业标准《垂直循环类机械式停车设备》（JB/T 10215）的规定。

垂直循环类机械式停车设备是我国最早开发的停车设备之一，由于当时制造技术、配套零部件、设计消化能力有限等原因，该产品曾渐渐淡出市场。近年来，随着国内制造水平的提高、配套零部件的成熟发展及设计能力的提高，垂直循环类机械式停车设备又逐渐进入人们的视野。垂直循环类车库具有占地面积小、设备动力单一、控制简单灵活等特点，其布局灵活，可独立设置，也可附属在建筑物内。垂直循环类车库分为小型循环、中型循环与大型循环三类，小型设备一般设置6～10个车位；中型设备一般设置12～20个车位；大型设备一般设置22～34个车位。

垂直循环类机械式停车设备根据汽车进出位置的不同，进出口有以下几种形式：①封闭式高塔下部进出；②封闭式高塔中部进出；③封闭式高塔上部进出；④敞开式低塔下部进出（图3-48）。

3.6.2 工作原理

垂直平面内配置的多个载车板以循环运动的方式进行存取汽车。当所需存取汽车的载车板按顺时针方向或逆时针方向循环运动至车库出入口时，驾驶员进入车库将汽车存入或取出，完成存取过程。垂直循环类机械式停车设备的结构，如图3-49所示。

第3章 机械式立体停车设备特征分析

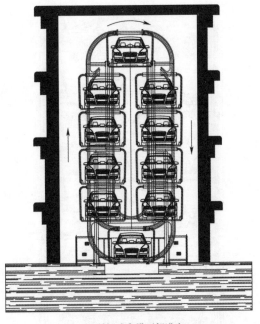

a) 封闭式高塔下部进出

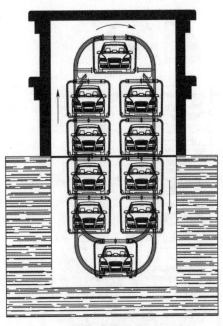

b) 封闭式高塔中部进出

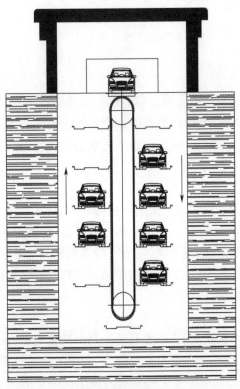

c) 封闭式高塔上部进出

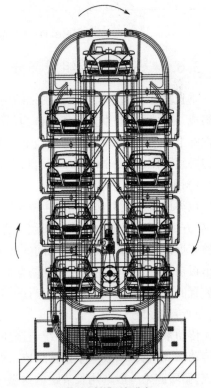

d) 敞开式低塔下部进出

图 3-48　垂直循环类机械式停车设备进出口形式示意图

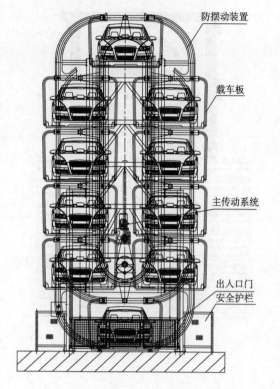
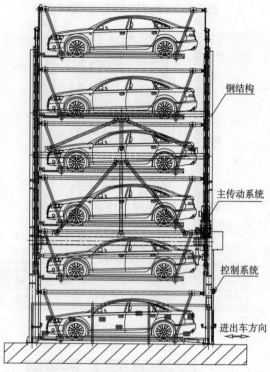

图3-49 垂直循环类机械式停车设备结构示意图

3.6.3 设备主要组成部分

垂直循环类停车设备主要由钢结构、传动系统、载车板、控制系统、安全防护装置五大部分组成。通常,大型垂直循环设备为封闭式结构,中小型垂直循环设备通常为露天敞开式,根据标准要求,此类设备出入口应装有安全门,安全门须与控制系统联动,即设备运行时安全门必须关闭,当安全门处于开启状态时,设备不可运行。

1) 钢结构

该类设备主要由前后两组主框架及连接前后两组主框架的连接构件组成,主要由方管、槽钢、方钢、圆管等型材组成。每组主框架一般由左右立柱及中间框架组成,中间框架一般为整体焊接而成的钢架结构,中间框架装有主循环链条导轨。一般,后排主框架还装有防止载车板在运行过程中左右晃动的防摆装置,通常一块载车板有两个限制点在防摆装置内,防摆装置的设计直接影响载车板运行的平稳与安全。

2) 传动系统

传动系统主要由主驱动系统与循环传动系统组成,主驱动系统主要由减速电机、前后同步传动轴、链轮链条或大小齿轮组成。循环传动系统一般有循环链条、大拨叉链轮及销轴等组成,循环链条一般选用长节距输送链为基体,根据整个循环系统内载车板数量的多少,选择不同规格的输送链条,同时在需安装载车板的位置,装有三角挂板。整个传动系统通过减速电机经一级或二级减速后驱动前后同步传动轴,使前后循环链条同步循环,实现载车板在垂直方向循环运行。

3）载车板

载车板用于存放汽车，此类停车设备的载车板外形如同一个吊篮，吊篮上部的中央设置一根前后通长的主轴，轴两端装有轴承与循环链条的三角挂板相连接。轴长度方向固定有两个用圆管弯成的门字形拱形，拱形下部与载车板用螺栓相连接。

载车板的板体一般为整体式，整体式载车板用型材和钢板焊接成承载框架，并多数采用中间凸起结构，在两侧停车通道和中间凸起的顶面铺设钢板或直接用两块钢板折弯拼焊而成。这种载车板具备结构较为稳定，强度较好，安装简单等优点，但制作及运输相对不便。

目前，该类设备中也出现了拼板式载车板，主要是用镀锌钢板一次滚压或折弯成组装件，采用咬合拼装成载车板，并用螺栓紧固连接。这种载车板具备制作及运输方便、安装简单等特点，但其结构稳定性相对较差。

为防止载车板在运行过程中左右晃动，一般载车板后端左右侧各装有带轴承的滚轮，每个载车板不少于4个，在载车板运行过程中，始终保持两个以上的滚轮在防摆装置的导轨内运行；当载车板运动到最高点和最低点时，左右侧的滚轮将进行无缝对接，即当载车板由右侧（左侧）开始转到左侧（右侧）时，滚轮行走的流畅性将直接影响该类设备的运行安全。载车板在整个运行过程中，至少要确保有两个滚轮在防摆装置的导槽内，载车板在循环过程中，当载车板到最高点与最低点时，左右侧的滚轮将进行无缝过渡，即载车板若从左向右循环过渡时，载车板在最高点或最低点时，载车板在防摆槽内的滚轮将由右侧上下的两个滚轮过渡到左侧上下两个滚轮。

4）控制系统

垂直循环类停车设备的控制系统相对简单，控制系统主要由主回路和控制回路组成。主回路主要控制整个循环系统的正反旋转，其驱动形式一般为减速电机。控制回路主要是针对人、车的安全而设。

控制系统主要采用 PLC 控制、总线控制或微电脑控制等。这些硬件通过软件控制各类继电器、接触器的动作，完成设备的循环动作。控制系统主要运行方式有自动运行方式、手动或点动运行方式。

自动运行方式：操作人员只需输入存取车位的密码＋停车位编号（或只需输入停车位编号），再按确认键（或启动键），所有循环动作会自动完成，指定停车位到达出入口层地面，驾驶员即可将汽车开到该停车位的载车板上，或从该停车位的载车板上将汽车开出。常用的存取车方式有：按停车位编号存取车、密码存取车、刷卡（分接触式与非接触式）、刷脸存取车等。

手动或点动运行方式：手动运行方式是指操作人员可单独操作某一个运行动作的连续运转，如单独让某层车位循环至出入口等。点动运行方式是操作人员可单独操作一个运行动作为断续运转，即按住按钮运行，放开停止。这两种方式一般是在调试、检修时使用，其运行过程中可能导致部分安全回路无效。

随着互联网智能停车管理系统的发展，此类设备目前可选装车牌识别系统，用于固定车位停车、停车收费或以车牌号存取车等。

5)安全防护装置

根据《机械式停车设备 通用安全要求》(GB 17907—2011)附录 A 的要求,垂直循环类机械式停车设备一般装有以下一些安全防护装置(但不限于此,可参考表 3-1)。

(1)汽车车长限制装置:一般在设备前后位置装有车辆长度检测装置,当车长超过适停车辆长度时,设备不动作并报警。车辆长度检测装置一般为光电开关。

(2)人、车误入检测装置:为防止在设备运行时,人、车进入设备造成危险,对不设门的设备应装人、车误入检测装置,以确保安全,一般采用光电开关。

3.6.4 设备核心关键部件

垂直循环机构是垂直循环类机械式停车设备的核心传动机构,包括主驱动系统及循环传动系统两部分。

主驱动系统主要由减速电机、前后同步传动轴、大拨叉链轮、链轮链条或大小齿轮组成。此类传动系统承载转矩较大,如若采用一级减速,则其减速比会相对较大,通常通过二级减速来减小输入端电机的转矩。

循环传动系统一般由循环链条、大拨叉链轮、链条导轨及链条张紧装置等组成,循环链条一般选用长节距输送链为基体,根据整个循环系统内载车板数量的多少,选择不同强度的输送链条,在需安装载车板的位置,装有支撑载车板吊篮轴的三角挂板,三角挂板一般固定在主输送链的外链板位置,相当于一片外链板使用。循环链条一般在顶部张紧,底部为大拨叉链轮传动位置,采用一级减速的传动机构,大拨叉链轮直接安装在同步传动轴两端,采用二级减速的传动机构,大拨轮与二级减速的大链轮一同安装在同步传动轴上,安装在减速电机的输出轴上的小驱动链轮与大链轮组成第二级减速,驱动循环系统运动。

整个传动系统通过减速电机经一级或二级减速后再驱动前后同步传动轴,使前后循环链条同步在导轨槽内循环运转,最终使安装在三角挂板上的载车板吊篮在垂直方向循环运行。

传动机构的类型主要还包括:销齿传动、拨叉传动、链轮传动、拨块传动(图 3-50)。

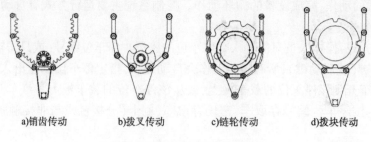

a)销齿传动　　b)拨叉传动　　c)链轮传动　　d)拨块传动

图 3-50　垂直循环传动机构示意图

3.6.5 设备选型与配置

垂直循环类机械式停车设备是国内最早参考国外产品自主设计并建成的机械式停车设备之一,鉴于当时人们对机械式停车设备认知度不高,以及相对落后的技术水平和制造工艺,建成的大循环式垂直循环类停车库在使用过程中运行噪声较大,能耗较高,市场推广受限;随着近年来我国整体制造业技术水平的快速发展,尤其是人们对机械式停车设备的认识不断加深,单库可容纳8~12个车位的小型循环式垂直循环类停车设备又逐渐进入了人们的视野。这种小型循环式设备凭借单组车位数少、清库快、占地面积小、存取车速度快、设备动力单一、控制简单、维护方便、在程序的控制下可按最短路程运行至出口,若控制系统中配备变频器可使设备启动、停止更加平稳等原因,逐渐被市场所接受。

此类设备适合于场地较小,又需要解决较多停车位需求的场合。为方便使用,日本、韩国所使用的该类设备多数配备了180°回转机构及电动汽车充电桩等配套设施(图3-51)。

图3-51 配备180°回转机构及电动汽车充电桩的垂直循环类机械式停车设备

3.7 水平循环类机械式立体停车设备

3.7.1 设备概述

使用水平循环机构使停车位在同一平面内产生水平循环运动到达升降机或出入口而存取汽车的机械式立体停车设备,称为水平循环类机械式立体停车设备(Horizontal Circulating Mechanical Parking System)(图3-52)。该设备的设计和选择应符合现国家标准《水平循环类机械式停车设备》(GB/T 27545)规定。

水平循环类机械式停车设备一般为载车板方式,按照载车板的运动类型可分为圆形循环式和方形循环式,圆形循环式的载车板移动形态呈圆弧状,方形循环式的载车板移动为直线运动。水平循环类机械式停车设备适宜建造于地形狭长的场所,地下室采用这种设备后,既减少了进出车道,又提高了土地利用率。

3.7.2 工作原理

存取停放汽车的车位系统在水平面做循环移动,将所需存取汽车的载车板移动到出入口处,驾驶员再将汽车存入或取走。载车板循环运动的形式可以是圆形循环亦可以是方形循环。

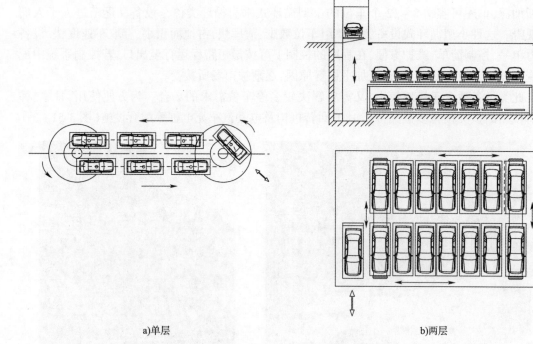

a)单层　　　　　　　　　　　　　　　b)两层

图 3-52　水平循环类机械式停车设备常见类型及示意图

圆形水平循环类机械式停车设备的动作与垂直循环类机械式停车设备原理相似,不同的是前者将放置汽车的载车板在同一平面做次序的排列,载车板做平移循环的运动。方形水平循环类设备是将同平面内的载车板按一定顺序多排排列,通过在平面内的横移机构和纵移机构,使载车板做横向和纵向的双向移动,以实现载车板位置的变换,最终将其移动到升降机或出入口处。该类设备充分利用了车道空间,若多层重叠,可构成大型停车库。但因一般只有一个出入口,所以存取车时间较长。图 3-53、图 3-54 为水平循环类机械式停车设备的运行示意图。

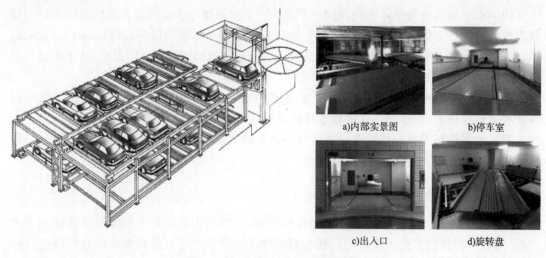

a)内部实景图　　　b)停车室

c)出入口　　　d)旋转盘

图 3-53　水平循环类机械式停车设备示意图

图 3-54 水平循环类机械式停车设备效果图

3.7.3 设备主要组成部分

水平循环类机械式停车设备主要由钢结构、传动系统、载车板、控制系统、安全防护措施五大部分组成。

1) 钢结构

此类钢结构主要是承载传动机构、载车板与汽车，通常由 H 型钢、角钢、槽钢、圆钢等组成，用高强度螺栓连接成框架结构，具有较好的强度和刚度。

2) 传动系统

传动系统主要有两部分，一部分为升降机，另一部分为水平循环机构。

升降机的主要功能是负责不同层间汽车的输送及将需出库汽车运送至出入口层或从出入口层将汽车运送至指定的停放层。

水平循环机构的主要功能是在同层间实现前后或左右汽车的循环运转，水平循环机构种类较多，有摩擦轮形式、大拨轮形式等。

3) 载车板

载车板用钢板折弯成型，焊接成整体，并多采用中间凸起结构，在两侧停车通道和中间凸起的顶面铺设钢板或花纹钢板。这类载车板的优点是，可按需要设置行车通道宽度，强度较好，安装方便，并具有较好的导入功能。

4) 控制系统

水平循环类机械式停车设备的所有机械动作，一般由控制器实现控制，控制器一般为PLC、单片机、工控机等，PLC 是最常用的控制器。这类停车设备也有用计算机来实现调度与车位信息的储存。整个控制可以实现自行运行、手动运行、点动运行等。控制系统主要由配电部分、控制部分、调速部分、操作部分及显示部分组成。

水平循环类机械式停车设备的控制系统可参看本章中垂直升降类机械式停车设备控制系统中相对应部分的说明。

5) 安全防护装置

根据《机械式停车设备 通用安全要求》(GB 17907—2011) 附录 A 的要求，水平循环类机械式停车设备一般装有以下安全防护装置 (但不限于此，可参考表 3-1)。

(1) 汽车长、宽、高限制装置：在出入口位置应设置汽车长度、宽度、高度检测装置，当汽车超过适停规格时，设备不动作并报警。汽车规格检测装置一般为光电开关或光幕开关。

(2)缓冲器:搬运器在垂直升降的下端或水平运行的两端应设置缓冲器。

(3)运转限制装置:人员未出设备,设备不得启动,可采用激光扫描器、灵敏光电装置等自动检测出入口有无人员出入,当有管理人员确认安全的情况下,也可不设置此装置。

3.7.4 设备核心关键部件

1)载车板

水平循环类机械式停车设备一般为框架式结构,框架式载车板用型钢和钢板焊接成承载框架,并多数采用中间凸起结构,在两侧停车通道和中间凸起的顶面铺设钢板或花纹钢板。这种载车板的优点是,可按需要设置行车通道宽度,强度较好,安装方便,并具有较好的导入功能。

2)水平循环机构

水平循环机构的主要功能是在同一层间实现前后或左右汽车的循环运转,水平循环机构种类较多,有摩擦轮形式、大拨轮形式等。

3)升降机

升降机主要用于不同层间汽车的垂直输送及将出库汽车提升至出入口层或从出入口层把汽车运送到设备内存放。对于上部出入式水平循环式停车设备,对应出入口升降机还可升降至出入口层。提升机构采用链轮链条驱动方式,提升用链条等间距设置有水平运行的轨道,该轨道不仅可以在升降机上垂直循环上下运动,也可与钢结构框架设置泊位层间轨道平层对准后,载车板在销齿传动机构作用之下,在升降机与泊位间水平运动,实现载车板上下或水平间循环运动。

3.7.5 设备选型与配置

采用水平循环类机械式停车设备可自动存取汽车,不需要行车道,可充分利用车道空间,省去原平面停车的进出车道,提高土地利用率。地下室常采用此类停车库,由于汽车存取在出入口完成,且停车设备自动运行代替了驾驶员在车道内的驾驶,减少了废气排放、污染,节省了安装通风排烟装置的费用。

该类停车设备一般用于场地面积及空间受到一定限制的地下车库改造。较适用于地形狭长又只允许设置一个出入口且无法做汽车斜坡道的场所,如建筑物的地下室、广场及高架桥下方等。但因只能设一个出入口,且运行效率相对较低,为保证存取车流程性,该设备的存容量不宜太大,根据经济合理和使用便捷的原则,单套水平循环类停车设备的存容量为10~40辆。

3.8 多层循环类机械式立体停车设备

3.8.1 设备概述

使用上下循环机构或升降机将汽车在不同层的车位之间进行循环换位来实现汽车存取的机械式停车设备,称为多层循环类机械式立体停车设备(Multilayer Circulating Mechanical

Parking System)。该设备的设计和选择应符合现行业标准《多层循环类机械式停车设备》(JB/T 11455)规定。

通过载车板的上下循环运动实现汽车的多层停放,从而减小占地面积,提高车库自动化程度。多层循环类车库无须坡道,节省占地面积,自动存取,方便快捷,具有一定的适用性,一般设置在4层以下,最适宜建于地形狭长的场所,可建在建筑物的地下、广场及高架桥下方等。

3.8.2 工作原理

多层循环类机械式停车设备是通过上下循环机构或升降机在不同层的停车位之间进行循环换位以实现存取车功能。按设备运行方式可分为圆形多层循环类机械式停车设备和矩形多层循环类机械式停车设备。图3-55、图3-56 为圆形多层循环类和矩形多层循环类机械式停车设备的结构示意图。

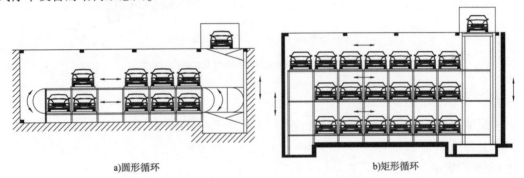

a)圆形循环　　　　　　　　　b)矩形循环

图 3-55　多层循环类机械式停车设备常见类型及示意图

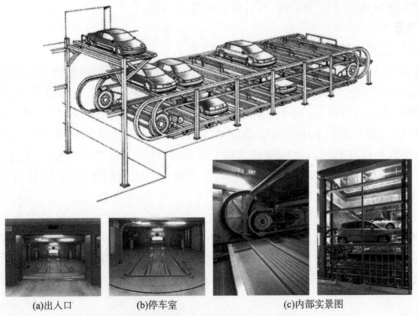

(a)出入口　　　(b)停车室　　　(c)内部实景图

a)圆形多层循环类机械式停车设备结构示意图

图 3-56

b)矩形多层循环类机械式停车设备结构示意图

图3-56　多层循环类机械式停车设备的立体结构示意图

3.8.3　设备主要组成部分

多层循环类机械式停车设备主要由钢结构、传动系统、载车板、控制系统、安全防护装置五大部分组成。

1）钢结构

此类钢结构主要是承载传动机构、载车板与汽车,主要由H型钢、角钢、槽钢、圆管等组成,用高强度螺栓连接成框架结构,具有较好的强度和刚度。

2）传动系统

传动系统主要包括提升机构(简称升降机)和水平循环机构。

升降机的主要功能是负责不同层间汽车的输送及将出库汽车送到出入口层或从出入口层把汽车运送到指定停放的楼层。在矩形循环设备中,升降机通常配对使用,即在停车设备的左右两端各有一台升降机,对于上部出入式多层循环式停车设备,其中一部升降机需要升降至出入口层。提升机构采用链轮链条驱动方式,提升用链条等间距设置有水平运行的轨道,此轨道不仅可以在升降机上做垂直循环上下运动,也可与钢结构框架设置泊位层轨道平层对准后,载车板在销齿传动机构作用之下,在升降机与泊位间水平运动,实现载车板上下或水平间循环运动。

水平循环机构主要功能是实现同层间左右汽车的循环运转,圆形多层循环类机械式停车设备的水平循环机构可以实现汽车在设备两端上下层间的循环运转,矩形多层循环类机械式停车设备的水平循环机构需与升降机配合,实现车辆在上下层间的转换。水平循环机构种类较多,有摩擦轮形式、销齿传动形式、循环链形式等,其中矩形循环运行机构多为销齿传动形式。

3）载车板

载车板用来存放汽车,多层循环类机械式停车设备一般为框架式结构。采用销齿传动形式的载车板，此载车板端部用矩形管和钢板焊接而成，并多数采用中间凸起结构，在两侧停车通道和中间凸起的顶面铺设钢板或花纹钢板，这种载车板的优点是可按需要设置行车通道宽度，强度较好，安装方便，并具有较好的导入功能。

4) 控制系统

多层循环类机械式停车设备的所有机械动作，一般由控制器实现控制，控制器一般为PLC、单片机、工控机等，PLC是最常用的控制器。整个控制可以实现自行运行、手动运行、点动运行等。控制系统主要由配电部分、控制部分、操作部分及显示部分组成。

多层循环类机械式停车设备的控制系统的各部分说明可以参看本章中垂直升降类机械式停车设备的控制系统相对应部分的说明。

5) 安全防护装置

根据《机械式停车设备 通用安全要求》(GB 17907—2011)附录A的要求，多层循环类机械式停车设备一般装有以下安全防护装置(但不限于此，可参考表3-1)。

(1) 汽车车长、车高限制装置：在出入口位置应设置汽车长度、高度检测装置，当车辆超过适停规格时，设备不动作并报警，该装置一般为光电开关或光幕开关。

(2) 汽车位置检测装置：应设置汽车长度方向的位置检测装置，当汽车未停在搬运器或载车板上的正确位置时，设备不能运行，但若有操作人员确认安全的场合，则可以不设置此装置。

(3) 运转限制装置：人员未出设备，设备不得启动，可采用激光扫描器、灵敏光电装置等自动检测在出入口有无人员出入，当有管理人员确认安全的情况下，也可不设置此装置。

3.8.4 设备核心关键部件

1) 循环机构

循环机构因矩形循环、圆形循环设备不同，循环机构差异很大。圆形循环设备(图3-57)应用有一定局限性，使用场景少。本节以矩形循环设备(图3-58)的循环机构，即销齿传动形式为主进行介绍。水平循环机构多数采用销齿传动方式，在每层车位载车板之下一定空间位置设置一销齿传动机构，水平循环机构传动轴两端设置销齿驱动轮，驱动轮与此载车板端部齿销啮合，驱动轮运转驱动载车板两端齿销，使载车板在水平内运行。

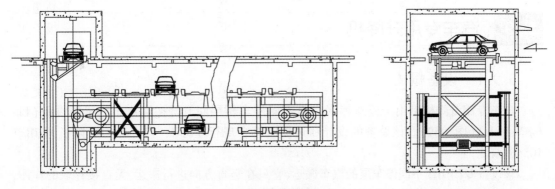

图3-57 圆形循环

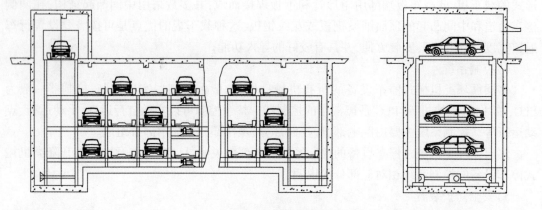

图 3-58 矩形循环

2）升降机

升降机主要用于不同层间汽车的垂直输送及将出库汽车提升到出入口层或从出入口层把汽车运送到设备内存放。在矩形循环设备中，升降机通常成对使用，即在停车设备的左右两端各有一台升降机，对于上部出入式多层循环式停车设备，对应出入口升降机还可升降至出入口层。提升机构采用链轮链条驱动方式，提升用链条等间距设置有水平运行的轨道，此轨道不仅可以在升降机上垂直循环上下运动，也可与钢结构框架设置泊位层间轨道平层对接后，载车板在销齿传动机构作用之下，在升降机与泊位间水平运动，实现载车板上下或水平间循环运动。

3.8.5 设备选型与配置

多层循环类停车设备通过使载车板做上下循环运动，实现汽车多层存放，减小了占地面积，提高了存取车自动化程度。该类车库无须坡道，节省占地，自动存取；但运行效率相对较低、存取车时间相对较长。圆形多层循环式只能设置两层，存车数量少，而矩形多层循环式层数可达 2～4 层，存车数量多，矩形循环停车设备的使用场景相对较广。

该类停车库最适宜建于地形狭长、宽度只有 6～7m 左右且地面只允许设置一个出入口的场所，如建筑物的地下室，广场、便道的地下，以及高架桥下方等。但因断续循环运动，运转速度较慢，存取车时间较长，所以设备的存容量不能太大，据经济合理和使用方便的原则，单套水平循环类停车设备的存容量为 10～40 辆。

3.9 汽车专用升降机

3.9.1 设备概述

汽车专用升降机是用于停车库入口至不同停车楼层间升降搬运汽车的机械设备（Lift for Vehicle）（图 3-59）。该设备的设计和选择应符合现行业标准《汽车专用升降机》（JB/T 10546）规定。

该设备专门用作不同停车层的汽车搬运，它只在竖直方向进行搬运，无直接存取的作用，相当于自走式车库中代替车道（斜坡道）的作用，节省空间，提高车库利用率。汽车专用升降机常用于地下车库、停车楼、屋顶停车场,不适用于其他类型机械式停车设备中的升降装置。

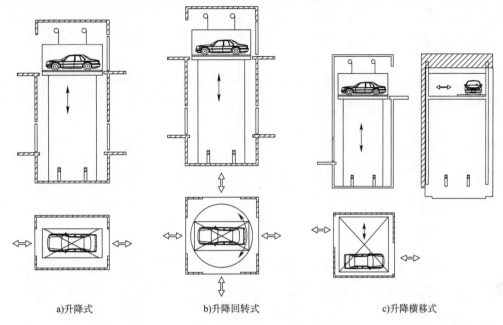

图 3-59 汽车专用升降机类型及示意图

3.9.2 工作原理

汽车专用升降机只做垂直升降搬运汽车用,以专门代替停车库坡道。其工作原理是:驾驶员直接将汽车开进升降机,升降机升或降到某一层停车平面(地下室、中间楼层、屋顶),驾驶员再将车开到该层停车平面停放,汽车专用升降机用于搬运汽车,不应作客梯用于载人使用。取车时与上述过程相反。汽车升降机结构示意图如图 3-60 所示。

按照功能和传动方式,汽车专用升降机可分为以下几种。

(1) 按功能分:有普通升降式、升降回转式、升降横移式三种,如图 3-59 所示。

① 普通升降式:将升降机升(降)至地面层出口处,驾驶员将汽车开进升降机的轿厢,升降机升或降,将汽车送至某一层的出入口,驾驶员再将汽车从升降机的轿厢上开出,完成搬运汽车的功能。

② 升降回转式:这种形式,升降机不仅可以升降,同时轿厢或轿厢上的载车板还可以回转一定的角度,以改变汽车出入口的方向。驾驶员将车开进载车板,升降机升或降到某一停车层,轿厢或载车板回转一定的角度后,驾驶员再将汽车开到该停车层停车,实现搬运汽车的功能。

③ 升降横移式:这种形式,主要用于升降井道的出口或入口不在同一纵断面的场景,载车板随升降机升降的同时,在水平面内需要横向移动,便于驾驶员存取车。升降装置或载车板横向移动,驾驶员将汽车开到载车板上,升降机升或降到某一层,载车板横向移动,驾驶员再从载车板上将汽车开出。

(2) 按传动方式分:有液压加钢丝绳式、液压加链条式、曳引电机加钢丝绳式及减速电机加链条式等。

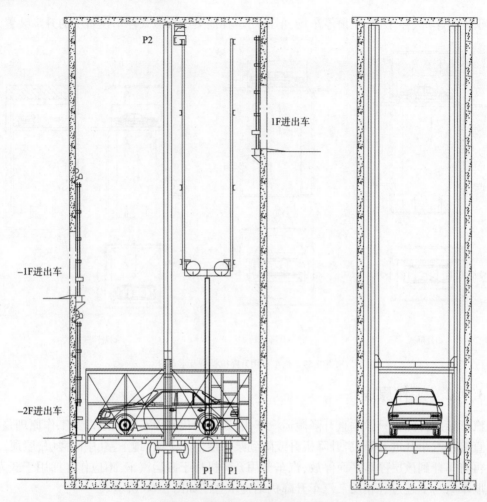

图 3-60 汽车专用升降机的运行示意图

通常情况下,低层汽车专用升降机采用液压加钢丝绳式或液压加链条式驱动,高层汽车专用升降机采用曳引电机加钢丝绳式或减速电机加链条式驱动。

3.9.3 设备主要组成部分

汽车专用升降机一般都建在建筑物的井道内,所以主要由传动系统、轿厢(或搬运器)、控制系统、安全防护装置四大部分组成。若是依附在建筑物外侧的汽车专用升降机,除前面讲的四大部分组成外,还应包括钢结构外围护部分。

1)钢结构

一般只有依附在建筑物外侧的汽车专用升降机才需设置独立钢结构,钢结构主要用于支撑传动系统、升降导轨、层门与机房等,一般由 H 型钢、工字钢、槽钢、方管等型材组成,钢结构外应用建筑外立面装饰板或玻璃等外墙材料包覆。

2)传动系统

汽车专用升降机传动系统主要由驱动主机与传动元件组成,根据传动形式不同,有液压系统加钢丝绳式、液压系统加链条式、曳引电机加钢丝绳式、减速电机加链条式、减速电机加钢丝绳卷筒式等。

液压系统加钢丝绳式是最常用的传动方式,通过液压泵站、液压缸等组合提供动力。液压系统加钢丝绳或链条式的传动形式是液压缸顶部安装一套滑轮或链轮顶升机构,通过滑轮或链条一端固定于轿厢,绕过液压缸上的滑轮或链轮顶升机构后,另一端固定于地面或墙面,形成整个传动机构,通过液压缸的升降来带动轿厢的升降。

曳引电机加钢丝绳式、减速电机加链条式、减速电机加钢丝绳卷筒式的传动形式。其中,通过曳引轮与钢丝绳摩擦驱动搬运器升降运动,曳引钢丝绳一端搬运器即轿厢连接,另一端与对重连接。强制驱动如链轮链条或卷筒钢丝绳驱动方式,为了降低升降驱动电机功率,节约能源,链条或钢丝绳一端与升降搬运器连接,另一端与平衡重连接。

3) 轿厢

轿厢主要是承载汽车的装置,一般用型钢焊接成框架,上面铺设花纹钢板,在轿厢左右及上部有板支撑,在轿厢上设置轿厢门,也可以前后敞开设置(不设置轿厢门),应在顶板处设有从外部开启不小于 0.35m×0.5m 的应急出口窗,轿厢内设有楼层选择按钮与紧急联络装置。

4) 控制系统

控制系统主要由主回路和控制回路组成。主回路主要控制轿厢的升降及层门的开闭。控制回路主要是针对人、车的安全而设定。

控制系统主要采用 PLC 控制、微电脑控制等。这些硬件通过软件控制各类继电器、接触器的动作,完成设备的升降动作。

控制系统主要运行方式有自动运行方式、手动或点动运行方式。

自动运行方式:此类操作与电梯操作相似,操作人员只需按动上升或下降按钮(有的出入口也可以用地感线圈代替按键),轿厢到达指定楼层,汽车驶入后,驾驶员按楼层号,设备就会将汽车送到指定楼层,层门打开,驾驶员将汽车驶出设备,然后自主寻找停车位停车。

手动或点动运行方式:手动运行方式是操作人员可单独操作某一个运行动作的连续运转,如单独升降到某层、单独开层门等。点动运行方式是操作人员可单独操作一个运行动作为断续运转,即按住按钮运行,放开停止。这两种方式一般是在调试、检修时使用。其运行方式中可能部分安全回路无效。

5) 安全防护装置

根据《机械式停车设备 通用安全要求》(GB 17907—2011)附录 A 的要求,汽车专用升降机需配置以下安全防护装置(但不限于此,可参考表 3-1)。

(1) 汽车车长限制装置:一般在设备前后位置装有车辆长度检测装置,当车长超过适停车长时,设备不动作并报警。车辆长度检测装置一般为光电开关。

(2) 汽车位置检测装置:应设置汽车长度方向的位置检测装置,当汽车未停在轿厢上正确位置时,设备不能运行,但若有操作人员确认安全的场合则可以不设置此装置。

(3) 安全钳、限速器:对于人车共乘式的汽车专用升降机,除液压直顶外,应设置安全钳、限速器。安全钳、限速器的选用应符合《电梯制造与安装安全规范》(GB 7588)的规定,轿厢在运行过程中,在达到限速器动作速度时,甚至在悬挂装置断裂的情况下,安全钳应能夹紧导轨,使有额定载荷的轿厢制动停止并保持静止状态。对于准无人方式的汽车专用升降机,应安装防坠落装置,但可不安装安全钳、限速器。

(4)紧急联络装置:对于人车共乘式的汽车专用升降机,在轿厢内必须设置紧急联络装置,以便在发生停电、设备故障等紧急情况时,保持与外部的联络。

(5)超载限制器:汽车专用升降机应设置超载限制器,当停车设备实际载荷超过额定载荷的95%时,超载限制器宜发出报警信号。当停车设备实际载荷超过额定载荷的100%~110%时,超载限制器发挥作用,此时应自动切断起升动力电源。

3.9.4 设备核心关键部件

1)升降平台

此类汽车专用升降机核心部件为升降平台,将汽车升降到不同楼层,不能起到自动存取的作用。升降平台为举升方式的平台,一般采用液压泵站及液压缸,运行平稳安全。平台一般为半封闭结构,在驾驶员侧装有操纵按钮,方便驾驶员驶入平台停稳后操作,一般在平台底部装有超载限制器,平台底部左右两侧装有导滑器与安全钳装置。

2)液压系统

液压系统的设计应符合《液压传动 系统及其元件的通用规则和安全要求》(GB/T 3766)和《液压元件通用技术条件》(GB/T 7935)的规定。液压系统应设过压保护装置。当工作压力达到额定压力的1.25倍时,液压安全阀能自动动作。液压系统应设置安全保护装置,防止液压系统失压,致使搬运器坠落。

为防止升降平台出现自然下降现象,应设置能够自动修正到规定位置的补偿装置。装有额定载重量的搬运器停靠在最高层时,10min内沉降不应大于10mm(因油温影响引起的沉降应考虑在内)。液压驱动式升降机应设置能够防止液压柱塞从液压缸中脱离出来的防脱离装置。在以液压间接式工作的情况下,应设置防止液压柱塞超行程装置。如果根据液压柱塞的冗余行程来推断不会对安全性造成危害时,也可不设防超行程装置。

液压系统应具有切断装置,以防止在进行维护作业或在液压设备调整时意外起动而引起伤害。切断装置应标记其用途和操作的形式,且在"切断"位置时应能够锁定。

液压钢管连同它们的终端部件,爆破压力与工作压力的安全系数不应小于2.5。液压软管连同它们的终端部件,爆破压力与工作压力的安全系数不应小于4。液压缸的端口和阀(如保护阀)之间的焊接或装配连接件,爆破压力与工作压力的安全系数不小于2.5。

液压系统应设置高低温检测装置、手动泵、应急卸压阀。液压油箱应设有显示最高和最低油面的液位计,油箱的油液容量应能满足升降机正常运行的要求。

3.9.5 设备选型与配置

汽车专用升降机主要用于代替汽车进出车库的斜坡道,可大大节省空间,提高车库利用率,常用于将汽车升降搬运到不同高度位置的停车楼层,如用于地下、屋顶、多层停车楼存放汽车的搬运。在停车库的建设中,会遇到场地狭小无法采用自走式坡道的情况,这时,可考虑使用垂直升降的汽车专用升降机来搬运汽车,将其运送到位,起到类似汽车电梯一样的作用,这样可大大节省空间,提高车库的利用率。Ⅳ类汽车库(停车数量≤50辆)设置汽车坡道有困难时,可采用汽车专用升降机作汽车疏散出口,升降机的数量不应小于2台,停车数量不超过25辆时,可设置1台。

第3章 机械式立体停车设备特征分析

表 3-1 各类停车设备安全防护装置设置要求表

序号	安全防护装置	升降横移类	简易升降类	平面移动类	巷道堆垛类	垂直升降类	垂直循环类	水平循环类	多层循环类	汽车专用升降机
1	紧急停止开关	应装	应装	应装	应装	应装	应装	应装	应装	应装
2	防止超限运行装置	应装	应装	应装	应装	应装	—	应装	应装	应装
3	汽车长、宽、高限制装置	应限长	宜限长	应装	应装	应装	应限长	应装	应限长、限高	应限长
4	阻车装置	应装	应装	应装	应装	—	应装	应装	应装	宜装
5	人、车误入检测装置	—	—	应装	—	应装	—	—	—	—
6	汽车位置检测装置	应装	—	应装	应装	应装	应检车长方向	应装	应检车长方向	应检车长方向
7	出入口门(栅栏门)联锁保护装置	—	宜装	应装	应装	应装	应装	应装	应装	应装
8	自动门防夹装置	应装	—	应装	应装	应装	—	应装	应装	—
9	防重叠自动检测装置	—	—	应装	应装	应装	—	—	应装	—
10	防坠落装置	—	—	—	—	应装	—	—	应装	应装
11	警示装置	应装	宜装	应装	应装	应装	应装	应装	应装	应装
12	轨道端部止挡装置	—	—	应装	应装	—	—	—	—	—
13	缓冲器	—	—	—	—	应装	—	—	应装	应装
14	安全钳、限速器	—	—	—	—	应装	—	—	—	应装
15	紧急联络装置	—	—	—	—	应装	—	—	—	—
16	运转限制装置	—	—	宜装	宜装	宜装	宜装	宜装	宜装	—
17	控制联锁装置	应装	—	应装	应装	应装	应装	应装	应装	应装
18	超载限制器	—	—	—	—	应装	—	—	—	—
19	载车板锁定装置	—	—	应装	应装	应装	—	—	应装	应装

第4章 机械式立体停车场(库)规划设计要点

机械式立体停车场(库)可采用全自动停车设备或复式停车设备,全自动停车设备可采用平面移动类、巷道堆垛类、垂直升降类、垂直循环类、水平循环类和多层循环类;复式停车设备可采用升降横移类或简易升降类。当场地狭小无法采用自走式坡道实现车辆在不同垂直楼层转换时,也可采用汽车专用升降机代替汽车进出车库的坡道。机械式立体停车场(库)由机械式停车设备、辅助设施、建筑结构、建筑设备、管理设施及其他设施构成。

(1)机械式停车设备及设施包括钢结构停车位、钢筋混凝土停车位、载车板、梳齿架、搬运器、搬运台车、堆垛机、出入口、回转盘、升降机、出入口升降设备、轨道、导轨、车辆外形检测装置、出入口安全门、停车设备转换区、设备控制系统、机械设备供配电系统等。

(2)辅助设施包括无障碍设施、安全防护设施、安全道闸、标志标线、照明设施、充电设施、信号及信息诱导系统。

(3)建筑结构包括机械式停车设备的设备基础及机械式停车场(库)的本身建筑物(含行车通道及坡道、人行道、停车位、候车区)。

(4)建筑设备包括给排水系统、采暖通风系统、电气系统、消防系统、防灾系统及环保设施。

(5)管理设施包括办公、收费、调度、监控、警卫、维修、备品备件库等设施及设施用房。

(6)其他设施包括楼梯、电梯、休息室、卫生间、洗车房等。

(7)应依据项目用地范围、周围环境、所需停车数量、建筑物规模和布局等具体条件选择适宜的机械式立体停车设备类型。

不同建设规模及类型的机械式停车场(库)项目可依据建设条件与功能要求对上述设施予以减项或分期建设。

4.1 基地与总平面设计

4.1.1 基地出入口位置和数量

车库基地的选择应符合城市总体规划、道路交通规划、环境保护及防火等要求,基地的选择应充分利用城市土地资源,地下车库宜结合城市地下空间开发及人防设施进行设置。基地出入口位置应符合所在地控制性详细规划,并应符合下列规定:

(1)中等城市、大城市的主干路交叉口,自道路红线交叉点起沿线70m范围内不应设置基地出入口,如图4-1所示。

第4章 机械式立体停车场(库)规划设计要点

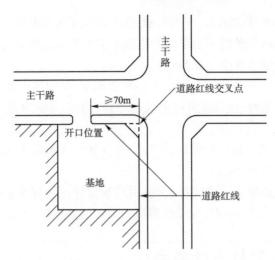

图4-1 停车场(库)出入口开口位置与道路红线交叉点示意图

(2)距人行横道、人行天桥、人行地道(包括引道、引桥)的最近边缘线不应小于5m。

(3)距地铁出入口、公共交通站台边缘不应小于15m。

(4)距公园、学校及有儿童、老年人、残疾人使用建筑的出入口最近边缘不应小于20m。

(5)基地出入口不应直接与城市快速路相连接,且不宜直接与城市主干道相连接。

(6)基地主要出入口的宽度不应小于4m,并应保证出入口与内部通道衔接的顺畅。

(7)当需要在基地出入口办理车辆出入手续时,出入口应设置候车道,且不应占用城市道路,机动车候车道宽度不应小于4m,长度不应小于10m,且具有通视条件。

(8)出入口不应有遮挡视线障碍物的范围,应控制在距离出入口边线以内2m处作视点的120°范围内。设计应保证驾驶员在视点位置可以看到全部通视区范围内的车辆、行人情况。

(9)出入口与城市道路连接的出入口地面坡度不宜大于5%。

(10)出入口处的转弯半径不宜小于6m,且应满足基地通行车辆最小转弯半径的要求。相邻的车库基地出入口之间的最小距离不应小于15m,且不应小于两出入口的道路转弯半径之和。

(11)建于地下的简易升降、升降横移类车库宜结合城市人防工程设施选择,并与城市地下空间开发相结合。

4.1.2 总平面设计

车库总平面可根据需要设置车库区、管理区、服务设施、辅助设施等。总平面的功能分区应合理,交通组织应安全、便捷、顺畅。

(1)车库区包括:停车位、行车通道、人行通道等基本停车设施。

(2)管理区包括管理办公室、值班室、监控室等。

(3)服务设施包括卫生间、休息室、清洗保养设施等。

(4)辅助设施包括给水排水、采暖通风、电气系统和交通工程设施。

总平面内的车道宽度、道路转弯半径、纵坡坡度等应符合如下要求。

（1）车道宽度：车库总平面内部，单向行驶的机动车道宽度不应小于4m，双向行驶的小型车道不应小于6m，双向行驶的中型车以上车道不应小于7m，单向行驶的非机动车道宽度不应小于1.5m，双向行驶不宜小于3.5m。

（2）道路转弯半径：需根据车库通行的车辆种类确定，常用的微型、小型车道路转弯半径不应小于3.5m，道路转弯时，应保证良好的通视条件，边坡、绿化及建（构）筑物不应影响行车视距。

（3）纵坡坡度：车库总平面内的道路、广场应有良好的排水系统，道路纵坡坡度不应小于0.2%，广场坡度不应小于0.3%。

车库总平面内的道路纵坡坡度应符合《民用建筑设计统一标准》最大限制的规定，当机动车道路纵坡相对坡度大于8%时，应设缓坡段与城市道路连接。

4.2 出入口类型及设计要点

机械式立体停车场（库）中基地及总平面出入口、复式机械车库出入口、汽车专用升降机出入口的规划设计要点如下。

4.2.1 基地及总平面出入口

基地及总平面车辆出入口的最小间距不应小于15m，并宜与基地内部道路相连通，当直接通向城市道路时，应参照4.1.1节中关于基地出入口的规定。

基地及总平面车辆出入口宽度，双向行驶时不应小于7m，单向行驶时不应小于4m。车辆出入口及坡道的最小净高应符合表4-1的规定。机动车库的人员出入口与车辆出入口应分开设置，汽车专用升降机不得替代乘客电梯作为人员出入口，并应设置标识。

总平面车辆出入口及坡道的最小净高　　　　　　　表4-1

车　型	最小净高(m)
微型车、小型车	2.20
轻型车	2.95
中型、大型客车	3.70
中型、大型货车	4.20

4.2.2 全自动机械车库出入口

（1）出入口处应设置不少于2个等候车位，当出入口分开设置时，候车位不应小于1个，当机动车需要掉头而受到场地限制时，可设置机动车回转盘。

（2）停放乘用车的停车设备出入口门洞的宽度应大于适停车辆宽度加0.5m（不含后视镜宽度），且不应小于2.25m，高度不应小于1.8m。

（3）出入口可根据需要设置库门或栅栏等安全保护设施，且出入口门、围栏等应满足停车设备的联锁安全要求。

（4）人员疏散出口和车辆疏散出口应分开设置。

(5)出入口处应设置防止雨水倒灌的设施。设有回转盘的停车库,回转盘的底坑应采取防水和排水的措施。

4.2.3 复式机械车库的出入口

(1)对于采用升降横移类或简易升降类停车设备的复式机械车库,车库出入口及车道设计应参照现行行业标准《车库建筑设计规范》(JGJ 100)的相关规定执行。

(2)对于采用升降横移类或简易升降类停车设备的复式机械式停车库,车位前出入口场地尺寸应满足车辆进出载车板的要求,停放乘用车时其宽度不宜小于6m(图4-2),停放其他类型的汽车时其宽度依相应法规、标准要求。

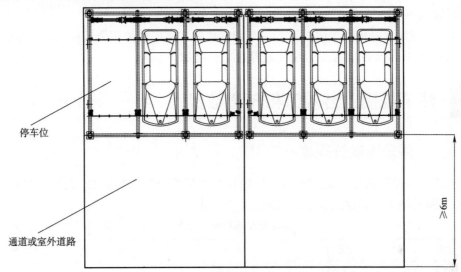

图4-2 车位前的出入口场地

(3)对于采用升降横移类或简易升降类停车设备的复式机械式停车库,停放乘用车时出入层净高不应小于1.8m,停放其他类型的汽车时其出入层净高依相应法规、标准要求。

(4)对于有专人值守的复式机械式停车库,需设置人车误入检测装置,可不设置出入口门。

(5)对于出入口处有地坑且高度落差超过0.5m的,应设置栅栏门,如高差是暂时出现且现场有专人值守的场景,也可不设栅栏门。

(6)对于层数超过7层或采用互联网远程管理的复式机械式停车库,工作区出入口应设置自动门。

4.2.4 汽车专用升降机出入口

汽车专用升降机出入口是停车库通过汽车专用升降机进行室内外车辆交通联系的部位。

汽车专用升降机停车库有多层、高层和地上、地下之分,可根据车辆的外形尺寸、重量及停车要求和特点,并考虑使用的安全性选用。

(1)小型停车库设置机动车坡道有困难时,可采用汽车专用升降机作为车库出入口,且汽车专用升降机的数量不应少于两台,停车当量小于25辆的可设一台。

（2）由于汽车专用升降机车库出入车辆需要一定的等候时间,汽车专用升降机宜采用通过式双向门,可保证车辆出入升降机时均为前进行车,从而降低驾驶的难度,避免碰撞。当只能为单侧门时,应在进(出)口处设置车辆等候空间。

（3）汽车专用升降机出入口处应设有防雨设施,且升降机底坑应设有机械排水系统。

（4）在每层出入口处的明显部位设楼层和行驶方向标志,并宜在驾驶员方便触及的部位设置升降梯的操纵按钮。

（5）当采用升降平台时,应在每层周边设置安全护栏和防坠落等措施,出入口应设置阻车安全挡杆(板),阻车安全挡杆(板)的升降应与升降机的升降互为连锁;距出入口处2m以内不宜设置减速带。

（6）汽车专用升降机类车库的出入口与前方道路之间应保留两个适停汽车长度的距离,或设置回转台,回转台的直径不应小于适停汽车长度加0.5m。

4.3 建筑规模、出入口和车道数量

4.3.1 停车库建筑规模

机械式立体停车场(库)的建筑规模按照停车当量数划分为特大型、大型、中型、小型四类,车库规模及停车当量数的划分方式如表4-2所示。

停车库建筑规模划分表　　表4-2

规模	特大型	大型	中型	小型
机动车库停车当量数	>1000	301~1000	51~300	≤50

这里,停车位数量为停车当量数,机动车库应以小型车为计算当量进行停车当量的换算,小型车的系数为1.0,其他各类车辆的换算当量系数如表4-3所示。

停车当量换算系数表　　表4-3

车型	微型车	小型车	中型车	大型车	铰接车
换算系数	0.7	1.0	2.0	2.5	3.5

各类车型尺寸可参照《车库建筑设计规范》《城市停车规划规范》等相关规范中的内容。

4.3.2 停车库出入口和车道数量

机械式立体停车场(库)可独立建设也可与主体建筑附建方式建设。对于与主体建筑附建建设或在自走式车库中设置复式机械式停车设备、自走式停车库与机械式停车库组合建造的立体停车库,机动车库出入口和车道数量应符合表4-4的规定,当车道数量大于或等于5且停车当量大于3000辆时,机动车出入口数量应经过交通模拟计算确定。对于停车当量小于25辆的小型车库,出入口可设一个单车道,并应采取进出车辆的避让措施。

车库出入口及车道数量按车库的机动车总数量选取。如为设置复式机械式停车设备的多层自走式停车库,其每层车库的出入口及车道数量按其所承受的机动车数量累计计算。

居住建筑与非居住建筑共用车库时,按非居住类建筑设置出入口。

机动车库出入口和车道数量 表4-4

规模/停车当量/出入口和车道数量	特大型	大型		中型		小型	
	≥1000	501~1000	301~500	101~300	51~100	25~50	<25
机动车出入口数量	≥3	≥2	≥2	≥2	≥1	≥1	≥1
非居住建筑出入口车道数量	≥5	≥4	≥3	≥2	≥2	≥2	≥1
居住建筑出入口车道数量	≥3	≥2	≥2	≥2	≥2	≥2	≥1

例如:设置复式机械式停车设备的多层自走式地下停车库,停车当量为501~1000时,车库出入口≥2。非居住类建筑出入口车道数量≥4,即非居住类建筑可设2个双向车道出入口,也可设1个三车道出入口及1个单车道出入口,居住类建筑出入口车道数量≥2,即居住类建筑可设一进一出共2个机动车单坡道出入口。

4.4 停车区域及交通设计

停车区域是指机械式立体停车设施中车辆行驶与停放的空间,主要由停车位与通车道组成。

4.4.1 机械停车位最小外廓尺寸

机械式立体停车库停放乘用车时,停车位的最小外廓尺寸应符合表4-5的规定。宽度方面,对于用搬运器将车辆送入停车位的全自动停车库,不应小于适停车辆全宽加0.15m(含后视镜宽度),带有对中装置的,不应小于适停车辆全宽加0.05m(含后视镜宽度);对于车辆自行驶入停车位的复式停车库,不应小于适停车辆宽度加0.5m(含后视镜宽度)。长度方面,不应小于适停车辆全长加0.20m(商用车不应小于适停车辆全长加0.50m);高度方面,不应小于适停车辆的高度与存取车时微升微降等动作要求的高度之和加0.05m。

机械式立体停车库停车位最小外廓尺寸 表4-5

项 目	全自动机械车库	复式机动车库
宽度(m)	车辆全宽+0.15(不带对中装置)	车辆全宽+0.50(通道)
	全车辆宽+0.05(带对中装置)	
长度(m)	车长+0.20	车长+0.20
	车长+0.50(商用车)	车长+0.50(商用车)
高度(m)	车高+微升微降高度+0.05,且不小于1.60	车高+微升微降高度+0.05,且不小于1.60,兼作人行通道时不应小于1.80

4.4.2 机械停车设施通道

(1)行车通道:对于全自动立体停车设施,通车道的具体要求参照4.1、4.2节相关内容。对于机械式停车库中的复式停车库,主要采用垂直式排列方式,复式停车库行车通道的最小尺寸应根据车型倒车入库的需求计算,行车通道的宽度不宜小于6m(图4-3)。

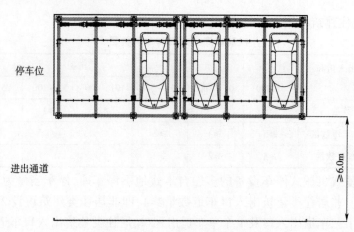

图 4-3　复式停车库行车通道尺寸示意图

（2）人行通道：机械式立体停车设施应设置人行通道，人行通道的宽度不小于0.5m，高度不应小于1.8m。对未设专门人行通道的设备，上下车的人员通过车位及车位间的空隙通行的，其宽度空间不应小于0.5m，可供行走的平整空间不小于0.3m，净空高度不应小于1.8m。

（3）转换区人行通道：转换区应能保证人员能顺利上下车辆，能保证人员顺利出入。转换区人员通道及上下车处的高差不宜超过0.3m，人员上下车处转换区人行通道的空间宽度不宜小于0.5m，用于行走的宽度不小于0.3m，高度不应小于1.8m。从转换区的搬运器人员上下车处与人行通道的高差不超过0.25m，搬运器与人行通道的间隙不超过0.05m。

（4）检修通道：机械式停车设施应根据需要设置必要的检修通道，设置位置及方式应根据停车设备类型进行确定，宽度一般不应小于0.6m，停车位内检修通道净高不宜小于停车位净高。设置检修孔时，检修孔宜为正方形，且边长不宜小于0.7m。

4.4.3　交通流线与导向系统

机械式立体停车设施交通设计要素包括基础要素、管理要素、规划要素等，如图4-4所示，以"安全、便捷、整洁、人性化"为理念，优化车辆与人行流线，实现车辆与人行动线分离，结合停车时长、周转率及适停车辆特征，划分临停/固定车辆分区、车型分区。对于车行动线开展动线规划、车行诱导设计，对于人行动线开展正向诱导、反向寻车诱导设计。机械式立体停车设施交通组织设计应考虑的设计要素如下。

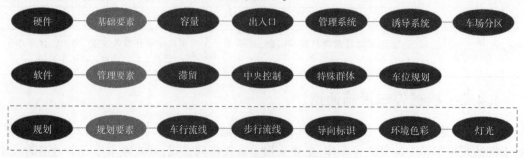

图 4-4　机械式立体停车设施交通设计要素

（1）设计时应根据实际情况优化内外部交通组织方式，并确保内外部交通的安全、顺畅、便捷。

（2）停车区域内交通组织方式主要有回环式、直通式、迂回式等11种形式（图4-5），设计时宜采用单向交通组织，以减少车辆交织，提高运行安全性。

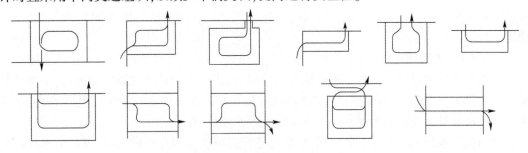

图4-5 停车区域内交通组织方式

（3）在设计方案中，需体现交通主动线，主动线上诱导信息密度应适当加大，优于其他通道。对于一般通道，宜采用逆时针单循环，避免小半径右转弯。

（4）利用驾驶行为学、车辆行驶动态限界和动视域分析工具，优化车行通道，合理组织车行路线，提高车辆在停车场(库)内进出的便捷性。

（5）在保证停车场(库)内行车效率和行人安全的前提下，合理规划通道宽度，充分利用停车场(库)空间资源。

（6）基于人防分区、消防分区、柱网分布、设备层分布，对停车空间系统优化，增加停车泊位数量。

（7）场地内道路转弯时，应保证具有良好视野，弯道内侧的边坡、绿化及建筑物不应影响行车的有效视距。

（8）根据机械式立体停车设施的不同服务业态、停车需求，结合停车场(库)物理结构和防火分区等，对停车场(库)进行合理的功能分区和色彩设计，为便于用户顺利存取车并辨识停车区域，应进行人性化的导向识别系统设计。

导向识别系统包括导向标识系统、视觉环境系统两大部分。导向标识系统根据其服务对象又分为车行导向标识和人行导向标识，包含标志标线和柱面墙面设计；视觉环境系统根据其设置位置又分为墙面、柱面和地面涂刷，包含材质设计、视觉效果设计等。

导向识别系统设计时应充分考虑驾驶员停车行为全过程特征，从寻找基地进口、寻找停车场进口、寻找停车位、寻找垂直交通、寻找停车方位、寻找出口、结算离场这七个步骤精心设计，实现入场寻位安全便捷、离场动线安全清晰、反向寻车准确高效、离场结算无感快捷的目标。

4.4.4 交通安全与管理设施

机械式立体停车场(库)交通安全设施是使停车简单、安全、便捷、舒适的最基本保障，机械式立体停车设施常用的交通安全设施包括：交通标志标线、挡车器、反光镜、橡胶反光护角、橡胶减速垄、道钉、轮廓标、导向标、隔离柱、护栏等交通设施。基地出入口、车库内通车道和坡道的楼地面宜采取限制车速的措施。柱子、墙阳角凸出结构等部位采取防撞措施。

（1）防爆凸透反光镜，位于停车场出口处，全自动车库出入口处，为防止驾驶员驾车时因视觉盲区而产生安全事故，在复式车库的出入口、通道交汇处等设置直径≥0.8m的凸透反光镜。安装方式为：测量坐标位置；打4个定位孔（用于固定放置膨胀螺栓）；调整镜面正对盲区中心夹角方向。镜体以国标方法制作；托杆用10mm钢板法兰底盘固定，安装需牢固稳定。

（2）橡胶反光护角，停车场（库）内的通道拐角处的墙角是容易被车辆不小心碰撞的部位。而这些碰撞的发生不仅对车辆造成较大的损失，更重要的是建筑墙体被撞后，对整体建筑将产生隐患。因此，在可能被碰撞的墙角处，加设反光易见的橡胶护角，缓解因碰撞带来的损坏。最常见反光护角为0.9m×0.8m尺寸的橡胶护角。

（3）橡胶减速带，停车场（库）中最常见的是普通减速带和点状减速带，可降低车场内行车速度，减少停车场内因车速过快而引发的各类交通事故。安装位置位于行车道交汇口、人行横道口，安装时应距人行横道来车方向偏移2~3m，并尽量靠近立柱位置，减少对周边停车位正常使用的影响。规格大小为0.35m×0.25m。

（4）双面反光道钉，应在复式车库的坡道轮廓线、中心隔离线上加设反光道钉。该类设施可较大限度地突显标线轮廓，还可通过汽车轮胎与其接触产生的噪声与振动提示驾驶员车辆已偏移，需入道行驶。复式停车库道钉与道钉之间安装距离通常为5m，停车场内地面道钉可按立柱间距安装，应在主要通道两侧路缘线上安装。

（5）轮廓线，采用反光材质，指引车辆正常行驶，有效地减少驾驶员视觉误差。

（6）导向牌，设置于停车场（库）通道墙面或柱面上，指引方向，有利于车辆行驶。通常导向牌长0.4m、宽0.3m。

（7）隔离柱，用于阻挡、分隔、引导车流。设置于人车分离、车车分离等路面，实现物理隔离，保证安全。复式停车库内有些双车道路段，特别是坡道处需要加隔离柱，保证车辆安全。

（8）护栏，设置于人车分离、车车分离等路面，实现物理隔离，保证安全。车库内可以在安全通道、电梯等与车道交接处设置护栏，保证行人安全。

（9）液压升降防撞柱，用于对车辆出入口有较高控制要求的场合，具有极高的安全防护能力，通常与其他智能停车设备联动，用于防止恶意冲撞。

交通管理设施包括交通标志、交通标线、停车诱导系统。

（1）机械式停车场（库）应设置指示、警告、禁令、指路等四类交通标志，安装和板面设计等要求符合《道路交通标志和标线》(GB 5768)和《公共信息图形符号 第1部分：通用符号》(GB/T 10001.1)的相关规定。

①应在停车设备外部明显部位设置停车库的标志，该标志应明确表示出停车库所能容纳汽车的种类、尺寸、重量及其他附带要求事项。

②无人方式的停车库，应在出入口处设置"严禁进入装置内"的标志。

③准无人方式的停车库，应在操作位置附近设置"确认装置内无人后再运转"的标志，以确保使用者的安全。

④使用者自行操作的停车库，应在明显的位置设置操作使用说明。

(2)机械式停车场(库)的交通标线分为指示标线、禁止标线和警告标线三类。

①机械式停车场(库)应设置指示车行道、车行方向、路面边缘、停车位、人行道等设施的标线。

②机械式停车场(库)应设置告示道路交通的遵行、禁止、限制等特殊规定、车辆驾驶人及行人需严格遵守的标线。

③机械式停车场(库)应设置促使车辆驾驶人及行人了解道路上的特殊情况,提高警觉,准备防范应变措施的标线。

(3)机械式停车场(库)应设置与城市公共停车信息系统联网相适应的信息采集和传输处理设备,将停车场(库)的停车信息接入城市公共停车信息系统,并通过城市级停车诱导系统提供相关信息数据。

(4)机械式停车场(库)应根据载车板的适停车辆尺寸用不同的颜色分级标示,引导不同的车辆快速找到自己合适的车位和载车板,减少车辆拥堵,加快车辆入位速度。

(5)特大、大型机械式停车场(库),特别是复式停车场(库)应设置停车位引导系统,引导不同的车辆快速找到合适的车位和载车板,减少拥堵,加快车辆通行速度。停车场内的通道宜设立引导指示屏和空闲停车位信号灯,标示空停车位的方向和位置。

4.5 建筑标准及工程设计

4.5.1 一般要求

我国多座城市已出台相关政策,鼓励企事业单位利用自有用地建设简易或临时机械式立体停车设施,该类项目定性为构筑物工程,其建筑面积不纳入容积率计算范围,并免于办理建设工程规划、用地、环评、施工等许可手续。

当机械式立体停车设施与建设项目配套建设时,应与主体工程同步设计。机械式立体停车设施的方案设计应根据所需停车位数量、交通和环境情况、主体建筑物的使用性质、规模布局及可利用土地面积与建筑空间等具体条件,提出多方案,择优确定。

机械式立体停车设备的使用环境条件:工作环境温度不应超过40℃(在24h内平均温度不超过35℃),不应低于-5℃。空气月平均湿度不应大于95%。使用场合应无爆炸介质,不含有腐蚀金属、破坏绝缘的介质和导电介质。

机械式立体停车设施的设计程序如下:

(1)建设投资方应选择有相应资质的设计院提供拟建机械式立体停车设施的规划方案图。

(2)建设投资方应依据拟建机械式立体停车设施的库址、地块大小、交通评价、停车数量需求、主体建筑物的性质与规模条件通过招标确定机械停车设备的供货厂家。

(3)建设投资方应组织中标的停车设备厂家向设计院提供机械式立体停车库的工艺设计条件。

(4)设计院应依据机械设备供货厂家提供的工艺设计条件开展方案设计或初步设计。

(5)经政府有关部门、建设投资方、设备供货厂家审批与确认后的设计方案,方可进行施工图设计与机械设备的加工。

机械式立体停车设施的土建设计方案应预留机械设备安装的误差、土建施工误差及建筑设备安装的误差尺寸。独立的机械式立体停车设施结构物的高宽比、钢筋混凝土结构不宜大于4:1,钢结构不宜大于6.5:1。火灾时自动封闭库门的机械式立体停车设施,应另设人员疏散和安全门,安全门应向室外开,从库外只能用钥匙开启并设标志。特大型、大型机械式立体停车设施的管理设施用房宜每100个停车位按$15\sim20m^2$配备。多座机械式立体停车设施组合建设时出入口如集中布置同时大于10辆车出入时,人流与车流应分开设置(包括候车车辆)。

4.5.2 分类要求

1)全自动立体停车设施

(1)垂直升降类:可地上或地下独立建造、成组建造或与建筑物组合建造,每座车库可存车50~100辆。对于载车板式,自动化程度高,空间利用率高,D型车层高仅1.61m,维护方便,存取车速度较快;对于梳齿式,自动化程度高,空间利用率较高,层高1.75~1.78m,但系统中使用的电机多,维护工作量大于载车板式,存取车速度高于载车板式。该类型车库的建筑要求应根据建设投资方需求由供货厂家提供。

(2)平面移动、巷道堆垛类:可地下、地上独立建设或与主体建筑物组合建设,具备安全可靠,自动化程度高,存取车效率高,空间利用率高等特点。该类全自动车库,驾驶员把车开入停车设备转换区,驾驶员离开停车设备转换区后,机械设备方可运作。平面移动、巷道堆垛类停车库的停车位可横向布置也可纵向布置。多层平面移动、巷道堆垛类停车库的出入口可设置为通过式也可设置为回转盘式,停车厅设备转换区可采用钢筋混凝土结构或钢结构,出入口在有刷卡机及信号灯装置时应设遮雨罩,出入口侧应设管理室且操作人员应能看到人、车进出。当不能满足要求时,应设置监控器等设施。多层平面移动、巷道堆垛类汽车库升降机的机坑尺寸、巷道宽度尺寸、堆垛机的横断面尺寸,应由设备厂家提供。

多层平面移动、巷道堆垛类汽车库库内的轨道、导轨、回转台处均有预埋件。预埋件的位置、大小、承受的荷载应由供货厂家提供。该类车库设计时,应预留设备安装时使用的吊装孔(环),吊装孔(环)其位置、孔洞尺寸、吊装载荷应与供货厂家商定。

(3)垂直循环、水平循环、多层循环类车库的建筑要求应根据建设投资方需求由供货厂家提供。

2)复式立体停车设施(简易升降、升降横移类)

(1)简易升降类建筑标准:停放乘用车的复式停车设备,停车位宽度不低于2.4m,长度不低于5.0m,如设计采用带地坑方式,地坑深度每层不低于2.0m。

(2)升降横移类建筑标准:停放乘用车的升降横移类停车设备,停车位宽度不低于2.4m,停车位长度不低于5.8m,如采用带地坑及三层以上设备,停车位长度不低于6.0m;如设计采用带地坑方式,地坑深度不低于2.0m,采用两层设备,高不应低于3.6m,三层不低于5.3m(其他类型设备高度由供货厂家提供)。两层设备可采用钢膨胀螺栓固定,无须预埋件,其他类型设备的建筑结构设计需经过供货厂家与设计院建筑结构设计确定。

3)汽车专用升降机

汽车专用升降机设备常用于地下车库、屋顶车库或楼层间车库,升降式升降机宽度不低于3500mm,长度不低于6200mm,升降机底坑深度不应低于1700mm。预埋件位置、载荷大小由供货厂家提供。在可直视汽车升降机出入口位置设管理控制室。

4.5.3 构造措施

当附建式停车设施与建(构)筑物主体结构连接时,不应对建(构)筑物产生不利影响,应对原建(构)筑物进行检测和符合性验算,再根据检测和验算结果,进行连接设计。

机械式停车库的地下室和底坑应保持干燥,宜采取排水措施,并应根据当地气候、水文地质情况,进行防水设计。

4.6 消防设计

4.6.1 汽车库、停车场的分类与耐火等级

依据《汽车库、修车库、停车场设计防火规范》(GB 50067)中的相关规定,根据停车位数量和总面积将汽车库、停车场分为四类(表4-6)。为了使停车数量与停车面积相匹配,合理进行分类,泊位数控制值及建筑面积控制值两项限值,以先达到标准者执行。

汽车库、停车场的分类　　表4-6

名称		I	II	III	IV
汽车库	停车数量(辆)	>300	151~300	51~150	≤50
	总建筑面积$S(m^2)$	$S>10000$	$5000<S≤10000$	$2000<S≤5000$	$S≤2000$
停车场	停车数量(辆)	>400	251~400	101~250	≤100

注:1. 当屋面露天停车场与下部汽车库共用汽车坡道时,其停车数量应计算在汽车库的车辆总数内。
2. 室外坡道、屋面露天停车场的建筑面积可不计入汽车库的建筑面积之内。
3. 公交汽车库的建筑面积可按照本表的规定值增加2.0倍。

汽车库、停车场发生火灾后确定火灾损失的大小,主要是按照烧毁车库中车辆的多少确定,因此,依据《汽车库、修车库、停车场设计防火规范》(GB 50067)中的相关规定,为便于按类别提出车库的耐火等级、消防间距、防火分隔、消防给水、火灾报警等要求。耐火等级分为一级、二级、三级,其构件的燃烧性能和耐火极限要求不低于表4-7的要求。

汽车库构建的燃烧性能和耐火极限(h)　　表4-7

建筑构件名称		耐火等级		
		一级	二级	三级
墙	防火墙	不燃性3	不燃性3	不燃性3
	承重墙	不燃性3	不燃性2.5	不燃性2
	楼梯间和前室的墙、防火隔墙	不燃性2	不燃性2	不燃性2
	隔墙、非承重外墙	不燃性1	不燃性1	不燃性0.5
柱		不燃性3	不燃性2.5	不燃性2
梁		不燃性2	不燃性1.5	不燃性1

续上表

建筑构件名称	耐火等级		
	一级	二级	三级
楼板	不燃性1.5	不燃性1	不燃性0.5
疏散楼梯、坡道	不燃性1.5	不燃性1	不燃性1
屋顶承重构件	不燃性1.5	不燃性1	不燃性0.5
吊顶(含吊顶格栅)	不燃性0.25	不燃性0.25	不燃性0.15

注：预制钢筋混凝土构件的节点缝隙或金属承重构件的外露部位应加设防火保护层,其耐火极限不应低于表中相应构建的规定。

汽车库和修车库的耐火等级应符合下列规定：

1. 地下、半地下车库和高层汽车库由于缺乏自然通风采光,扑救难度大且火势易蔓延,此类汽车库通常为钢筋混凝土结构,可达到一级耐火等级要求,地下、半地下和高层汽车库应为一级。
2. 甲、乙类物品运输车由于槽罐内有残存物品,危险性高,甲、乙类物品运输车的汽车库和Ⅰ类汽车库应为一级。
3. Ⅱ、Ⅲ类汽车库停车数量较大,一旦遭受火灾,损失较大,Ⅱ、Ⅲ类汽车库耐火等级不应低于二级。
4. Ⅳ类汽车库的耐火等级不应低于三级。

对于机械式立体停车库,采用钢结构的较多,如采用全钢结构,其梁、柱等承重构件均应进行防火处理,满足三级耐火等级的要求。

4.6.2 选址规定与防火间距

(1)汽车库、停车场的选址和总平面设计,应根据城市规划要求,合理确定位置、防火间距、消防车道和消防水源。

(2)不应布置在易燃、可燃液体或可燃气体的生产装置区和贮存区内。

(3)不与火灾危险性为甲、乙类的厂房、仓库贴邻或组合建造。

(4)不应与托儿所、幼儿园、老年人建筑,中小学校的教学楼、病房楼等组合建造。

当符合下列要求时,可设置在上述建筑物的地下部分。

①汽车库与上述建筑之间采用耐火极限不低于2h的楼板完全分隔。

②汽车库与上述建筑之间的安全出口和疏散楼梯分别独立设施。

(5)Ⅰ、Ⅱ类汽车库、停车场宜设置耐火等级不低于二级的灭火器材间。

汽车库、停车场之间及汽车库、停车场与除甲类物品仓库外的其他建筑物的防火间距不应小于表4-8中的规定。其中,高层汽车库与其他建筑物、汽车库与高层建筑的防火间距应按照表4-8的规定值增加3m,汽车库与甲类厂房的防火间距应在表中定值增加2m。

汽车库、停车场之间及汽车库、停车场与除甲类物品仓库外的
其他建筑物的防火间距(m) 表4-8

名称和耐火等级	汽车库		厂房、仓库、民用建筑		
	一、二级	三级	一、二级	三级	四级
一、二级汽车库	10	12	10	12	14
三级汽车库	12	14	12	14	16

续上表

名称和耐火等级	汽 车 库		厂房、仓库、民用建筑		
	一、二级	三级	一、二级	三级	四级
停车场	6	8	6	8	10

注：防火间距应按相邻建筑物外墙的最近距离算起，外墙有凸出的可燃件时，应从凸出部分外缘算起，停车场从靠近建筑物的最近停车位置边缘算起。

以下情况，汽车库与其他建筑之间的防火间距可适当减小，并符合以下规定：

1. 当两座建筑相邻较高一面外墙为无门、窗、洞口的防火墙或当较高一面外墙比较低一座一、二级耐火等级建筑屋面高 15m 及以下范围内的外墙为无门、窗、洞口的防火墙时，其防火间距可不限。

2. 当两座建筑相邻较高一面外墙上，同较低建筑等高的以下范围内的墙为无门、窗、洞口的防火墙时，其防火间距可按上表的规定减少 50%。

3. 相邻的两座一、二级耐火等级建筑，当较高一面外墙的耐火极限不低于 2h，墙上开口部位设置甲级防火门、窗或耐火极限不低于 2h 的防火卷帘、水幕等防火设施时，其防火间距可减少，但不应小于 4m。

4. 相邻的两座一、二级耐火等级建筑，当较低一座的屋顶无开口，屋顶的耐火极限不低于 1h，且较低一面外墙为防火墙时，其消防间距可减少，但不应小于 4m。

对于停车场，停车场与相邻的一、二级耐火等级建筑之间，当相邻建筑的外墙为无门、窗、洞口的防火墙，或比停车部位高 15m 范围以下的外墙均为无门、窗、洞口的防火墙时，防火间距可不限。

屋面停车区域与建筑其他部分或相邻其他建筑物的防火间距，应按地面停车场与建筑的防火间距确定。

4.6.3 消防车道与汽车疏散出口

（1）汽车库周围应设置消防车道

①除Ⅳ类汽车库外，消防车道应为环形，当设置环形车道有困难时，可沿建筑物的一个长边和另一边设置。

②尽头式消防车道应设置回车道或回车场，回车场的面积不应小于 12m×12m。

③目前我国消防车的宽度大都不超过 2.5m，按单行线考虑，设置宽度不小于 4m 的消防车道对消防车顺利迅速达到火场扑救火灾起着十分重要的作用。

④穿过汽车库、停车场的消防车道，其净空高度和净宽度均不应小于 4m；当消防车道上空遇有障碍物时，路面与障碍物之间的净空高度不应小于 4m。

⑤消防车道转弯半径与消防车的尺寸有关，消防车一般分为轻、中和重三种系列，车辆最小转弯轨迹半径分别为 7m、8.5m 和 12m，通过计算，其转弯最外侧控制半径分别为 8.5m、11.5m 和 14.5m。场地内消防车道的弯道设计可采用图 4-6 所示做法，在控制范围内不允许修建任何地面构筑物，不应布置重要管线，种植灌木、乔木，道路缘石高度不应大于 12cm。

（2）汽车库疏散出口总数不应少于 2 个，且应分散布置，当符合下列条件之一时，汽车疏散出口可设置一个。

①Ⅳ类汽车库。

②设置双车道汽车疏散出口的Ⅲ类地上汽车库。

③设置双车道汽车疏散出口、停车数量小于或等于 100 辆且建筑面积小于 4000m^2 的地下或半地下汽车库。

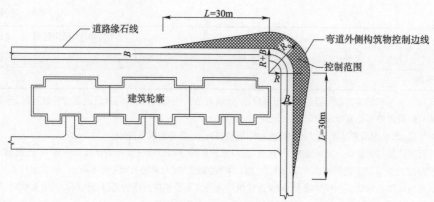

图 4-6　场地内消防车道的弯道设计示意图
B-道路宽度；R-道路转弯半径；R_0-消防车道转弯最外侧控制半径；L-渐变段长度

Ⅰ、Ⅱ类地上汽车库和停车数量大于 100 辆的地下、半地下汽车库，当采用错层或斜楼板式、坡道为双车道且设置自动喷水灭火系统时，其首层或地下一层至室外的汽车疏散出口不应少于 2 个，汽车库内其他楼层的汽车疏散坡道可设置 1 个。

Ⅳ类汽车库设置汽车坡道有困难时，可采用汽车专用升降机作汽车疏散出口，升降机的数量不应小于 2 台，停车数量少于 25 辆时，可设置 1 台。

对于停车场，停车场的汽车疏散出口不应少于 2 个，停车数量不大于 50 辆时，可设置一个。

4.6.4　防火分隔与消防给水

1）防火分隔

汽车库防火分区的最大允许建筑面积应符合表 4-9 规定。其中，敞开式、错层式、斜楼板式汽车库的上下连通层面积应叠加计算，每个防火分区的最大允许建筑面积不应大于表 4-9 规定的 2 倍。

室内有车道且有人员停留的机械式停车库，与一般的汽车库相比，由于其设备能叠放停车，相同的面积内可多停 30%～50% 的小汽车，其防火分区面积适当减少，其防火分区最大允许建筑面积按表 4-9 规定减少 35%。

汽车库防火分区的最大允许建筑面积（m^2）　　　　　　　　　　　表 4-9

耐火等级	单层汽车库	多层汽车库、半地下汽车库	地下汽车库、高层汽车库
一、二级	3000	2500	2000
三级	1000	不允许	不允许

防火分区之间应采用符合规定的防火墙、防火卷帘等分隔。设置自动灭火系统的汽车库，其每个防火分区的最大允许建筑面积不应大于上表规定的 2 倍。室内无车道且无人员停留的机械式停车库，按照如下规定：

（1）当停车数量超过 100 辆时，应采用无门、窗、洞口的防火墙分隔为多个停车数量不大于 100 辆的区域，但当采用防火隔墙和耐火极限不低于 1h 的不燃性楼板分隔成多个停车单元，且停车单元内的停车数量不大于 3 辆时，应分隔为停车数量不大于 300 辆的区域。

（2）汽车库内应设置火灾自动报警系统和自动喷水灭火系统，自动喷水灭火系统应选用快速响应喷头。

(3)除敞开式机械式立体停车库外,其他立体停车库,如复式车库内的汽车坡道两侧应采用防火墙与停车区域隔开,坡道的出入口应采用水幕、防火卷帘或甲级防火门与停车区域隔开,但当汽车库和汽车坡道上均设置自动灭火系统时,坡道的出入口可不设置水幕、防火卷帘或甲级防火门。

2)消防给水

汽车库、停车场应设置消防给水系统,可通过市政给水管道、消防水池或天然水源供给,仅在停车数量不大于5辆的汽车库或停车场可不设置消防给水系统。

(1)室外消火栓系统。

汽车库、停车场应设置室外消火栓系统,室外消防用水量按消防用水量最大的一座计算且Ⅰ、Ⅱ类汽车库、停车场不应小于20L/s,Ⅲ类汽车库、停车场不小于15L/s,Ⅳ类汽车库、停车场不应小于10L/s。室外消火栓宜沿停车场周边设置,且距离最近一排汽车不宜小于7m,距加油站或油库不宜小于15m,保护半径不应大于150m。

(2)室内消火栓系统。

汽车库内应设置室内消火栓,Ⅰ、Ⅱ、Ⅲ类汽车库的用水量不应小于10L/s,Ⅳ类汽车库的用水量不应小于5L/s,管道内的压力应保证相邻两个消火栓的水枪充实水柱同时到达室内任何部位。充实水柱不应小于10m,同层相邻室内消火栓的间距不应大于50m,高层汽车库和地下汽车库、半地下汽车库室内消火栓的间距不应大于30m。4层以上的多层汽车库、高层汽车库和地下、半地下汽车库,其室内消防给水管网应设置水泵接合器。

供消防车取水的消防水池应设置取水口或取水井,其水深应保证消防车的消防水泵吸水高度不大于6m。严寒或寒冷地区的消防水池应采取防冻措施。

4.6.5 灭火系统

1)设置条件

除敞开式汽车库、屋面停车场外,机械式汽车库、采用汽车专用升降机作汽车疏散出口的汽车库应设自动灭火系统。

自动灭火系统通常包括自动喷水灭火系统、泡沫—水喷淋系统、高倍数泡沫灭火系统、二氧化碳气体灭火系统等。

(1)对于Ⅰ类地下、半地下汽车库,停车数大于100辆的室内无车道且无人员停留的机械式汽车库宜采用泡沫—水喷淋系统。

(2)地下、半地下汽车库可采用高倍数泡沫灭火系统。

(3)停车数量不大于50辆的室内无车道且无人员停留的机械式汽车库,可采用二氧化碳等气体灭火系统。

(4)其他情况下应采用自动喷水灭火系统。

2)喷头布置

应设置在汽车库停车位的上方或侧上方,对于机械式汽车库,尚应按停车的载车板分层布置,且应在喷头的上方设置集热板。

3)灭火器

除室内无车道且无人员停留的机械车库外,其他机械式立体停车场(库)均应配置灭火器。

4.7 安全疏散与建筑设备

安全疏散部分,主要介绍车辆及人员出入口、疏散楼梯、电梯的设置方法以及安全操作标示;建筑设备部分,主要介绍停车库给水排水、采暖、通风、排烟、采光等内容。

4.7.1 安全疏散

1)车辆及人员出入口设置

汽车库的人员安全出口和汽车疏散出口应分开设置。设置在工业与民用建筑内的汽车库,其车辆疏散出口应与其他场所的人员安全出口分开设置。

除室内无车道且无人员停留的机械式汽车库外,其他类型机械式立体停车设施汽车库内每个防火分区的人员安全出口不应少于两个,Ⅳ类汽车库可设置一个。

2)疏散楼梯设置

(1)建筑高度大于32m的高层汽车库、室内地面与室外出入口地坪的高差大于10m的地下汽车库应采用防烟楼梯间,其他汽车库采用封闭楼梯间。

(2)楼梯间和前室的门应采用乙级防火门,并应向疏散方向开启,疏散楼梯的宽度不应小于1.1m。

(3)除室内无车道且无人员停留的机械式汽车库外,建筑高度大于32m的汽车库应设置消防电梯。

(4)汽车库内任一点至最近人员安全出口的疏散距离不应大于45m,当设置自动灭火系统时,其距离不应大于60m。对于单层或设置在建筑首层的汽车库,室内任一点至室外最近出口的疏散距离不应大于60m。

(5)室内无车道且无人员停留的机械式汽车库可不设置人员安全出口,但需要设置供灭火救援用的楼梯间。每个停车区域当停车数量大于100辆时,应至少设置1个楼梯间;楼梯间与停车区域之间应采用防火隔墙进行分隔,楼梯间的门应采用乙级防火门,楼梯的净宽度不应小于0.9m。

3)电梯设置

设置在四层及以上多层车库内或地下三层及以下车库内的复式机械车库应设置乘客电梯,电梯的服务半径不宜大于60m。

4)安全操作标示

机械式立体停车设施的出入口、操作室、检修场所等明显可见处应设置安全标志。并应符合现行国家标准《安全标志及其使用导则》(GB 2894)的要求,全自动机械式立体设施的设备操作位置应能看到人员和车辆的进出,当不能满足要求时,应设置反光镜、监控器等设施。

4.7.2 建筑设备

机械式立体停车库内设备管道宜明设,各类管道应排列整齐,并宜采用不同颜色和符号标明管道种类和介质流向。

1) 给水排水

车库内的生产给水、生活给水和消防给水系统应分开设置，冲洗用水宜优先采用中水。在可能产生冰冻的车库，给水排水设施应采取防冻措施，敞开式车库排水设施应满足排放雨水的要求。

车库应按停车层设置楼地面排水系统，排水点的服务半径不宜大于20m，采用地漏排水时，地漏管径不宜小于DN100。车库车辆清洗区域应设给水设施，并宜优先采用排水沟排水，洗车排水应经隔油沉淀池处理后排放。机械式车库应在底部设置排除其内部积水的设施。

对于有防雨要求的出入口和坡道处，应设置不小于出入口和坡道宽度的截水沟和耐轮压沟盖板以及闭合的挡水槛。出入口地面的坡道外端应设置防水反坡。通往地下的坡道低端宜设置截水沟，当地下坡道的敞开段无遮雨设施时，在坡道敞开段的较低处应增设截水沟。通往地下的机动车坡道应设置防雨和防倒灌至地下车库的设施，敞开式车库及有排水要求的停车区域楼地面应采取防水措施。

2) 采暖

当机械式停车库温度不能满足停车设备正常工作温度要求时，应采取采暖或散热措施。车库内严禁明火采暖，Ⅰ、Ⅱ、Ⅲ类车库应采用集中采暖方式，Ⅳ类车库当集中采暖有困难时，可采用火墙采暖。设有采暖设施的车库，宜在出入口处设热空气幕，且热空气幕应优先采用集中热源。

3) 通风

当机械式停车库不具备自然通风条件或自然通风不能满足停车库内空气品质要求时，应设置机械通风装置，对于复式停车库，当车库停车区域自然通风达不到稀释废弃标准时，应设置机械排风系统，机械通风量应按容许的废气量计算，且排风量不应小于按换气次数法或单台机动车排风量法计算的风量。

以商业类建筑为例，至少保证每小时6次的换气次数。单台机动车排风量至少为每小时500m^3。

停车库换气次数、单台机动车排风量的相关要求，见表4-10、表4-11。

停车库换气次数　　　　　　　　　　　　　　　　　　　　　　　　　表4-10

序　号	建筑类型	换气次数(次/h)
1	商业类建筑	6
2	住宅类建筑	4
3	其他类建筑	5

单台机动车排风量　　　　　　　　　　　　　　　　　　　　　　　　表4-11

序　号	建筑类型	单台机动车排风量(m^3/h)
1	商业类建筑	500
2	住宅类建筑	300
3	其他类建筑	400

设置通风系统的复式停车库，其送风、排风系统宜独立设置，车库的送风、排风系统应使室内气流分布均匀，送风口宜设在主要通道上。中型及以上机动车库送风、排风机宜选用多台并联或变频调速，运行方式宜采用定时启动或根据室内CO气体浓度自动控制风机运行。

地下车库排风口宜设于下风向,并应做消声处理。排风口不应朝向邻近建筑的可开启外窗,当排风口与人员活动场所的距离小于10m时,朝向人员活动场所的排风口底部距人员活动地坪的高度不应小于2.5m。车库通风系统可结合消防排烟系统设置。

全封闭的机械式停车库宜设置机械排烟系统,风管应采用难燃材料。排烟风机应满足当输送介质温度在280℃及以上时能至少连续工作30min,并在介质温度冷却至环境温度时仍能连续正常运转的要求。

4)排烟

除敞开式汽车库、建筑面积小于1000m² 的地下一层汽车库外,汽车库应设排烟系统,并划分防烟分区,防烟分区的建筑面积不宜超过2000m²。且防烟分区不应跨越防火分区,可采用挡烟垂壁、隔墙或从顶棚下突出不小于0.5m的梁划分。

每个排烟分区应设置排烟口,排烟口宜设在顶棚或靠近顶棚的墙面上,排烟口距该防烟分区内最远点的水平距离不应超过30m。排烟系统可采用自然排烟方式或机械排烟方式,当采用自然排烟方式时,可采用手动排烟窗、自动排烟窗、孔洞等作为自然排烟口,汽车库内无直接通向室外的汽车库疏散出的防火分区时,设置机械排烟系统的情况下,应同时设置补风系统,且补风量不宜小于排烟量的50%。

每个排烟分区排烟风机的排烟量不应小于30000m³/h,并且不小于表4-12中规定的数值。以车库净高为4.1~5m的车库为例,车库的排烟量不小于33000m³/h。

车库的排烟量　　　　　　　　　　　　表4-12

车库的净高(m)	车库的排烟量(m³/h)	车库的净高(m)	车库的排烟量(m³/h)
≤3	30000	3.1~4.0	31500
4.1~5.0	33000	5.1~6.0	34500
6.1~7.0	36000	7.1~8.0	37500
8.1~9.0	39000	≥9.1	40500

需要注意的是:建筑空间净高位于表中两个高度之间的,按线性插值法取值。

地下车库排风口宜设于下风向,并应做消声处理。排风口不应朝向邻近建筑的可开启外窗,当排风口与人员活动场所的距离小于10m时,朝向人员活动场所的排风口底部距人员活动地坪的高度不应小于2.5m。

5)采光

停车场(库)应优先采用自然采光,当自然采光无法满足要求时,应设置照明,并宜采用节能电源。当车库采取天然采光时,天然采光系数不宜小于0.5%或其窗地面积比宜大于1:15,且车库及坡道设有防眩光设施。

4.8　电气设计与充电设施

4.8.1　供电负荷及配电线路

消防水泵、火灾自动报警系统、自动灭火系统、防排烟设备、电动防火卷帘、电动防火门、消防应急照明和疏散标识标志等消防用电设备,特大型、大型车库、Ⅰ类汽车库和采用汽车专用升降机作汽车疏散出口的升降机用电应按照一级负荷供电。

中型车库、Ⅱ、Ⅲ类汽车库应按二级负荷供电；小型车库、Ⅳ类汽车库可采用三级负荷供电。机械式停车设备应按不低于二级负荷供电。一、二级负荷供电的消防用电设备的两个电源或回路，应在最末一级配电箱处自动切换。

4.8.2 消防应急照明及疏散指示标志

（1）除停车数量不超过50辆的汽车库，以及室内无车道且无人员停留的机械式汽车库外，汽车库内应设置消防应急照明和疏散指示标志。用于疏散走道上的消防应急照明和疏散指示标志，可采用蓄电池作为备用电源，但其连续供电时间不应小于30min。

（2）消防应急照明灯宜设置在墙面或顶棚上，其地面最低水平照度不应低于1.0lx。安全出口标志宜设置在疏散出口的顶部，疏散指示标志宜设置在疏散通道及转角处，且距地面高度1m的墙面上，通道上的指示标志，其间距不宜大于20m。

（3）车库总平面场地内，车辆能够达到的区域均应设置照明设施。

4.8.3 火灾自动报警系统

除敞开式汽车库、屋面停车场外，机械式汽车库、采用汽车专用升降机作汽车疏散出口的汽车库应设置火灾自动报警系统。

设置火灾自动报警系统和自动灭火系统的汽车库，应设置消防控制室，消防控制室宜独立设置也可与其他控制室组合设置。

4.8.4 车库照明

机械式停车场（库）应设照明、插座供电系统与电力供电系统，宜设双电源供电系统并应符合《民用建筑电气设计规范》（JGJ 3720）的规定。机械式立体停车设施应优先采用自然采光，当自然采光无法满足要求时，应设置照明，照明应亮度分布均匀，避免眩光，并宜采用节能光源。复式停车库照度标准值应参照行业标准《车库建筑设计规范》（JGJ 100）执行，全自动停车库照度标准值可参照表4-13的规定。

停车库照明标准值　　　　　　　　　表4-13

房间或场所	参考平面及其高度	照度标准值（lx）	照明功率密度（W/m²）	统一眩光值UGR	显色指数R_a
出入口	地面	75	5	28	60
通道路面	地面	75	5	28	60
停车位	地面	30	3	28	60
操作盘	盘面垂直面	100	—	—	60
控制室	0.75水平面	300	11	22	80
管理办公室	0.75水平面	300	11	19	80
机房	地面	100	5	—	60

注：1. 对于停车位的照度标准，当驾驶员不进入时，不做要求。

2. 操作盘照明标准适合于由存车人自行操作时。

3. 0.75水平面指在参考平面上方或者在离地面0.75m处。

需要注意的是:行车弯道处,照度标准值宜提高一级。坡道式地下车库出入口处应设过渡照明,白天入口处亮度变化可按 10∶1～15∶1 取值,夜间室内外亮度变化可按 2∶1～4∶1 取值。车库内停车区域照明应集中控制,特大型和大型车库宜采用智能控制,机械式车库内应设检修灯或检修灯插座。

4.8.5　新能源充电设施

新能源电动汽车已进入快速发展期,充电设施的匮乏成为制约新能源汽车发展的主要原因。充电设施宜优先考虑集中设置在室外停车场或平面车位,需要在机械式立体停车设施中设置充电车位时,可根据提升装置选型和车库建设条件设计电动汽车停车位。

新能源电动汽车目前主要有纯电动汽车(BEV)、混合动力汽车(HEV)、燃料电池电动汽车(FCEV)以及外接充电式混合动力汽车(PHEV)。充电设施是指与电动汽车或动力蓄电池相连接,并为其提供电能的设施设备,除常见的交流充电桩、非车载充电机外,还包括技术尚未成熟的非接触式充电机等。

目前,常见的立体车库充电设施多为充电单桩,每个单桩均需单独布线,铺设成本高,安全性低,充电效率较差,对于有限的停车空间而言,充电桩的外形尺寸占据了一定空间,并需使用牵引供电电缆,会对车辆的正常出入造成一定影响。充电单桩在充电前和充电后需要人工拔插充电枪。因此,该形式多用于低层升降横移或简易升降车库,并不适用于多层、高层及全自动立体车库。

与充电单桩配合外部电网进行充电的充电形式相比,智能群充电系统更适用于多层、高层及全自动立体车库。该系统由模块化群充电箱变(模块化群充电机)、充电终端、接驳件、人机交互系统等组成,变/配电部分依靠箱变或者总控箱实现,可设置于立体车库外部;充电枪头用结构紧凑、体积小巧的充电终端实现;插卡、收费、人机对话等人机交互部分放置于云端,用 App 实现。常见的智能群充电系统的充电终端有落地式、壁挂式、车挡式等,可根据现场情况及客户需求选择合适的充电终端形式。

下文结合机械式立体停车库智能群充电系统,介绍升降横移类、简易升降类、平面移动类、巷道堆垛类、垂直升降类、垂直循环类、水平循环类等机械式立体停车设施的充电方案。

1)滑触线方案

对于高层及超高层立体车库,充电单桩由于受电缆长度、体积、重量的限制,无法满足车库高度和车位往复运行的要求,因此滑触线方案应运而生(图 4-7)。滑触线方案是机械式立体停车设施完成车辆充电的第一代解决方案,其结构主要由低压配电、交流滑触线和交流单桩组成,充电人机交互设备与立体停车设备人机交互设备互联互通,智能、安全地完成立体车库存取车和充电过程。该方案通过滑触线和电刷的滑动接触完成取电,电刷固定于载车板上,并跟随载车板上下移动,滑触线固定于立体车库的钢结构上,电刷与滑触线之间为滑动接触,为充电终端提供了电源,并且两者的相对滑动保证了充电枪的不间断供电,在车库运行过程中通过程序的控制和识别,有效地对每车位的充电单桩进行供电、计费和计时。

该方案因受载车板中充电枪线缆的卷线器体积限制,故推荐使用交流充电方式,如需直流充电,则需根据载车板的形状和尺寸单独判断开发。

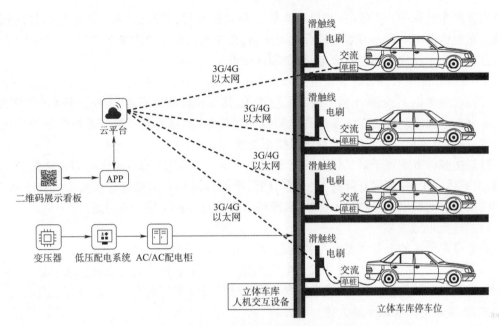

图 4-7　机械式立体停车设施滑触线充电方案

2）智能接驳件方案

通过以智能交/直流接驳件作为充电耦合方式来实现车辆在智能立体车库中的充电（图 4-8）。管理程序智能化可以做到群管群控、柔性充电、主动防护，模块化结构和无电插头的组合可以实现高度智能化和自动化。

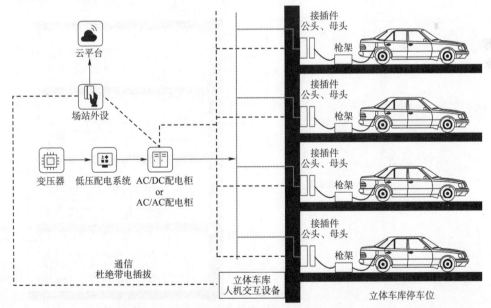

图 4-8　机械式立体停车设施智能接驳件充电方案

该方案由箱变/总控箱、智能接驳件、充电枪组合和充电人机交互设备组成，适用于交/直流充电，能够满足多种充电类型需求。多层、高层和超高层的立体车库车位上带有安装车库时从箱变和总控箱引入的充电电源，每车位载车板所包含的充电枪组合在出入口或一层的存取车过程中并不带电,相应载车板上升到位之后,通过交/直流智能接驳件的耦合接触为充电枪提供电源并有效地进行电力传输,在充电人机交互设备的控制和识别下,充电枪组合自动为所停放车辆进行充电、计费和计时。

交/直流智能接驳件分为插头组件和插座组件,通过耦合连接方式进行电力传输。插头组件安装在载车板上,随载车板升降和平层移动,插头组件结构紧凑、占用空间小,不影响车辆正常出入。插座组件与立体车库载车架或钢结构结合,插座配置温度监控装置及精度导向装置,具备温度检测、过热保护及位置校正功能。

智能接驳件方案属于第二代有线充电解决方案,为远距离的自动化电力输送提供了便利,其主要适用于多/高层升降横移、垂直升降、平面移动和巷道堆垛等多类型立体车库,由于智能接驳件的技术难点和技术保护,目前该方案在行业内应用并不广泛。

3)柔性充电弓方案

充电弓有传统的上升式充电弓和新型的下压式充电弓两种形式,新型的下压式充电弓采用吊顶式结构,相比较传统上升式充电弓系统,下压式充电弓系统的投资成本低,减轻了受电弓重量和车辆负担。同时,该系统内部通过软件可以实现电力的平均分配、主次分配等多种模式,实现电力利用率最大化。

柔性充电弓解决方案(图4-9)和智能接驳件方案整体充电方式类似,但由于充电弓方案需要所停放车辆自带受电弓,因此目前该方案仅应用于城市公交车领域的充电。如果对立体车库的载车板形式进行优化升级,由普通的平面载车板优化为立体的容车箱体或容车框架,容车箱体或容车框架自带受电弓,发展成熟后可适用垂直升降、平面移动、巷道堆垛等多类型的立体车库。

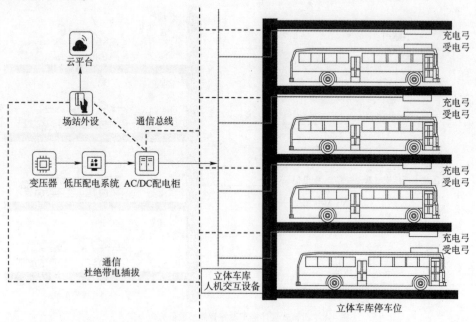

图4-9 机械式立体停车设施柔性充电弓充电方案

4)无线充电方案

无线充电技术是将电能转换为电磁波、电磁感应或者电磁共振的形态,通过非物理接触,无线形式传递电能,代替现有通过直接接触的导体来传输电能的技术(图4-10)。主要工作方式有电磁感应、磁共振、超声波、电场耦合等。相比于其他方式,此类技术属于新兴技术,目前尚未大范围推广。

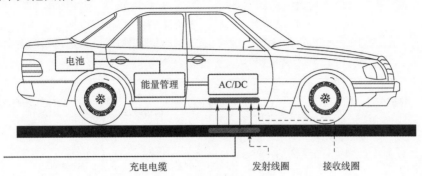

图4-10 机械式立体停车设施无线充电方案

(1)车辆本身支持无线充电功能。

将送电线圈安装在载车板内部,通过车辆外部送电线圈与车辆内部受电线圈组成非接触变压器,实现电能传输对车辆进行充电。这种方式对车辆停靠的精度要求高,对接不到位会大大降低充电效率。而且不同车辆的受电线圈安装位置也不尽相同,此时需要更大的供电线圈来覆盖。

相比于其他方式,此类技术属于新兴技术,充电车辆必须配备无线受电模块,目前尚未大范围推广。

(2)车辆本身不具备无线充电功能。

针对不具备无线充电功能的车辆,可采用无线通信技术代替原有滑触线、智能接驳件和智动柔性充电弓的电力通信和电力传递功能,从而实现车辆的无线充电。无线充电方便快捷,是车辆充电技术发展的必然趋势,技术发展成熟后适用于升降横移、简易升降、垂直循环、垂直升降、平面移动等多种类型的立体车库。

目前,机械式立体停车设施充电车位的设置主要采用平面充电桩直接加载到升降横移类车库第一层载车板的方式。本书列举的几种技术进入实际应用阶段的只有滑触线方案,无线充电是处于前期探索阶段,随着立体车库及充电技术的不断完善发展,结合我国智能电网的建设,智能充电服务和立体车库的结合也会越加紧密,以适应电动汽车的大规模推广应用。典型充电设施方案的优缺点及适用立体车库类型,见表4-14。

机械式立体停车设施充电方案适用性分析表 表4-14

类 别	适用车库类型	优 点	缺 点
滑触线方案	简易升降类 垂直循环类 水平循环类	成本投入相对较低 人机交互体验好	插件可靠性不佳
智能接驳件方案	升降横移类 垂直升降类 平面移动类 巷道堆垛类		

续上表

类　　别	适用车库类型	优　　点	缺　　点
柔性充电弓方案	公交车立体车库 垂直升降类 平面移动类 巷道堆垛类	大功率输出 充电设备利用率最大化 系统稳定性高 充电体验好	立体车库需进行改造，使立体车库制造成本提升
无线充电方案	适用于所有 立体车库类型	高效率、高防护、 高可靠性	成本相对较高，技术尚未成熟

第5章
机械式立体停车设施智慧化管理

5.1 机械式立体停车设施智慧网联云平台

5.1.1 总体设计

机械式立体停车设施可按照现行国家标准《智能建筑设计标准》(GB/T 50314)进行设计,宜设置车位信息系统和自动报警系统,并可根据停车设备类型、建设规模及环境等因素,选择配置出入口控制系统、智能化电子收费系统、停车诱导系统、反向寻车诱导系统、电子标签系统、车辆及驾乘人员高清图像对比系统、大型停车库运行视频监控系统、远程通信及协助系统等智能化管理系统。机械式立体停车设施应至少被一种无线通信信号覆盖,且停车转换区宜设置有线和无线通信装置。

此外,发展立体停车设施提高泊位供给量,共享泊位信息提高泊位资源利用率是现阶段缓解停车难的重要途径之一,现有智慧停车软件主要针对路边及室内停车库,机械式立体停车设施车位信息智慧网联云平台由于信息共享存在一定技术壁垒,尚处于发展初期。机械式立体停车智慧网联云平台研发及实现过程中的关键技术包括:立体停车库 PLC 硬件传输装置,实现不同 PLC 处理器中数据的实时读取及云端传输,打破数据采集及传输壁垒;构建立体停车库云端大数据平台及终端发布平台,实现泊位大数据采集分析、发布及智能调控功能;研发新能源立体停车充电装置,实现新能源汽车充电专用化、立体化、实时化;研发基于视频传感技术的机械式立体停车库故障采集及耗材监控系统,实现车库维保数据监控及传输,提高维保效率。

实现市域级立体停车泊位数据实时查询、泊位导航预定、泊位无人化共享等功能;通过 GPS/NB-IoT 技术提供泊位精准化预约取车功能,降低取车等待时间;提供专属化新能源充电服务并在手持终端实时更新充电进程;智能传感器及维保机器人对车库状态及维保员行为进行实时监控,实现维保标准统一化。此外,基于该平台可开展停车换乘(P+R)、汽车分时租赁、汽车维护、周边商户 O2O 等功能,为缓解城市停车难问题提供数据化、智能化支撑。

通过上述研发,结合互联网、云计算、车牌识别与物联网等技术,搭建立体停车库云端大数据平台及终端发布平台,对现有设施进行升级、改造与集成,使得资源利用达到最大化。

机械式立体停车设施通过配套的停车场接口将数据上传到智能网联云平台,云平台通过一定的算法将停车场划分为不同的区域,并对应停车场管理端,由停车场管理员进行后台管理操作。系统控制中心主要包括诱导系统控制中心和预约系统控制中心。诱导系统控制中心在收到停车请求后,及时响应,负责泊位最优分配、身份验证、导航等数据处理,同时将诱导停车信息更新发布。用户通过手持终端和互联网进行停车预约,预约系统控制中心立刻响应,负责泊位预约、泊位退订等数据处理。机械式立体停车设施智慧网联云平台工作流程如图5-1所示。

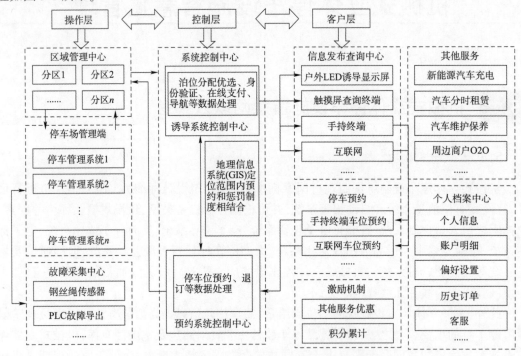

图5-1 机械式立体停车设施智慧网联云平台工作流程图

5.1.2 系统关键技术方案

立体停车库云端大数据平台及终端发布平台的构建可有效解决立体泊位利用率低的资源浪费问题,避免车库管理者同停车需求者之间因为信息不对称导致的供需矛盾。

1)智能泊车引导系统

智能泊车引导系统是以平台应用软件为载体,向停车场管理者和驾驶员提供停车场内可用车位数与可用车位具体位置等实时信息,指引驾驶员合理有效地停车并快速地反向寻车的智能泊车引导系统。此系统由停车位信息检测终端、数据处理和发布中心以及用户交互系统组成,将指定停车场区域的停车位状态信息纳入总系统中,并通过客户端软件全面展示停车资源,为停车场管理者和用户停车提供便利。

2)信息采集端设计

停车场内各停车位的信息采集终端(传感器节点),对停车位信息进行实时精确采集,并经由无线网络协议将相关信息上传到无线通信中心节点,与此同时,采集终端装置还具备接受数据信息指令的功能。数据采集目标是停车区域内的空车位数目和准确位置,通过与停车场的智能管理系统和停车位上的无线传感器节点互联调用数据。

通过自主研发的机械式立体停车库 PLC 硬件传输装置，实现不同库型、不同品牌 PLC 处理器中立体泊位数据的实时读取及云端传输功能，将数据更新传输。

3）中心服务器设计

信息处理系统主要用于接收和整合数据采集端的车位信息，将这些信息通过网络上传到后台服务器中；服务器接收这些数据进行分析整理，在终端界面显示停车场资源，同时在客户端实时更新停车场信息。

4）手机客户端软件设计

手机客户端软件设计可以为用户提供停车场信息查询、泊位共享、车位预订、地图导航、周边商户和个人信息管理等功能。根据系统需求搭建服务器端，服务器端与用户手机软件通信，接受各终端的查询、搜索、预订车位的业务。服务器端设计后台管理功能，为系统管理员提供用户信息管理和停车场信息管理，为停车场提供车位预订信息和停车记录查询。

需求用户可通过此平台实现市域级立体停车泊位数据实时查询、泊位导航预定、新能源汽车充电、泊位无人化共享等功能。同时可开展停车换乘（P+R）、汽车分时租赁、汽车维护、周边商户 O2O 等服务，为缓解城市停车难问题提供数据化、智能化支撑。

管理人员可通过后台进行泊位大数据采集、分析、发布及智能调控功能，数据支持使决策更智慧。通过该平台能有效提升泊位利用率，同时对车库经营状态进行实时监管，避免收费盲区，提高经济效益。

利用移动互联网及智能手机终端，可以将商场的活动信息、产品促销信息及时发布到用户手机端，吸引用户卖场消费。同时，可将洗车店、美容店、维修店、加油站、4S 店等位置信息及服务信息置入 App，随时随地满足驾驶人个性化的服务需求。

5）泊位共享

利用互联网技术，实现停车共享泊车功能。当需求用户看到相关信息后，就可以快速地作出判断；平台结合地理信息系统技术，将电子地图导入到共享平台，能够方便快捷地在地图中显示各个共享泊位的位置，并能够计算出最优行驶路径来引导停车用户到达指定的位置；平台中设有共享泊位网络预订和收费功能，根据停车时间计算停车费用，并利用网络实现电子支付，克服了无人监管停车收费的问题。

5.2 机械式立体停车设施远程诊断系统

5.2.1 总体设计

为保证车库管理系统的稳定运行，机械式立体停车设施智慧化管理应具备远程诊断功能，该系统与中央控制系统实现联机远程控制及故障诊断，并结合机械式立体停车设备发展趋势进行免费维护升级。目前，国内部分机械式立体停车设备生产企业已在 Visual Studio 2010 集成开发环境下通过 C 语言编程对监控视频厂家提供的软件进行二次开发，实现对立体车库的远程视频监控。通过在系统平台软件中配置远程摄像头的 IP 地址及端口号连接互联网中的摄像头实现视频数据的监控。

除上述功能外,远程诊断系统的总体设计还应实现如立体车库设备远程监控、远程运维、平台化运营、信息化管理等功能。

1)远程监控系统

通过智能球型摄像机现场视频监控或采用智能维保机器人采集数据,通过软件编程方式排除故障,对设备硬件、零部件运行数值进行预警。

2)远程维护诊断系统

通过电流变送器对减速电机状态进行监测,实现设备远程操作、故障检查、报警提示功能;实时采集故障报警代码等信息内容,并将数据保存,结合预警数值开展故障诊断。

3)远程视频呼叫系统

通过双向语音视频对讲功能,及时为操作员、客户提供远程协助,对讲主机的辅助摄像头及联动摄像机,可监听监视现场周围声音、影像。

4)运维服务系统

针对故障发生后的响应时间和服务时间进行统计介入,评价服务效果,通过完善的售后服务评分机制,提高服务质量。

机械式立体停车设施远程诊断系统通过打破传统立体车库信息壁垒,实现与主流 PLC 系统的对接,数据实时上传至云平台。最终实现实时监控、故障预警、分析预判等功能。

5)数据实时上传

通过信息化改造让停车库更智能化,实现数据实时上传至云平台,全面掌握设备运行状况,随时了解设备维修进度、维修费用、设备故障率等。

5.2.2 系统构成与关键技术

本系统主要由三个部分构成,分别为维保监控硬件、智能传感器、实时监控平台。

维保监控硬件装置主要包括:机械构件、GPS 模块、无线数据传输模块、摄像头、显示屏等;智能传感器主要包括:传感器、微处理器、无线数据传输模块等。两者共同实现信息检测、信息处理、逻辑判断功能,并最终将数据整合储存传输至监控平台。

通过社会调查以及查阅相关资料,发现机械立体车库的维保存在以下问题:未按时保养检查、维修不及时、维保监管困难、钢丝绳断丝、升降横移系统故障、紧固点松动等。机械立体停车设施缺少定期故障排查或维修保养不当是造成事故发生的主要原因。

因此,除采用球型摄像机外,通过研发适用于钢梁结构的维保监控装置,可在立体车库钢梁结构上移动监控;配套智能传感器对难以检测的易损元件进行检测判断;对 PLC 系统的故障反馈进行处理;维保监管软件平台完成信息采集、传输、控制、管理、储存等功能。

通过机械式立体停车设施远程诊断系统及实时监控平台、无线物联网传感器等硬件软件相结合,实现车库维保数据监控与传输,提高立体停车维保效率,确保车库使用安全,关键技术如下:

1)维保监控装置

由上位机、通信模板、嵌入式系统、接口四部分组成。上位机发送指令,将数据传输给通讯模块,嵌入式系统读取通信信息的接收值并进行处理,将处理后的数据通过接口发送给维保监控摄像系统或维保监控机器人。

2) 车库状态实时监控平台

监控管理平台以网络集中管理和网络传输为核心,完成信息采集、传输、控制、管理和储存的全过程。

(1) 前端监控设备:在固定方位及升降平台、横移台车、堆垛机或搬运器上安置监控系统,以扩充监控范围,避免监控死角。实现全方位监控车辆进出、停放、设备营运、维修耗材,在控制成本,保障安全中起重要作用。

(2) 后端数据储存:各监控器所接的主机根据储存需要,可配置不同容量的硬盘,达到一定时间的监控录像保存时间,方便寻找事故原因,追责和处理纠纷。

(3) 基本信息传输:在监控器记录的画面可以通过显示屏实时查看,维保人员可以在显示屏中得到车库内的一切信息。

(4) 车库地图显示:显示屏的实时画面旁会有车库 3D 模拟图,3D 模拟图会随着故障位置的确定,自行放大,或者通过拖动鼠标中间的滚动键进行放大缩小处理,以便维保人员确定事故或需维修的地点。

(5) 故障位置定位:接收定位系统发送过来的信息数据,将故障位置标注在显示屏的地图中。

(6) 监控异常报警:维保人员发现显示屏的实时画面有异常时,车库地图会显示对应的位置并亮红灯。而维保机器人则可自己发现异常后,通过自身向维保人员报警。

(7) 对维修工作进行耗材监控:在维保人员维修设备时,需要在监控前展示其换修和材料使用过程,使得维修工作得以监督和保障。

(8) 对 PLC 故障进行警示:在维保机器人监测 PLC 系统发现 PLC 系统出现故障时,将会自动报警,并通过视野处的监视器记录检查的过程,方便维保人员的维修和快速恢复使用。

3) 智能传感器

智能传感器主要对车库钢梁结构以及钢丝等部件进行肉眼无法实现的检测。避免因长期工作造成的疲劳损坏以及无法及时维修等问题,并兼有信息采集、信息处理、信息记忆、逻辑思维与判断功能。

(1) 对起重设备钢绳拉伸强度的测量:采用光纤 F-P 应变传感器,通过单模光纤 F-P 干涉结构可实现应变的测量,根据材料力学反推出材料所受应力。

(2) 对钢梁设备的监测:在移动的机器人脚部安装适合移动工作的曲率光纤传感器,检测车库钢梁疲劳磨损程度。

(3) 光纤传感器特点:相对于传统监测手段具有体积小、与结构相容性好、灵敏度高、具有线性响应、信带宽、抗电磁干扰能力强、抗衰减能力强、安装方式灵活和可进行长期在线监测等特点。

(4) 信息检测:通过光纤传感器对信息数据进行检测。

(5) 数据传输处理:将传感器检测到的数据信息发送到微型处理器进行处理。

(6) 检测异常报警:微型处理器在接收到任意检测模块的异常数据后,启动蜂鸣报警模式,并同步在监控显示屏上显示红点警示。

(7) 智能传感器特点:提高传感器精度;提高传感器可靠性;提高传感器性价比;促成传感器多功能化。

5.3 机械式立体停车设施无人化管理

5.3.1 无人化管理新趋势

机械式立体停车设施传统的人工刷卡操作方式已与停车管理"无人化、无感化"的发展大趋势不符,随着人口老龄化加剧、人工成本高涨,各行各业都开始聚焦"无人化发展",同为特种设备的电梯早就实现"去管理员化",机械式立体停车设施的无人化管理也必然逐步实现。

机械式立体停车设施的无人管理设计,不仅能体现设备技术的先进性,还能有效降低车库的运营成本,已经成为不少车库企业的产品研发方向。目前,很多机械车库是按照有专业人员操作进行设计的,很多安全确认工作需要通过人工完成。当非专业的车主自行操作时,由于车主没有受过操作培训,或者由于疏忽大意操作不当、疏忽安全确认等原因造成事故发生。以日本为例,根据日本立体停车场工业会的统计显示,2007—2014 年间共发生机械车库事故 207 起,其中"设备内有人状态下,机械设备开始动作"事故共发生 115 起,占事故半数以上,其原因中约 80% 由于安全确认不足引起。但立体车库"无人化"进程中出现的各类事故,大部分可通过技术手段避免。立体车库的无人管理设计,应在产品设计之初设置多重安全保护措施,确保产品稳定运行。

在互联网时代,人们需要更加便捷的生活,需要更加智能的生活配套,随着物联网技术的进步,特别是未来 5G 的普及应用,从技术角度而言,机械车库实现无人化必将大势所趋。智能机械车库可以充分利用自身特性,无须额外增加其他硬件辅助设备就可以实现无人化管理;而非智能机械车库以及平面车位要实现无人化管理,则必须借助相关的硬件辅助设备。随着机械式立体停车设施市场的不断扩大,社会对智能化、无人化的需求日益增加,未来一定会有越来越多的无人值守立体车库出现。

5.3.2 全自动车库无人化管理优势与路径

全自动车库采用无人化管理系统的优势主要体现在性价比高、功能丰富、故障处置迅速、产品迭代有依据等方面。

(1)性价比高。

目前,部分全自动车库项目外围加装道闸、岗亭、车牌识别等相关硬件设备,既增加了成本,又浪费了智能库已有的功能。充分利用智能库的 PLC 功能及可控门,即可实现性价比更高的无人化管理系统。

(2)功能丰富。

无人化管理系统除可以实现无人值守、自助缴费外,基于 PLC 的载车板控制,还可以实现车位预约等功能,比传统无人值守停车场功能更加丰富。如果全自动车库采用板式载车板,还可以增加充电桩,以符合当前大力推广的新能源汽车发展方向。

(3)故障处置迅速。

借助无人化管理系统,现场故障能够第一时间传达技术人员,技术人员可根据故障情况，及时安排售后人员携带正确的工具、配件前往维护，大大缩减故障处置时间。

(4) 产品迭代有依据。

采用无人化管理系统，所有设备的数据都能得到有效存储，通过大数据分析，可以发现设备存在的问题，并针对性地提出迭代改进方案，提高产品性能。

全自动车库无人化管理系统，对于中小型用户，可直接使用厂家的无人化管理系统，对于大型高端用户，则可以定制开发一套专属系统，同时这套系统也要能接入厂家总的平台，便于售后维护。

全自动车库无人化管理主要从分工原则、上位机系统、后台系统、云服务器系统、使用便捷程度五个路径来说明。

(1) 分工原则。

无人化，实际上就是通过物联网系统，借助各类先进通信措施，实现硬件远程管理，代替现场人员的各类操作。机械式立体停车设施属于工业自动化产品，通过PLC对各类部件进行可编程化的控制，全自动车库实现无人化管理，首先要明确分工，即PLC应管理的硬件、物联网系统应管理的硬件。

理论上分析，PLC自身带有联网功能，也能够通过组态网软件去控制所有硬件，同样，物联网系统也能够通过PLC去控制所有的硬件和逻辑管理，但这两种方式都存在弊端。

①全部通过PLC控制，工作量非常大，且PLC的二次开发非常繁杂，开发环境不友好，效率十分低下，而且远程物联受控于各家PLC公司的系统。

②全部通过物联网系统控制，使PLC成为通信中继，全部依赖物联网系统，这种PC级别的应用稳定性远不如PLC，安全性大大降低。

因此，需要设定一个合理的界限，即如果物联网系统崩溃，也不会影响智能机械式立体停车设施的正常运行。按照这个界限去分工，得到图5-2所示的智能机械式立体停车设施无人值守系统架构图。

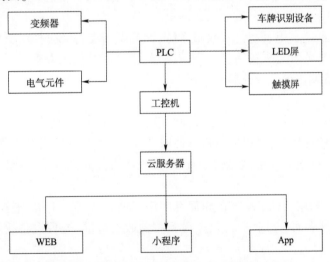

图5-2 智能机械式立体停车设施无人值守系统架构图

(2) 上位机系统。

确定分工之后，下一步骤是上位机系统的制作。上位机用于与PLC通信，通过读取PLC

寄存器的数据或者向PLC寄存器写入相关数据,实现与PLC的信息交互。为实现无人化,上位机与PLC主要交互的信息应包括:载车板状态、载车板对应车牌号、载车板锁定与解锁以及故障代码。这一部分信息通常由上位机定义规则标准,PLC端安装按照该规则标准执行即可。需要注意的是,PLC端要做好非规则标准区域的保护措施,防止上位机恶意读取PLC信息和程序。此外,上位机系统是安装在现场工控机电脑上的,对于单体停车场内的多个智能机械式立体停车设施可以实现一个上位机同时管控多个PLC,可有效控制成本。

(3)后台系统。

当上位机收集到PLC数据后,后台系统的任务主要是指对于数据的使用。诸如车辆信息、收费标准、预约车位、费用管理、故障信息分配等,所有数据的逻辑关系都在后台系统建立和体现。后台系统是整个无人化管理路径中相对最简单的部分,都是标准的通用格式。

后台系统的存放位置有两个选择,一是现场的工控机,二是云服务器,两种选择各有利弊。

①将程序寄存于现场工控机,工作量较大,技术难度大,但对云服务器的压力较小。

②将程序寄存于云服务器,利于信息的统一管理,开发量相对较小,但比较依赖第三方的云服务器技术和产品,且产品的丰富程度受到限制。

(4)云服务器系统。

每个不同的智能库有单独的上位机系统,便于今后多个停车场的个性化管理。当后台系统架设到现场的工控机时,所有的数据则由工控机通过4G、5G或有线网络主动发送至云服务器系统,或由云服务器系统主动获取。

云服务器系统的主要功能是面向终端用户,比如用户查询智能车库的剩余车位,系统就会通过访问云服务器,获取指定智能车库的信息,读取相关的寄存器信息,并反馈显示到用户界面;又比如,当上位机系统读取到PLC故障信息并主动发送给后台系统后,云服务器系统读取到后台系统的故障信息,根据已设置的逻辑关系和目标信息,主动将故障信息推送到指定终端。

同时,云服务器还承担了与公共收费系统,比如微信支付、支付宝支付等第三方支付系统的对接,由云服务器发送收费信息至用户终端,用户通过第三方支付系统支付,第三方支付系统将收费信息发送给云服务器。

(5)便捷程度。

云服务器架设完毕后,到达无人化管理的最后一个步骤,终端使用。终端主要由两部分组成,车主用户和管理用户,也可以对接其他城市级的公共停车平台或者智慧城市平台。

①车主用户。可使用App或微信小程序,实现注册会员、充值预约、无感支付等功能,方便快捷。

②管理用户。采用SAAS系统在任何有网络的地方,电脑、手机、平板均可通过浏览器WEB轻松访问管理界面,查询设备信息、设置相关收费标准、处理设备故障、管理设备运维大数据等等。

5.3.3 非全自动车库无人化管理难点与路径

非全自动车库,比如常见的升降横移类机械式立体停车设施,特别是两层升降横移类机械式立体停车设施，由于自身产品结构特点，要实现无人化管理有一定难度。但目前市场上超过80%的机械式立体停车设施多数为升降横移类产品，随着用户对无人化管理系统的接受程度越来越高，对升降横移类机械式立体停车设施也开始不断提出智能化、无人化的需求。在分析升降横移类机械式立体停车设施无人化管理难点的基础上提出无人化管理路径方案。非全自动车库无人化管理的难点如下。

(1) 部分载车板的使用，不受PLC控制。

绝大部分升降横移类机械式立体停车设施，一层载车板的使用无须车主通过PLC进行存取控制，只要设备处于停止状态，且载车板是空板，车主就可随意将车辆停进载车板，或者设备处于停止状态，车主就可以进入设备，从载车板驶出，整个过程，车主无须与设备发生人机交互，因此也无须PLC参与，所以PLC就无法控制载车板的实际使用情况。

(2) 载车板的存车信息，PLC无法掌控。

由于升降横移类机械式立体停车设施的二层及以上载车板，其存车或取车实际上是同一个动作，即将该载车板运至底层，因此对于PLC而言，无法通过逻辑关系判断该载车板上是否有车，同时，常规的升降横移类机械式立体停车设施载车板上，也没有标配车辆检测装置。

(3) 设备非全封闭式运行，易被干扰。

目前已出现少量的升降横移类机械式立体停车设施，在运行过程中，会通过电控门对所有一层载车板的入口进行物理关闭，避免人员或车辆进入设备干扰设备运行。但绝大部分升降横移类机械式立体停车设施，出于成本考虑，并未加装类似的电控门，而实际上该类电控门也存在很大漏洞，比如同一组设备，第一列在进出车时，电控门开启，而此时，其他列也仍然可以进出车或进出人，带来安全隐患。因此，升降横移类机械式立体停车设施，如果采用无人化的管理手段，现场无人指挥管理，则非常容易被非专业人士打断设备运行，且存在安全隐患。

(4) PLC功能简单，操作复杂。

升降横移类机械式立体停车设施作为占有量最大的立体停车设备，市场竞争激烈，成本压力巨大，为了控制成本，PLC的使用基本上都是功能最简单的型号，支持的通信接口也十分有限，与此同时，采用廉价的操作器。用刷卡+按键的方式控制设备，这种最传统的工业控制方式，操作复杂，不仅车主使用不友好，同样也不利于无人化管理的实现。

对于要通过增加车位缓解停车压力的升降横移类车库项目，合理的无人化管理，具有如下现实意义与需求。

(1) 人工成本。

升降横移类机械式立体停车设施，虽然也可由车主自行操作，但它不是全封闭的产品，车主在没有经过培训的情况下自行操作设备，如果操作前没有仔细观察设备的运行环境，安全事故发生的概率将大大提高。而配备专职操作人员，除了管理成本大幅提高，随着人口老龄化程度的加剧，管理员的招聘难度会加大。

(2) 设备维护。

升降横移类机械式立体停车设施保有量大，设备运行过程中小故障、小问题较多，因此对售后服务的工作要求很高，及时快速地处理设备故障是必备条件，同时，通过大量故障信息的收集,实现产品的有效迭代,更是提升产品品质的重要一环。而实际情况是,市场上的售后维护人员水平参差不齐,还有非常多的兼职人员,能够满足实时响应现场维修已经很难达成,更何况做好详细的故障统计;更存在定时保养或保养不细致,设备问题私下处置不上报的情况。

(3)使用烦琐。

车主在驾车到达升降横移类机械式立体停车设施后,需下车刷卡,将载车板运至底层,然后再上车将车辆停放进载车板,过程较为烦琐,如果室外遇到雨天等恶劣天气,用户体验就更加糟糕。

基于上述分析,在特定项目上,实现升降横移类机械式立体停车设施的无人化管理有一定必要性。根据升降横移类机械式立体停车设施的特性,实现该类设备无人化管理的具体路径如下:

(1)载车板升级:在载车板上加装光电开关或相关检测装置,检测载车板上有无车辆,并将数据发送至 PLC。

(2)通道升级:每条通道安装车牌识别摄像机,抓拍并识别进库车辆车牌,并将数据发送至 PLC。

(3)出入口升级:在单库统一安装电动控制栏杆,设备运行过程中,PLC 控制栏杆放下,防止车辆或人误入设备。

(4)底层载车板升级:在底层载车板上安装泊位控制器,由 PLC 控制,防止车辆自由停放底层载车板。

(5)PLC 升级:将 PLC 升级为功能更强大、通信接口更多的型号,满足上位机管理需求。

设备升级后再定制无人化管理系统,设备的无人化管理具体使用流程如下:

(1)车主驾车到达车库。

(2)手机扫描二维码或车牌自动识别车辆,申请停车。

(3)PLC 将空闲载车板运至底层或将底层空闲载车板的泊位控制器解锁。

(4)车辆停放入库,车牌识别设备相机抓拍车牌发送给 PLC。

(5)PLC 将车牌与载车板绑定。

(6)PLC 关闭电控栏杆,设备运行,存车结束。

(7)取车时车主到达车库。

(8)手机扫描二维码或在线客户端申请取车。

(9)输入车牌号,查询缴费信息并付费。

(10)PLC 将车牌对应的载车板运至底层,并将电控栏杆打开。

(11)车主将车辆驶离,PLC 更新载车板信息。

第6章 机械式立体停车项目案例

6.1 升降横移类机械式立体停车项目案例

6.1.1 室内两层及地坑三层升降横移类机械式立体停车项目案例

中国联合网络通信有限公司北京市分公司办公大楼停车库位于北京市西城区骡马市大街,主要用于停放日常办公人员及外来办事人员汽车。该项目共建有机械式立体停车泊位472个,其中两层升降横移类机械式停车泊位280个、地坑三层升降横移类机械式停车泊位192个(图6-1)。

该项目室内两层及地坑三层升降横移类机械式停车设备均采用四柱跨梁结构形式,立柱与纵梁由斜支撑连接,确保结构稳定,采用减速电机作为动力源,室内两层均采用循环链式四点同步起升方式,地坑层采用前后双吊点附平衡链条式起升方式,载车板采用拼装式镀锌波浪板,具有完备的安全保护装置,设备采用PLC控制,具有触摸式按键及刷卡操作的自动模式和维修时使用的手动操作模式。该项目设备具有结构稳定、运行可靠、操作简单、维护方便等特点。

a)实例图

图 6-1

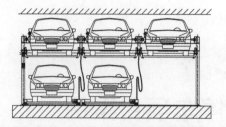
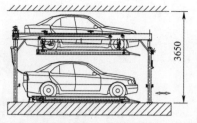

室内两层升降横移类机械式停车设备结构示意图

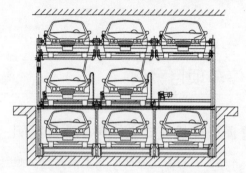
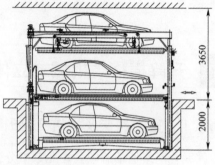

地坑三层升降横移类机械式停车设备结构示意图

b)立面图

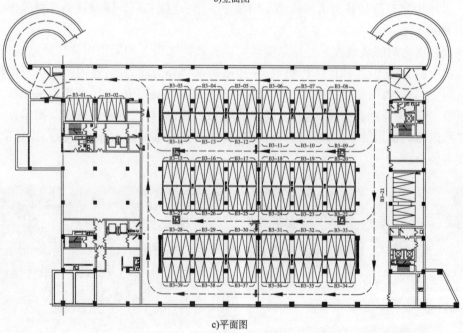

c)平面图

图6-1 中国联合网络通信有限公司北京市分公司升降横移类机械式立体停车项目

6.1.2 室外多层升降横移类机械式立体停车项目案例

重庆建工第三建设有限责任公司(以下简称建工三建)机械式立体停车库(图6-2)位于重庆市渝中区袁家岗1号院内。该项目周边停车难问题日趋严重,基本的办公停车需求已无法满足,且受土地条件限制,已无法规划更多停车位供建工三建员工通勤使用。

第6章 机械式立体停车项目案例

a)实例外观图

b)内部结构实例图

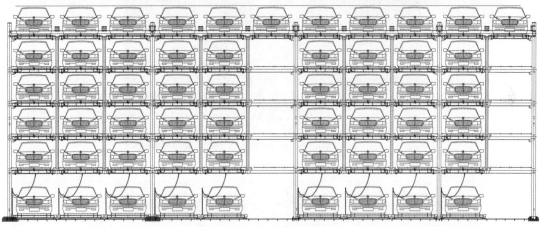
c)正立面图

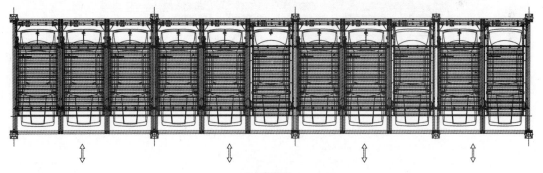
d)平面图

图 6-2 建工三建机械式立体停车库

为积极响应《重庆市人民政府办公厅关于鼓励投资建设公共停车场的指导意见》,并参照《重庆市人民政府办公厅关于加强主城区公共停车场建设管理的通知》办法,该单位在自有出让地块修建机械式公共立体停车设施,于 2018 年 5 月竣工。

该项目占地面积 169.26m², 车库总长 27.6m, 宽 6.2m, 高 10.55m。采用 6 层升降横移类机械式立体停车设备,设计 2 个控制单元,共计 56 个车位。

适停汽车规格为:≤长 5000mm×宽 1850mm×高 1500mm(二~五层)或 1800mm(一、六层),车重≤2000kg。

该项目外立面采用铝塑板与玻璃幕墙相结合形式,并与周边建筑相辉映。依托重庆市社会民生科技项目、重庆市政科技项目采用光催化与热反射涂层材料对外立面进行涂装,起到外表自清洁与降低库内温度的作用,基于 NB-IOT 技术的机械式立体停车设施云平台实现车辆远程预约存取及设备实时状态监控功能。

6.1.3 新能源充电三层升降横移类机械式立体停车项目案例

位于武汉市蔡甸区沌阳大道 339 号东风电动车新产业园内的新能源充电三层升降横移类机械式立体停车设备(图 6-3、图 6-4),于 2018 年建成投用,占地面积 104 m^2,配建车位 16 个。

a)实例图

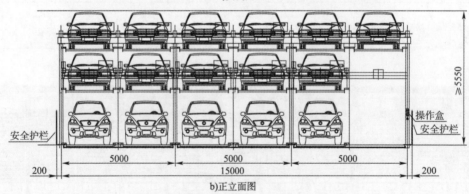

b)正立面图

c)侧立面图

图 6-3

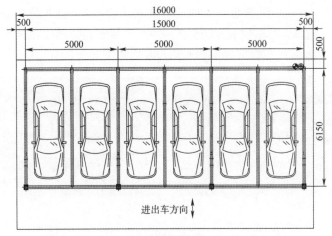

d)平面图

图6-3 武汉东风新能源充电三层升降横移类机械式立体停车库

图6-4 武汉东风新能源充电三层升降横移类机械式立体停车库内部图

与传统升降横移类机械式停车设备相比,该停车库每个车位均能实现大功率直流快充功能,且设备可适应充电接口位于车头的充电汽车,一层停车位为有线直流快充,二层及以上升降横移车位不但可实现直流快充,还在此基础上增加了无线非接触式信号及功率传递方案,以确保由于升降动作所需的安全空间。该项目实现了可充电控制功能和升降横移类机械式立体停车设备功能在系统软件控制层面的对接与结合,车库数据对接至城市云停车平台,驾驶员通过手机App即可实现车位查询、智能推荐。

6.1.4 新型两层升降横移类机械式立体停车项目案例

厦门市人民会堂地下立体停车库项目位于厦门市思明区湖滨北路76号,包含人民会堂及行政中心东区两部分,共建设前移旋转避让型机械车位256套共计512个,2017年建成投入使用(图6-5)。

该项目地下库净空高度低(2.9~3.4m),根据场地尺寸采用了后部举升四柱式(车位处净高≥3.35m)和俯仰式(车位处净高2.9~3.35m)两种前移旋转避让型设备,其中后部举升四柱式车位35套共计70车位、俯仰式车位221套共计442车位。有效解决了该项目低矮空间增加车位的难题。

前移旋转避让型机械停车设备属于近年出现的一种新型产品,有别于传统的升降横移设备,可单车位布置,实现车位倍增。该种设备前端无立柱、吊链等障碍物,对通道宽度、车位纵深要求较小(路宽≥5m、车位纵深≥5.7m即可实现长度5.3m以内车辆的存放),承载能力强(额定载重可达3t),车位区净高最低2.9m即可安装。

a)实例图

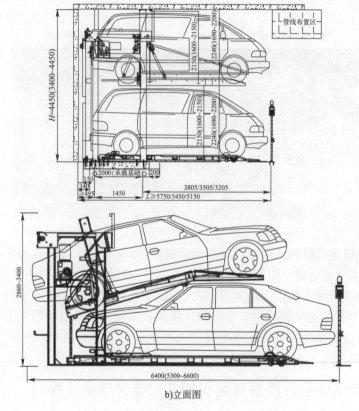

b)立面图

图6-5 厦门人民会堂前移旋转避让型机械立体停车库

该设备上载车板提升时,通过导向架的导轮使其沿立柱导轨上下运动,后部举升四柱式及后悬臂式前移旋转避让型停车设备还可实现上、下载车板重叠扣合。当下载车板无车时,上载车板可下降直接搁置于地面层的下载车板上,能较好缓解高峰期入库车辆快速停放问题。前移旋转避让型机械停车设备根据使用场景及用户要求的不同,有三种结构形式。

(1)后部举升四柱式,适用于室外或纵深较小的室内场景。
(2)后悬臂式,适用于室内或室外纵深较大的室外场景;车位可配备充电桩。
(3)俯仰式,适用于高度2.90~3.35m,通道宽度≥4.80m的低矮狭窄空间。

6.2 简易升降类机械式立体停车项目案例

6.2.1 简易升降地上四层机械式立体停车项目案例

本项目位于美国纽约第一大道的纽约贝尔维优医院(Bellevue Hospital Center),始建于2006年,地上简易升降式机械停车位272个(图6-6)。

a)实例图

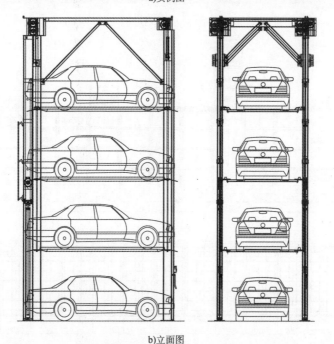

b)立面图

图6-6 美国纽约简易升降地上四层立体停车库

本项目为医院集中管理,设有专门的泊车管理员,应客户要求单独开发设计了地上四层简易升降设备,所有的设备立柱采用共柱设计,最大限度地减少设备占地空间,载车板采用整体焊接前后波浪式设计,2~4 层的载车板空载时可以叠加在一起,停车时自上而下依次停车上升。

该项目建成后,受到了客户的好评,极大地缓解了该医院停车位严重不足的问题,为患者和医护人员提供了停车便利。

6.2.2 负三正一地坑式简易升降类机械式立体停车项目案例

2011 年建成投用的北京车辇店胡同立体停车场(图 6-7)是北京市东城区首个胡同立体停车试点项目,位于首都核心区北京二环内。受文物保护区政策影响,该区域不允许建设高层车库。通过对周边交通和用户需求进行分析,选用负三正一简易升降类立体停车设备,共 200 个车位,该类设备一层位于地面,其他三层位于地下,平面布置采用背靠背形式,每组设计车位 20 个,车主可通过刷卡,自主完成升降存取车操作。

a)实例图

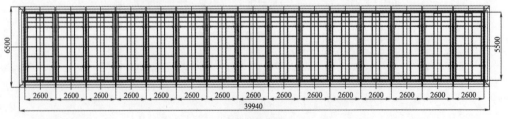

b)结构示意图

图 6-7

第6章 机械式立体停车项目案例

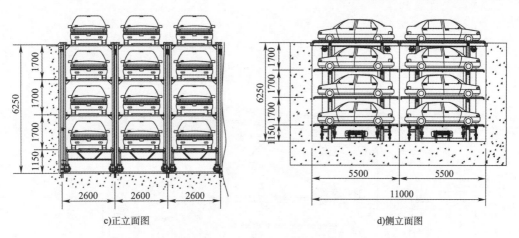

c)正立面图　　　　　　　　　　d)侧立面图

图 6-7　北京车辇店胡同立体停车项目

设备不工作时仅能看到地面车位,最大限度地减少对周边环境的影响。设备具有完善的防排水系统和各项安全设施,自 2011 年投入使用以来保持了良好的运行状态,该项目的建成为解决文物保护区停车难问题提供了新的思路。

6.2.3　俯仰简易升降类机械式立体停车项目案例

该项目位于北京市亦庄经济技术开发区荣昌东街北京热力市政工程建设公司院内,2020 年 5 月投入使用,共 32 个车位,容车尺寸为 5000mm × 1850mm × 1550mm,车重不大于 1700kg(图 6-8)。

由于工作需要,北京热力市政工程建设公司院内停放有工程抢险车和大型工程车,而单位院内的室外面积有限,导致职工的个人车辆无处可停。为此,对院内的可用区域进行了重新规划,固定了 14 个工程抢险车位和 28 个大型车位,新增设 5 个充电车位,剩余空间位置安装了 16 套俯仰简易升降类机械式立体停车设备,可提供 32 个小型车位,基本上解决了职工的自驾车停车难问题。

a)实例图

图　6-8

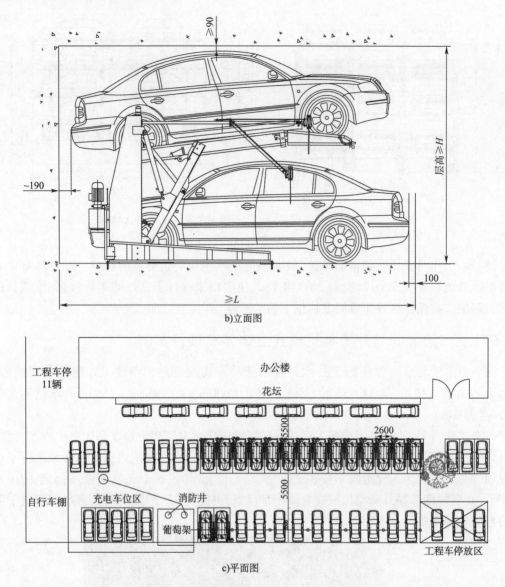

b) 立面图

c) 平面图

图 6-8 俯仰简易升降类机械式立体停车设备项目

俯仰简易升降类机械式立体停车设备采用液压驱动升降,结构紧凑耐用,设置灵活,使用方便,安全可靠。这种停车设备一般用于家庭自用、企事业单位内部以及车辆集中管理的场所。该项目正是利用了机械车位的使用者都是同一单位内部的职工这一特点,从而解决了上层车辆的存取需依赖于下层车位状态的难题。

6.3 平面移动类机械式立体停车项目案例

6.3.1 双板交换技术平面移动类机械式立体停车项目案例

2017 年竣工的温州杨府山平面移动类机械式立体停车库(图 6-9)位于温州市杨府山南

入口,占地面积1740m²,共6层,303个车位。

a)温州杨府山平面移动类智能立体停车库外观图

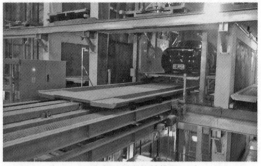
b)内部双板交换结构图

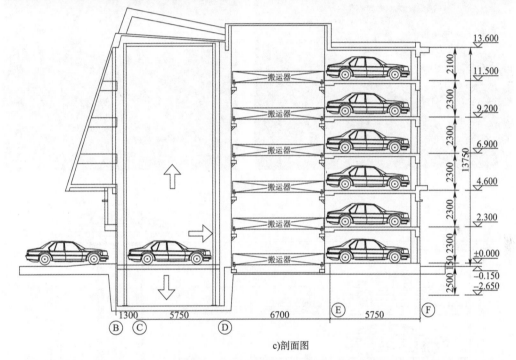
c)剖面图

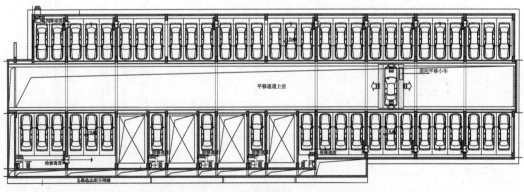
d)平面图

图6-9 温州杨府山平面移动类智能立体停车库

本项目出入口处的升降机采用双层板交换技术,每层均设置一个可自动回转的搬运台车,四个进出口可同步进行存取车操作,使存取车时间缩短至90s左右。

本项目位于杨府山公园景区,在项目的外立面造型上采用"白墙黛瓦"的中式建筑思维,与周边风景和谐融为一体。项目建成后,成为当地标杆建筑,实用性和美观性得到了统一。该车库相比传统车位,容车率提高了五倍,大大缓解了周边的停车压力。

6.3.2 伸缩梳齿交换技术平面移动类机械式立体停车项目案例

2019年8月竣工的西安CITY WINDOW 旺都平面移动类机械式立体停车库采用智能伸缩梳齿技术,占地26425m²,共设置23台搬运器,1467个车位(图6-10)。

a)内部结构图

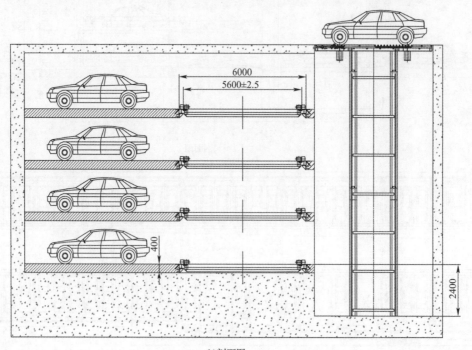

b)剖面图

图 6-10

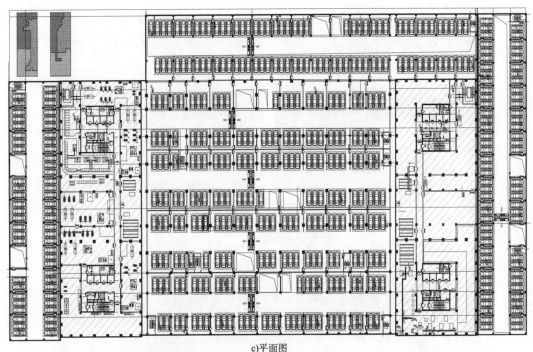

c)平面图

图6-10 西安旺都智能伸缩梳齿技术平面移动类机械式立体停车库平面图

该项目地面层空间有限,并且地下室巷道宽度过窄,无法实现巷道内旋转掉头,由于项目所在区域车流量较大,车辆正进倒出势必影响车辆进出效率,造成周边动态交通拥堵。因此,结合项目实际研发设计了升降机顶部开合转盘装置。

新型智能开合转盘升降机转盘的中心与升降机的中心无须重合,可以任意方向进出车辆,且车辆由开合转盘交换到升降机后,升降机只需下降至一定安全距离,开合转盘就可以旋转到存车方向存下一辆车,无须等待上一辆车存到位并且升降机重新回到出入口再存下一辆车。这样的设计不仅实现了旋转掉头,确保汽车正进正出,而且提高了40%的出入口效率。

该项目地处西安高新区核心区域,周边办公楼林立,通勤停车需求较大,并且该项目周边建设有一座口腔医院,社会停车需求量较大,该停车库的投入使用,有效缓解了周边停车难问题,智能化及自动化系统节省了大量人力物力。

6.3.3 固定梳齿交换技术平面移动类机械式立体停车项目案例

随着近年来我国旅游业的快速发展,景区停车难问题凸显,长春市净月潭国家森林公园近几年的春节和国庆期间,游客数量均在11万人次以上,日均2万人次,并呈连年持续上升趋势,为净月潭国家森林公园带来了巨大的停车压力。

经多次实地勘察和选型分析后,景区决定采用技术先进可靠、存取车速度快的固定梳齿交换技术平面移动类机械式立体停车库。最终,在占地面积为16698.66m^2的土地上,建成1806个车位,平均单个车位占地面积仅为9.246m^2的平面移动类机械式立体停车库。车库配备智慧化停车系统,可实现无人化、智慧化、自动化的停车体验(图6-11)。

图6-11 长春净月潭平面移动类机械式立体停车库

该车库为地上一层、地下三层结构。地上一层为车库出入口及景区配套商业，1806个停车位全部分布于地下三层。车库共分为9套智慧停车系统，系统相互独立、互不影响，并对应26个出入口，可轻松应对高频率存取车需求。26个出入口全部为直进直出模式，驾驶员在驶入和驶离时皆无须掉头或倒车行驶，操作方便，也可有效避免盲区，保障车库使用者的人身财产安全。

车库建成后，可有效改善净月潭的停车压力，缓解游客出行难的顾虑。同时，净月区静态交通基础设备建设的完善，有助于改善净月区区域发展环境，提高区域竞争力和影响力，并间接推动周边居民生活质量的提高，社会和经济效益显著提升。

6.3.4 抱持式平面移动类机械式立体停车项目案例

重庆市水利大厦机械式立体停车楼采用先进的抱持式智能搬运器平面移动类停车设备（图6-12），车库建筑面积3880.2m^2，建筑高度20.85m，共9层，104个车位。

该停车楼为原有建筑地下车库屋面拆除加固后新建的九层全自动机械式立体停车楼，与重庆市水利局主楼间隔0.3m，且主楼与机械停车楼相邻部分墙体均为防火墙。主要功能为满足水利局内部职工通勤需求，且满足部分社会停车需求。根据相关设计要求与条件，建筑的布置尽量避免相互影响，满足国家和重庆市消防要求，满足自然采光、自然通风的要求，充分考虑对内部环境及外部远景的创造和利用；合理处理各种建筑空间的有机组合、过渡，既保证流畅性，又保证多样性。

第6章 机械式立体停车项目案例

a)实例及效果图

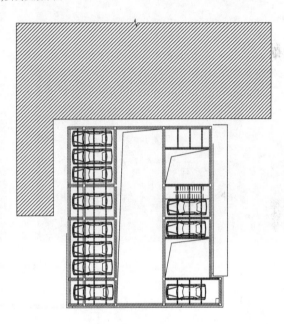

b)搬运器实物图　　　　　　　　　　　c)平面图

图6-12　重庆水利大厦抱持式平面移动类机械式立体停车库

该停车楼项目将原有地下车库屋面部分打通,原车库地下一层一半为机械停车楼设备,一半为原水利局单位食堂,施工改造难度大,设计要求高。外围采用原有绿化围合,保证了临街面绿化面积,充分考虑原始地形地貌,合理布置机械停车楼出入口,有效减少对原建筑及周边绿化的开挖和环境破坏。

为保证上下班高峰期存取车的高效顺畅,该停车楼共配置2个带转盘出入口,保证车辆正进正出;2部垂直升降机;9部平面移动搬运台车;9部抱持式搬运机器人。

6.3.5　梳齿交换与抱持式结合平面移动类机械式立体停车项目案例

济南舜耕山庄平面移动类机械式立体停车库位于济南市市中区舜耕路28号舜耕会展

中心西侧,项目采用BOT模式,由舜耕山庄提供土地、济南城市静态交通管理运营集团有限公司建设,可提供机械式停车位668个,总投资1.3亿元。2017年11月初开建,2019年4月中旬投入使用(图6-13)。

a)出入口实景图

b)车库内部结构图

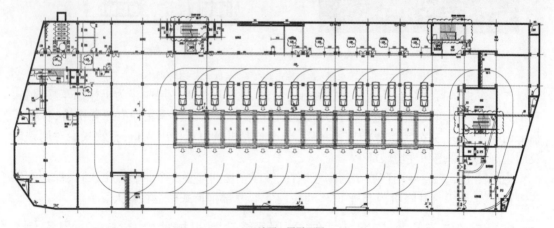

c)地下一层平面图

图 6-13

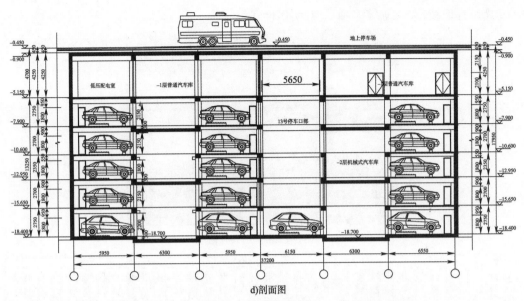

图6-13 济南舜耕山庄平面移动类机械式立体停车库

项目南北长约120m,东西宽约40m,挖深约20m,地上建筑面积282m^2,地下20430m^2。地下空间分为两层,其中地下一层为停车库出入室、设备及管理用房,地下二层为五层全自动平面移动停车设备,由于受地下室内空间高度限制,该项目五层平面移动停车设备中,地下一层、地下二层和地下四层采用固定梳齿交换搬运器,地下三层和地下五层采用抱持式搬运器,共设置16部升降机、20部搬运器,搭载智能控制系统,可实现车辆从入口引导—泊车—缴费—取车全过程智能化操作。

驾驶员驾驶车辆进入地下停车场入口时,自动识别系统对车辆进行车型判断、对泊位及升降机进行预分配和调度,最大限度地提高存取效率,平均存取车时间约为80s,理论清库时间可缩短至45min。

整个车库系统设置超限保护、超时保护、防坠落保护、车辆自动对中、车辆滑移保护等20多项安全措施,保障设备运行的安全性。设备核心元器件采用SEW减速电机、西门子PLC、DANFOSS变频器、SICK激光测距等国际知名品牌,进一步提高了设备运行的稳定性。

6.4 巷道堆垛类机械式立体停车项目案例

6.4.1 地上巷道堆垛类机械式立体停车项目案例

2017年竣工的广东珠海横琴巷道堆垛类机械式立体停车库项目(图6-14),占地面积1663m^2,车库高度16.15m,共5层,276个车位。

该项目采用新型固定梳齿搬运器及堆垛机实现车辆存取。车库共设置有12个进出口,高峰时期无须等待;采用刷卡存取车,方便快捷;车辆驶入存车库后,红外线车身扫描自动开启,如车辆超高、超长、超宽,设备会自动停止存取动作,并有警报响起,保证车辆安全;存车库内设置活物检测设备,人在非安全区域,设备将停止存车动作并有安全警示,保障人身安全;车库可存取轿车、SUV等多种车型,实用性强。

a)外观实景图及内部效果图

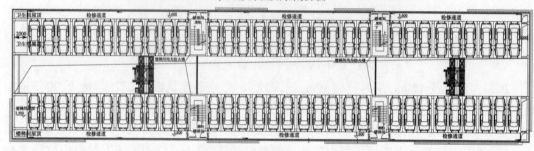

b)平面图

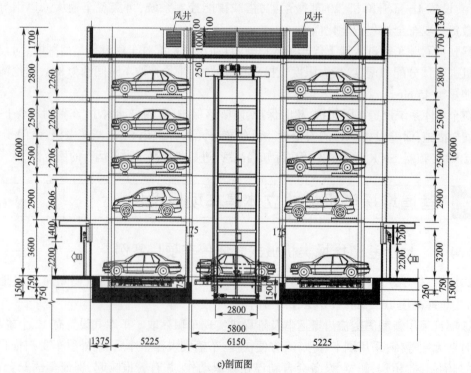

c)剖面图

图6-14 广东珠海横琴巷道堆垛类机械式立体停车库

6.4.2 地下巷道堆垛类机械式立体停车项目案例

2019年竣工的柳州市金谷大厦机械式立体停车库(图6-15),采用抱轮夹举式智能搬运器巷道堆垛类停车设备,车库为地下4层,建筑面积约2377m², 深度约10.7m,共120个车位。该停车库为民间资本投资住宅楼地下全自动机械式立体停车库。

a)实例图及内部结构图

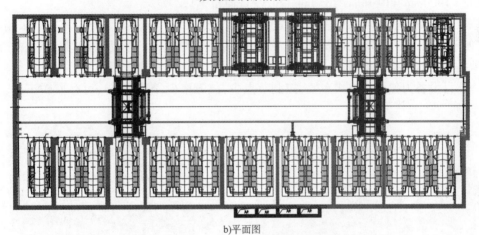

b)平面图

c)剖面图

图6-15　柳州市金谷大厦地下巷道堆垛类机械式立体停车库项目

该停车库项目利用住宅楼旁地下空间建设,合理布置机械停车库出入口,既不影响住宅楼地面进出道路及绿化,又保证了上下班高峰期存取车高效顺畅。该停车库共配置2个出入口,车辆正进正出,2部过渡升降机、2台双柱式堆垛机、2台抱轮夹举式智能搬运器,搭载智能控制系统,可实现车辆从入口引导—泊车—缴费—取车全过程智能化操作。

车辆进入车库入口时,自动识别系统对车型进行判断、对泊位及堆垛机进行预先调度,提高存取车效率。取车率先使用刷脸存取车,同时支持刷卡、指纹存取车模式,收费系统与车库控制系统联动。整个车库系统设置超限保护、防撞保护、防坠落保护等多种安全措施。

6.4.3 单边滚筒重列式巷道堆垛类机械式立体停车项目案例

2017年竣工的兰州市留学生创业园停车库项目(图6-16),占地190m²,停车设备尺寸(长×宽×高)2280mm×6800mm×1160mm,共5层4列(重列)40个车位。容车尺寸:5300mm×1900mm×1950mm/1550mm(SUV/普通轿车)。

该项目采用单边式堆垛机、重列布置、滚筒式搬运实现车辆存取。停取车方式采用直进直出,便于存取,单边式堆垛机及重列布置,更能适应多变复杂的场地,容车数量大,能经济、方便地提高土地及空间使用率。

该项目设备为独立模块式布置,控制节点少,故障率少,维护简单,可存取轿车、SUV等多种车型。

a)实例图

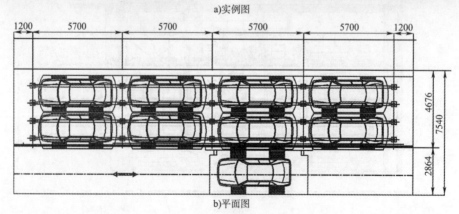

b)平面图

图 6-16

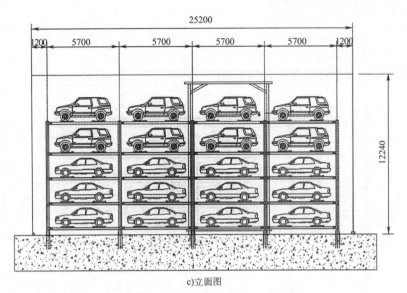

c)立面图

图 6-16 兰州市留学生创业园立体停车库项目

6.5 垂直升降类机械式立体停车项目案例

6.5.1 地下垂直升降类机械式立体停车项目案例

2015年12月竣工的杭州密度桥地下垂直升降类立体停车库项目(图6-17),占地面积141m²,共地下19层,112个车位。

a)实例图

图 6-17

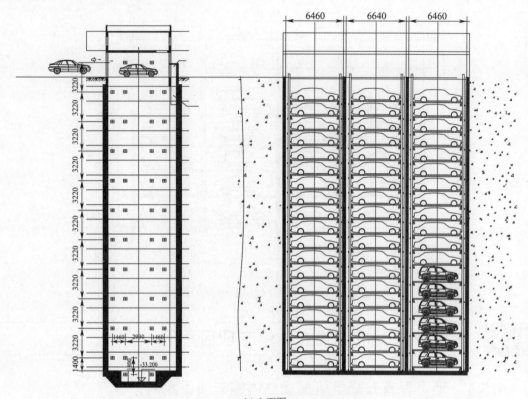

b) 立面图

图6-17 杭州密度桥地下垂直升降类机械式立体停车库

该项目为全国首座全地下沉井式机械车库,为三联井筒式垂直升降类立体停车库,地下设备深度达33.8m,对于土建施工及设备运行都是极大的挑战。

该车库升降设备采用节能变频技术,特有安全平层挂钩、轿厢多重防护功能;采用专利轿厢回转技术,实现回转搬运一体化;独特平层设计,确保出入口安全可靠,光幕定位,精准检测停放车辆;红外动态人员感知系统,确保设备为无人停留;高等级防潮防锈设计,确保地下深井车库的可靠运行;人性化驻车室设计,互动式停车诱导系统,让驾驶员有更好的停车体验;远程监控及远程诊断功能,实时监控车库运行,并对故障预判与维护App对接,发送维护信息。

该项目24小时对社会开放,增加了公共停车泊位供应,缓解了周边停车矛盾,同时因采用全地下形式,地上部分高度小于6m,外立面美观简洁,对周边环境的日照、景观、噪声、尾气等影响较小,存取车方便快捷,提高了市民的生活满意度,成为城市中心区域缓解停车难问题的示范项目。

6.5.2 地上垂直升降类机械式立体停车项目案例

2018年建成投用的南昌团结路公共立体停车库项目(图6-18)是南昌市公共停车场建设的名片,荣获"2018中国十大最美车库"殊荣。

该项目位于南昌市西湖区,南河滩路以南、团结路以东、江西省国土厅南侧,占地面积1668m²,周边以居住区为主,周边停车问题十分严峻。为有效提高土地利用率,采用垂直升降类机械式停车设备,总投资 2992.43 万元,主体结构为地上 25 层塔式立体停车库,建筑高度约 50m,可提供 200 个泊位。

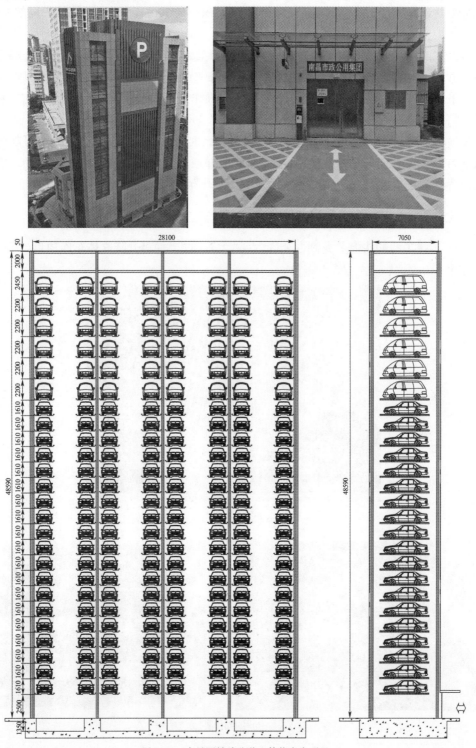

图 6-18 南昌团结路公共立体停车库项目

团结路立体车库分四个标准库,停车层为2~26层,其中2~20层停放小轿车,21~26层停放SUV,首层为车库出入口,顶层为机房层。每个标准库的泊位数为50个(每层2辆),四个标准库共设计车位200个。配套商业总建筑面积约为700m²,地上主体2层,局部3层,其结构形式为钢筋混凝土结构。

该停车库采用全智能化存取运行方式,出入车效率高,前进入库、前进出库,升降采用曳引驱动方式,能源利用率高,运行速度快,垂直升降速度可达110m/min。驾驶员只需将车开进车库下车即可,整个存取车过程完全无须人工操作,停放更安全且不易发生被盗、剐蹭等问题。

该项目运营后,依托南昌市智慧停车运营平台,实现动态信息共享。驾驶员可随时通过手机App查询附近停车场的泊位情况、交通情况并通过定位功能导航到该停车场。取车等候区放置自动售货机、手机充电站等便民设施,提升驾驶员体验。

6.5.3 "大轿厢式"垂直升降类机械式立体停车项目案例

2018年竣工的汕头海关龙湖办公区六层"大轿厢式"垂直升降立体车库项目(图6-19),占地面积610m²,共6层,168个车位。

a)外观实景图

b)内部结构图

图 6-19

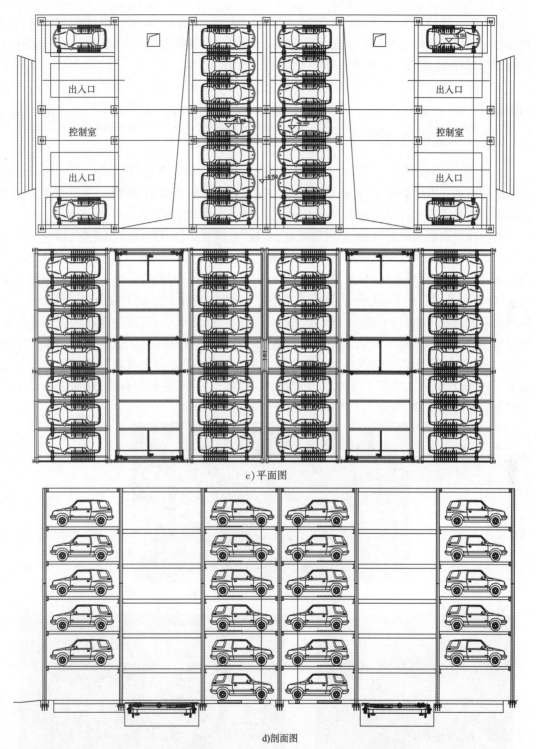

图6-19 汕头海关龙湖办公区六层"大轿厢式"垂直升降立体车库项目

该项目车库呈矩形布置,中间为升降通道,两侧为停车位。轿厢跨度7列,即每层可设置14个机械式车位。

该车库升降轿厢集升降、横移、回转动作为一体，同时运行，可最大限度地缩短运行时间；同时，增加钢丝绳左右平衡机构，保证轿厢升降平稳及偏载状态下仍能保持水平；格栅式外观设计，与周边建筑完美融合。

该项目占地面积小，充分利用空间，在一定程度上缓解了汕头海关单位内部停车难的问题。

6.5.4 圆形垂直升降类机械式立体停车项目案例

2020年11月底建成投用的哈尔滨市省委广场智能立体停车库（图6-20）位于哈尔滨市南岗区花园街与吉林街交叉口，由哈尔滨城房投资管理有限公司出资建设，项目由2座全自动圆形垂直升降式立体停车设备组成，分布于省委广场两侧，地下共计96个车位。

该项目所在地是政府机关、商贸物流业、学校、企事业单位及居民区集聚区，瞬时交通量大，停车矛盾突出；而且可用场地狭小，管线密集，与周边建筑距离近。在解决停车难问题的同时，还要求适应现场条件，尽量减少占地面积，且尽量不影响周边环境。经过多方评估论证，最终确定采用全地下圆形垂直升降类立体停车设备；立体车库地上占地面积仅28m²，停车位全部设置在地下；地下部分直径20.5m，采用四层圆柱形结构，每层在圆周方向辐射形布置12个停车位，采用抱夹式搬运器，可容纳5300mm×1950mm×1550mm/1900mm（地下一层）质量不大于2500kg的汽车。设备采用无机房结构，即地面上及地下最底层均不设置机房，与传统设备相比节省了地上2m的机房高度或地下4m的机房高度，从而进一步压缩了设备所需高度尺寸，减少了土建挖深，保证了周边居民安全。

a)效果图

b)出入口及内部结构图

图 6-20

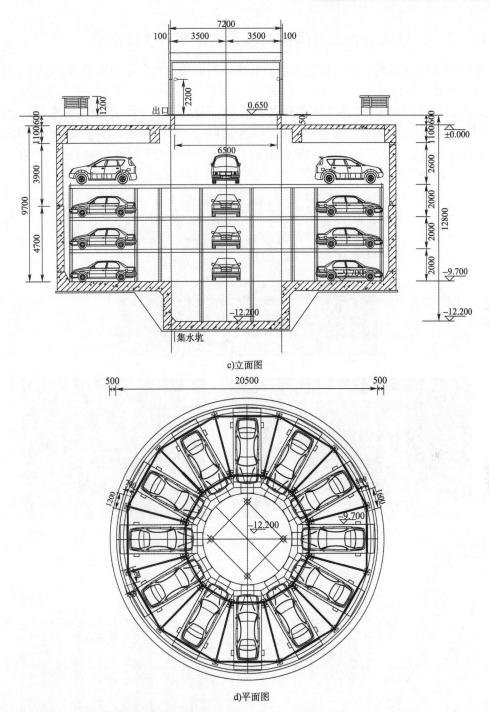

图 6-20 哈尔滨市省委广场智能立体停车库项目

整个车库采用 PLC 控制系统,设有停车检测及停车引导系统、安全保护系统、监控系统、收费管理系统等;地面出入口采用贯通式设置,可一键存取车,存取车均向前开,无须倒车掉头等动作;同时具有智能停车管理功能,车辆在车库出入口停放好之后人员即可离开;对接车牌识别系统和收费管理系统功能,使用人员可自助存取车及缴费,使用方便。

6.5.5 三联圆形垂直升降类机械式立体停车项目案例

2019年2月建成的亚星广场圆形垂直升降类机械式立体停车设备项目(图6-21)位于郑州市上街区登封路以西,中心路以南上街区亚星广场内,主要服务于周边的商业街、大型卖场以及金融、商务公司,车库为圆形高层塔库,由三套完全独立的13层圆形垂直升降类机械式停车设备交接组合,每个设备单元设置2个出口、2个入口,容车数量为100辆,其中36个车位可停放高度不大于2050mm的客车;整个立体车库可停车数量为300辆,首层共12个出入口。一层建筑面积1808m²,车库建筑面积856m²,配套商业建筑面积951m²。

a)实例外景图

b)出入口及内部结构图

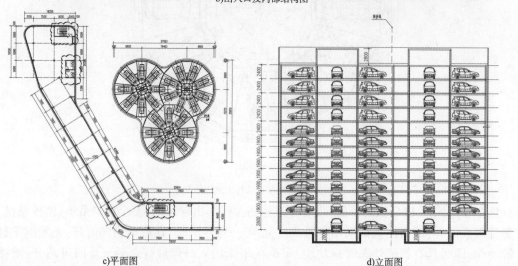

c)平面图　　　　　　　　　d)立面图

图6-21 郑州亚星广场圆形垂直升降类机械式立体停车库项目

该项目设计新颖,造型独特,车库外立面采用钢结构+玻璃幕墙,外观大方美观,与周边建筑协调一致,已成为当地地标性建筑之一。车库内三套相互独立的圆形垂直升降类停车设备可同时运行,存取车时升降机可边升降边回转,节省了存取车时间;地面设置的12个出入口有效化解了在存取车高峰期库前车辆拥堵现象;同时车库的管理系统还配备有手机App车位预约、存放提醒及电子支付等功能,以提高车库使用效率。

该车库建成后改变了周边脏、乱、差的现象,有效缓解了停车难,规范了停车秩序;同时增加了区域商业活力;美化了城市景观。

6.5.6 可充电垂直升降类机械式立体停车项目案例

2019年建成投用的西安纺北路公共停车楼位于西安市灞桥区纺北路地铁一号线半坡站附近(图6-22),占地面积121m²,地上25层,共100个车位。该项目采用双曲柄存取车板机构,用以提升设备取送车板的平稳性,确保回转过程中加减速平稳,在保证车辆安全的情况下,可有效减少回转时间。

该项目提供立体车库新能源充电解决方案,当载车板及其上部汽车被车库搬运装置运送至停车位过程中,在最终水平搬运阶段,充电移动对接件与充电固定对接件进行对接。届时,对接件内含有的充电机电源检测单元进行对接检测,检测通过后,充电机开始对汽车进行充电。为确保充电过程安全,该车库装备有完善的充电保护装置,如漏电保护、接驳件温度监测、收线终端温度检测、枪座温度检测、充电枪头温度检测、接驳件长短针设计、过流、过压保护等功能。该车库可实现与西安城市停车平台的规范性数据对接,通过城市停车平台对接实时立体车库停车数据,实现对车库基本信息、泊位数量、停车数量数据的远程管理。

a)外观实景图及内部结构图

图 6-22

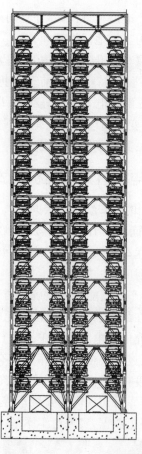
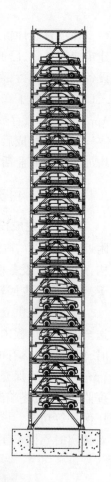

b)充电示意图　　　　　　　　　　　　c)立面图

图 6-22　西安纺北路立体停车楼项目

6.5.7　多列联动梳齿式垂直升降类机械式立体停车项目案例

河南省人民检察院立体停车库项目，位于河南省郑州市金水区郑汴路 134 号。随着机关办案力度加大，各部门业务量激增，院内车辆停放困难，停放秩序混乱，极大影响了检察院的形象和工作效率。

根据安全、高效、便捷和低能耗的指导原则，该项目采用智能 10 层多列联动梳齿式垂直升降类机械式立体停车设备（图 6-23），并于 2016 年 12 月投入使用。设备总占地面积 550m²，共分 6 个控制区，每个控制区停放车位 39 个，总车位数 234 个，是原有平面车位容车数量的 6 倍。车库四层及以下可停放 SUV 车型，五层及以上适停车型为特大型车。

设备采用链条 8 吊点升降装置，牵引电机通过万向节传动轴带动链条，同时以四立柱作为升降导轨，采用包胶轮进行升降运行导向，既优化了设备结构，改善了受力条件，又降低了设备运行噪声，提高了运行稳定性。

梳齿交换技术的使用，使设备运行机械动作更简捷，存取车效率更高。基于摩擦传动的无动力载车板设计，使存放车辆的载车板在导向槽的限制下只简单横移运行。不做升降运行，存放车辆更安全，维护更便捷。

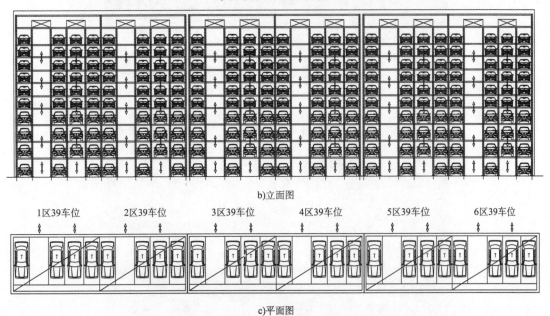

图 6-23 河南省人民检察院立体停车库项目

设备以 PLC 作为下位机控制核心,连接各传感器实现位置检测,通过矢量控制变频器实现速度调节。控制系统采用模块化结构，分为门禁管理系统、车位显示系统、出入库控制系统、监控管理系统、安全运行系统等。用户只需将车辆停入出入口，设备自动将车辆搬运停放至适合的车位。完备的检测装置采集设备运行过程中的各项数据，为设备的稳定运行和智能化管理提供数据支撑，同时为云平台的接入及智慧城市建设预留了实施条件。

6.6 垂直循环类机械式立体停车项目案例

6.6.1 项目概况

2020年底竣工的东莞市人民医院智能垂直循环类机械式立体停车场项目（图6-24），占地面积7840m^2，设备占地3785m^2，共建设53组共计1008个垂直循环类机械式立体停车位。通过地面停车场的"平改立"，停车泊位增容近5倍，有效提高了土地和空间的综合利用率。

a) 实例图

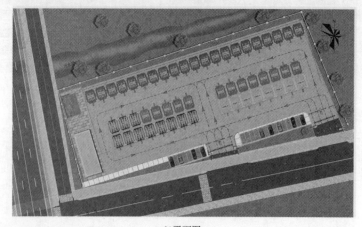

b) 平面图

图 6-24

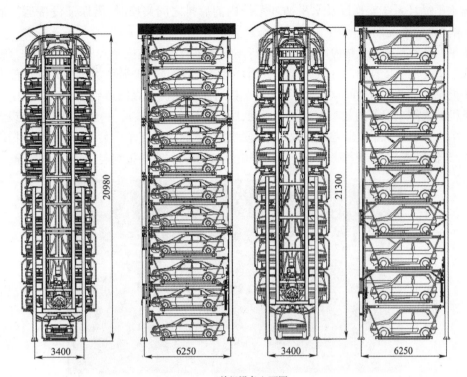

c)单组设备立面图

图 6-24 东莞市人民医院智能垂直循环类机械式立体停车场项目

6.6.2 项目展示

项目采用减速电机通过链轮链条驱动提升大链条,进而带动载车盘做垂直循环运动,实现车辆有序存取。停车设备一机一口,独立运行,由 PLC 进行智能控制。高强度主体框架和完善的安全配套装置,使人、机、车的安全性均得到可靠保障。停车场科学合理布局交通流线,冗余设计安全通道和三个双向出入口,实现车辆与交通主干道的快速交汇,满足停车场存取车高峰期的吞吐流量,方便快捷。蜂巢式外立面装饰设计,艺术造型精巧新颖,简约时尚、别具一格,是结构力学与美学的完美结合。

6.7 水平循环类机械式立体停车项目案例

6.7.1 项目概况

2002 年竣工的韩国首尔金乌大厦水平循环类机械式立体停车设备项目(图 6-25),占地 286m²,车库高度 5.3m,共 2 层 28 个车位,共设置 1 个出入口。

6.7.2 项目展示

该项目的难点在于:载车板承载车辆随升降系统或水平循环系统运动过程中,车辆在升降机与水平循环系统交换以及水平循环系统内前后排之间交换时,需保证设备运行的平稳性、停靠位置的准确性。

水平循环类机械式立体停车设备的运行不同于垂直循环类机械式停车设备,垂直循环类机械式停车设备在竖直面内可做连续垂直循环运动,本项目水平循环类机械式立体停车设备的载车板在水平平面内做间歇运动,目标载车板通过升降机垂直搬运到出入口处。由于水平循环类机械式停车设备的载车板为间歇运动,所以存取车时间较长,一般设备不适宜设置停放较多汽车。本项目采用刷卡方式存取车,方便快捷;车辆驶入存车厅后,红外线车身扫描自动开启,如车辆超高、超长、超宽,设备会自动停止存取动作,并有警报响起,保证车辆安全。

a)实例图

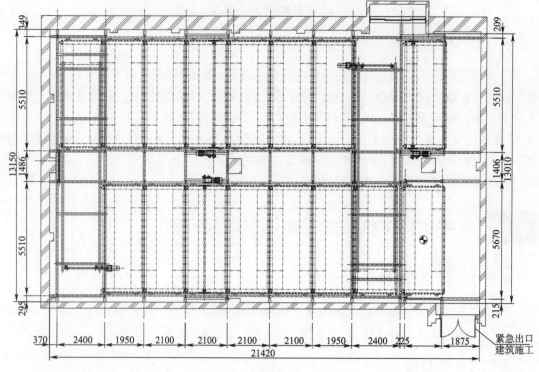

b)平面图

图 6-25

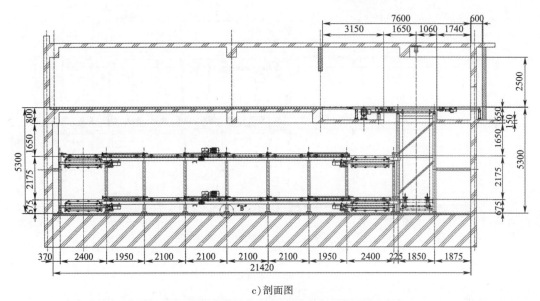

c）剖面图

图 6-25　韩国首尔金乌大厦水平循环类机械式立体停车库项目

该项目可自动存取车辆，不需设置行车道，可充分利用车道空间，省去了原平面停车的进出车道，提高了土地利用率。同时，此车库也是最为节省空间的设备类型，车位可以占满整个地下空间。采用封闭式结构，将放置车辆的载车板在同一平面做次序的排列，载车板做平移循环的运动，由于车辆存取在出入口完成，停车设备自动运行代替了驾驶员在车道内的驾驶。

本项目采用此类停车设备不仅提高了地面的利用率，还减少了废气排放，减少了污染，降低了安装通风装置的费用。

6.8 多层循环类机械式立体停车项目案例

6.8.1 项目概况

2010年竣工的上海"源创"创意园多层循环类机械式立体停车库（图6-26），占地面积140m²，共2层16个车位。

a）设备内部图

图 6-26

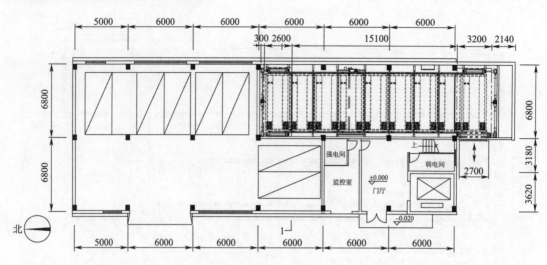

b) 车库一层平面图

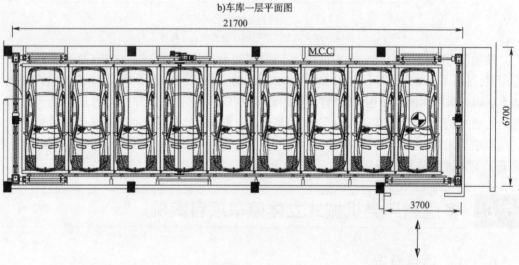

c) 车库二层平面图

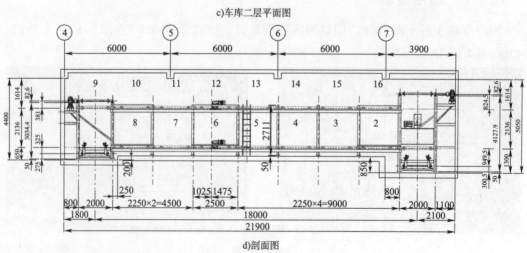

d) 剖面图

图 6-26 上海"源创"创意园多层循环类机械式立体停车库项目(尺寸单位:mm)

6.8.2 项目展示

该停车库项目由工厂办公楼改造,工厂唯一可利用的空地是一处长度不足22m、宽度6.7m的狭长地块,无法用作平面停车场,新建机械式立体停车库可采用的方案中仅多层循环类设备较为合适。该车库配置主、副2个升降机,主升降机作为车辆存取、层与层之间循环的通道,副升降机只作为层与层之间车辆循环的通道。该车库在无法解决平面停车的地块上增加16个停车位,有效地利用了立体空间,为企业解决了停车难题。此类停车库最适宜建于地形细长且地面只允许设置一个出入口的场所,如建筑物的地下室、广场、便道的地下,以及高架桥下方,而且出入口位置可以取决于项目的总体布置。

6.9 汽车专用升降机项目案例

6.9.1 项目概况

2020年9月投入使用的甘肃武威署东巷地下车库项目(图6-27),总投资3917.16万元,总建筑面积3383.66m²,地下为三层升降横移类停车设备,108个停车位,通过4台汽车专用升降机实现车辆垂直搬运功能,升降机运行速度30m/min。

a)效果图

b)出入口实景图

图 6-27

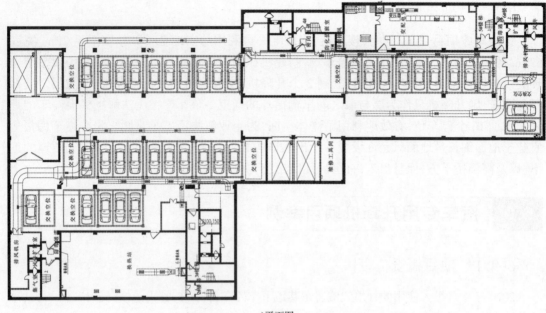

c)平面图

图 6-27 甘肃武威署东巷地下车库

6.9.2 项目展示

该项目升降机的动力采用永磁同步电机加曳引驱动,通过钢丝绳传动实现载车轿厢的高速平稳升降。设备具有防过载保护功能,当轿厢的负重超过额定负荷值时,设备会自动报警,并停止运行。这样可以保护设备在额定负载下运行,防止超载运行带给设备的损耗,使设备运行更长久、更安全,也避免了因过载发生的各种事故。

汽车专用升降机与停车收费管理系统对接。存车时,系统识别到车辆,开启入口自动门,车辆驶入并根据提示停稳车辆,驾驶员在轿厢内按"下降"键;轿厢下降到位后,出口自动门开启,车辆驶出,驾驶员驾驶车辆寻找合适的车位。取车时,驾驶员扫描缴费二维码,输入车牌号进行缴费,系统接收到缴费信息后开启出口自动门,车辆驶入;驾驶员在轿厢内按"上升"键;轿厢升至地面层,入口自动门开启,驾驶员驾驶车辆离开。整个过程,驾驶员无须下车操作,使用方便快捷。

该项目中汽车专用升降机替代汽车进出车库的自走式坡道,节省了宝贵的车库空间,并降低了建造成本,提高了车库的利用率。

6.10 AGV 停车机器人项目案例

6.10.1 台板式 AGV 停车机器人项目案例

阿拉伯联合酋长国阿布扎比 Khalid Building 是一座高层住宅楼,占地面积仅 802.75m²,预留地下 3 层为停车库。该住宅车库的通道狭窄且不规则,局部宽度仅 2.4m,无法实现双向自走式通道布局;该住宅车库的立柱宽大,若铺设车位,多个车位将被立柱和墙体前后阻挡;且能设计为出入口的区域太小,以及整体建筑配套的通风管、排水管、消防等安装完后,只能提供极少数的自走式车位,也几乎没有合适的空间用来作为普通机械式停车位。

该项目采用台板型 AGV 机器人停车方案后(图 6-28),在狭窄、复杂、原本只能停极少数车位的地下空间,创造出 83 个停车位。台板型 AGV 机器人可在通道狭窄、不规则的区域横向移动,无须预留转弯区域;台板型 AGV 的搬运方式,可解决重列车位上的车辆存取难题,也充分利用了场地资源。在被管道、立柱和墙体阻挡的位置,根据原本空间规则进行车位排布。

6.10.2 项目展示

由于该车库空间有限,车位密度大,重列车位多,系统在存取重列车位时需预先将其外侧的汽车搬运至指定缓存位。通常,缓存车位的选址要求其到所有车位的路程尽可能短,环境复杂时需要配备多组缓存位才能达到高效缓存的目的。同时,缓存车位的设置将占用常规车位空间,导致整体车位数减少。该项目创新设置动态缓存机制,基于特殊的算法和调度规则,实现在无须预留常规车位空间的情况下,自动创建最优临时缓存位,最大限度地缩减 AGV 搬运汽车所需的缓存时间。

a)外观实景图及内部布局图

图 6-28

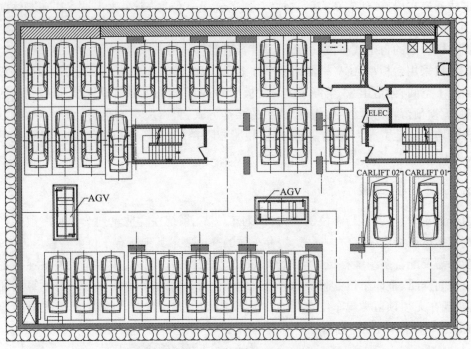

b) 平面图

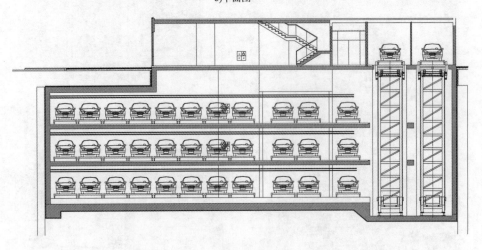

c) 立面图

图 6-28　AGV 停车机器人项目

　　该项目独创的分布式协同工作机制管理调度方案,基于特殊的管理和调度规则,在自动化的软件管理策略中加入了差异化的策略方程,实现多样化的协同和避让方案,进而实现多台 AGV 机器人在狭小空间内的高效协同工作。利用台板型 AGV 机器人的自旋功能,实现车辆的正进正出。

　　该类型车库尤其适用于复杂场地环境的停车位创造和增加,除此项目外,目前已在新加坡 Robinson Tower 停车场、南京夫子庙地铁 P+R 停车场、洛阳市府西街与太康路停车场等项目中广泛应用,将原本不可能停车的地方变为可停车,将原本只能提供极少数车位的地方变为拥有可观车位数的停车场,增量效益显著。

6.10.3 梳齿式 AGV 停车机器人项目案例

南京夫子庙地铁 P + R 停车库项目(图 6-29)位于南京夫子庙商业繁华地段,紧邻健康路与平江府路丁字路口,周围有地铁出入口和公交站,车流、人流量较大。原地铁上配套物业建筑后,无法提供传统停车位。最后利用地下夹层不规则空间,通过 2 台梳齿式 AGV 停车机器人配套 2 台带回转功能的升降机系统完成汽车存取,新增 57 个停车位,缓解了大楼的停车压力。

a)外观实景及内部结构图

图 6-29

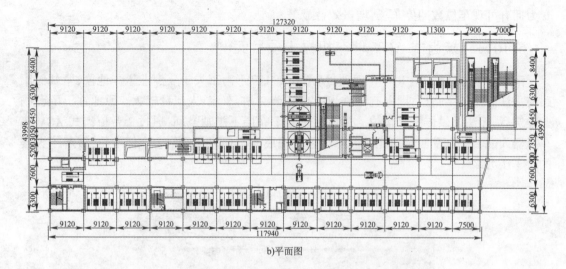

b) 平面图

图 6-29　南京夫子庙地铁 P+R 停车库项目

该项目 2016 年 9 月通过验收，为商用梳齿式 AGV 停车机器人项目。采用梳齿式 AGV 停车机器人搬运方式，梳齿式 AGV 停车机器人可以 360°全向运行，采用混合导航方式（激光引导+磁钉引导），定位精度达±5mm。梳齿式 AGV 停车机器人的工作原理是外梳齿固定，内梳齿设置在 AGV 上，可进行上下运动，通过 AGV 的上下升降运动即内梳齿的上下运动实现车辆的交接。每个车位设有固定的梳型架，需对地面打孔，出入口需设置停车梳型架，既有固定的外梳，又有可以升降运动的外梳架。梳齿式 AGV 停车机器人对汽车停放姿态要求低，仅需前轮压靠到前轮阻挡装置即可，后续由设备自行进行校正。

梳齿式 AGV 停车机器人控制系统是 AGV 系统的核心。其主要功能是对 AGV 系统中的所有梳齿式 AGV 停车机器人单机进行任务管理、车辆管理、交通管理、通信管理等。

本项目中 2 台梳齿式 AGV 停车机器人及 2 台升降机通过交通管理调度系统，达到协同作业的功能，还可以通过软件自主学习，让梳齿式 AGV 停车机器人在空闲时自动充电并把存在远端的汽车搬到出入口附近，减少用户取车等候时间，具有智能、快速、安全的特点，自动存取车模式有现场刷卡、扫码、车牌及远程微信 App 等。

6.11　商用车专用机械式立体停车项目案例

6.11.1　垂直升降类机械式公交车立体车库案例

2018 年竣工的广东东莞新能源充电公交车立体车库项目（图 6-30），占地面积 80m²，车库高度 60m，采用垂直升降类机械式立体停车设备，共存放 23 台新能源充电公交车。

该新能源充电公交车立体车库相比于通常的垂直升降类机械式车库，由于车辆的特殊原因，对载重、防火等要求更高，设计难度大，规范要求更高。

该项目在原本仅能停放三辆新能源公交车的平面位置，通过建设机械式车库，新增泊位 20 个，共存放 23 辆新能源公交车，土地利用率大大提高。该项目还可以手机预约存取车，进行有线和无线两种充电方式,实时查询充电情况,通过波峰谷调节充电,更加高效节能。

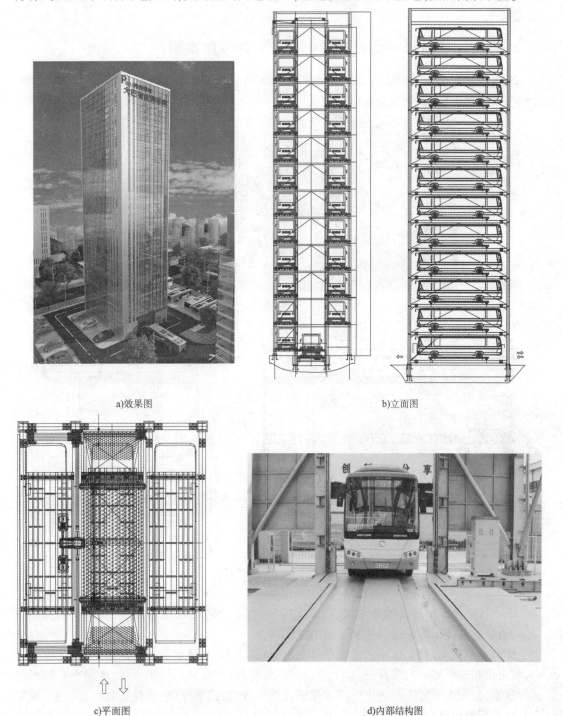

图6-30 广东东莞新能源充电公交车立体车库

该项目通过向空间要车位的方式建造机械式立体公交车库,能够为城市新能源公交车停车难找到有效的破解方案,对于新能源公交车库的广泛应用及推广起到示范作用。随着绿色新能源公交车库在城市公共交通中的广泛应用,带充电功能的公交车库应用前景将更加广泛。

6.11.2 巷道堆垛类机械式公交车立体车库案例

2018年竣工的山东潍坊智能公交巷道堆垛类机械式车库项目(图6-31),占地面积315m^2,共设置4层13个公交客车车位。

a)实例图

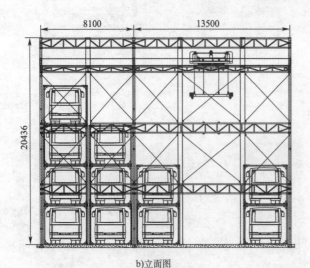

b)立面图

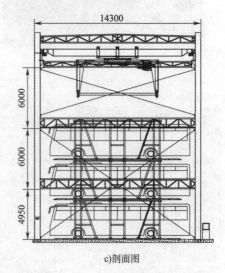

c)剖面图

图6-31 巷道堆垛类机械式公交车立体车库

该项目适停车辆较大的外形尺寸、较大的质量、不合理的轮胎承重、没有现成的规范可参照,给公交立体车库的设计带来了空前的困难。

针对上述现实问题,该项目采用单排布置,节省空间,对场地有较好的适应性;无框架结构,利用轿厢进行搬运和堆存;驱动上置,将升降、横移、纵移和回转于一体,使设备有较高的运行效率,公交车辆可正面进出也可采用侧面进出方式;设置充电、维保工作电梯,便于对每个车位进行充电管理和设备维护。

该智能公交立体车库是针对目前普遍存在的公交车停车场不足、旅游景区大客车停放难、平面公交车停车场占地面积大、新能源公交车充电困难等问题而建设,可有效缓解城市公交车辆无处存放和充电的难题。

6.11.3 平面移动类公交车立体车库案例

2018年竣工的北京二通公交场站机械式立体停车设备项目(图6-32),占地面积3770m²,车库高度28.9m,共4层,125个车位。

a)外观实景图

b)车库内部实景图

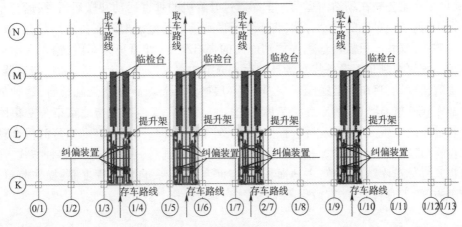

c)一层平面图

图 6-32

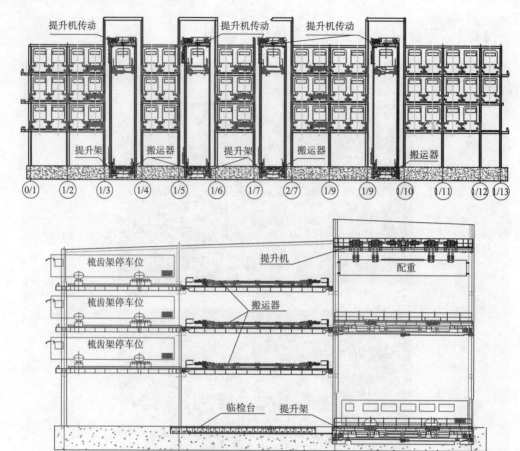

d) 剖面图

图 6-32 北京二通公交场站机械式立体车库

该项目为梳齿式平面移动立体车库，车库共有 4 个入口和 4 个出口，车辆出入流线分离，能满足多线路公交在场站内运营。车库通过升降机的垂直运动和搬运器、搬运台车平面往复联合运行，实现车辆的自动存取，将车辆运送到指定的梳齿架停车位或终端存、取位置。在存车过程中，驾驶员只需将车辆停放到库内的提升架上，即可离开车库，输入入库指令后车库管控系统可控制车库设备将车辆自动存入选定的空置停车位上。取车时，搬运器、搬运台车与提升机联动，将车辆运送至一层，再由一层搬运器将车辆运送至临检台，驾驶员在临检台完成车辆检查，驾驶车辆出库。车库的公交立体车库管控系统与北京市公交集团公交车调度管控系统实现无缝对接，可远程控制车库车辆的存取、调度。在非高峰时段合理调配车辆库位，保证车辆调度顺畅。车辆存取支持调度计划、刷卡、手机 App 等多种方式。

梳齿式立体车库结构简单，占地面积小，空间利用率高，自动化程度高，操作简单，车辆出入管理方便，省时省力，能有效保障车辆安全，节省投资。

附 录 A

《机械式停车设备 分类》（GB/T 26559—2011）主要适停车辆尺寸及质量

组别	车 型	长(mm)	宽(mm)	高(mm)	质量(kg)	轴距(mm)
X	奥迪 A1	3950	1740	1420	1235	2470
	MINI COOPER CABRIO 2011 款	3723	1683	1414	1205	2467
	MINI 2018 款 1.5T COOPER SEVEN 纪念版	3832	1727	1450	1240	2495
	MINI 2018 款 2.0T COOPER S 艺术家	3853	1727	1450	1291	2495
	MINI 2020 款 2.0T COOPER S 经典派	3853	1727	1450	1273	2495
	上汽大众 Polo Plus 1.5L 手动	4053	1740	1449	1145	2564
	上汽大众 Polo Plus 1.5L 自动	4053	1740	1449	1190	2564
	上汽大众 Polo 2019 款 Plus 1.5L 手动全景乐享版	4053	1740	1449	1145	2564
	上汽通用五菱宝骏 310 2019 款 1.2L 自动舒适型	4051	1707	1450	985	2550
	上汽通用五菱宝骏 310 2020 款 1.2L 手动超值型	4032	1680	1450	985	2550
	东风标致 206	3873	1673	1435	1050	2443
	江铃集团新能源 E100B	3427	1565	1450	830	2260
	吉利汽车优利欧	4180	1680	1450	880	2440
	吉利汽车自由舰	4267	1680	1440	1048	2434
	马自达 MX-5 2018 款 2.0L RF 铂钢灰	3915	1735	1245	1135	2310
Z	奥迪 A3 2020 款 Sportback 35 TFSI 风尚型国Ⅵ	4312	1785	1426	1340	2629
	奥迪 A3 2020 款 Sportback 35 TFSI 运动型国Ⅵ	4321	1785	1426	1340	2629
	奥迪 A3 2020 款 Limousine 35 TFSI 风尚型国Ⅵ	4457	1796	1417	1345	2629
	奥迪 A3 2020 款 Limousine 35 TFSI 运动型国Ⅵ	4462	1796	1417	1345	2629
	东风本田-思域 2021 款 HATCHBACK 220TURBO CVT 新锐控	4517	1799	1434	1343	2700
	广汽丰田-雷凌 2021 款 185T CVT 运动版	4640	1780	1435	1370	2700
	上汽大众-Polo 2019 款 Plus 1.5L 自动全景乐享版	4053	1740	1449	1190	2564
	马自达昂克赛拉 2020 款 1.5L 自动质型版	4662	1797	1445	1337	2726
	马自达昂克赛拉 2020 款 2.0L 自动质尊版	4662	1797	1445	1355	2726
	起亚 K3 2019 款 1.4T DCT GT-Line 智享运动版	4660	1780	1450	1265	2700
	菲斯塔 2019 款 280TGDi 智尊版国Ⅴ	4660	1790	1425	1385	2700

续上表

组别	车型	长(mm)	宽(mm)	高(mm)	质量(kg)	轴距(mm)
Z	领动2020款1.4T双离合炫动·旗舰型	4610	1800	1450	1319	2700
	斯巴鲁BRZ 2020款2.0L手动type-RS版	4240	1775	1320	1237	2570
	宝骏310 2020款1.2L手动超值型	4032	1680	1450	985	2550
D	雷克萨斯IS 2017款300 领先版	4680	1810	1430	1650	2800
	雷克萨斯IS 2017款300 豪华版	4680	1810	1430	1650	2800
	雷克萨斯UX 2020款200 特别版	4495	1840	1540	1510	2640
	雷克萨斯UX 2020款260h 探享版	4495	1840	1540	1585	2640
	雷克萨斯CT 2017款CT200h 精英版双色国Ⅵ	4360	1765	1455	1440	2600
	雷克萨斯CT 2017款CT200h 舒适版双色国Ⅵ	4360	1765	1455	1440	2600
	雷克萨斯CT 2017款CT200h F SPORT双色国Ⅵ	4360	1765	1455	1440	2600
	奥迪A5 2020款Coupe 45 TFSI quattro运动型国Ⅵ	4700	1846	1331	1615	2770
	奥迪A5 2020款Cabriolet 45 TFSI quattro运动型国Ⅵ	4700	1846	1350	1650	2770
	奥迪A4L 2020款40 TFSI豪华致雅型	4851	1847	1439	1615	2908
	奥迪A4L 2020款45 TFSI quattro臻选动感型	4858	1847	1411	1685	2908
	奥迪Q2L 2020款35 TFSI进取动感型	4236	1785	1548	1405	2628
	奥迪Q2L 2020款35 TFSI豪华致雅型	4229	1785	1548	1405	2628
	宝马3系2020款330i M运动曜夜套装	4719	1827	1459	1615	2851
	宝马3系2020款330i XDRIVE M运动曜夜套装	4829	1827	1463	1650	2961
	宝马1系2020款120i 时尚型	4456	1803	1146	1350	2670
	宝马1系2020款120i M运动套装	4462	1803	1146	1398	2670
	宝马1系2020款125i M运动套装	4462	1803	1148	1405	2670
	奔驰A级2020款改款A 180L运动轿车特殊配置	4622	1796	1454	1350	2789
	奔驰A级2020款改款A 200L运动轿车动感型	4622	1796	1454	1398	2789
	奔驰A级2020款改款A 220L 4MATIC运动轿车	4622	1796	1462	1405	2789
	英菲尼迪2018款Q50L 2.0T舒适版国Ⅵ	4867	1823	1456	1677	2898
	英菲尼迪2018款QX30 1.6T两驱运动版	4425	1815	1505	1514	2700
	英菲尼迪2018款QX30 1.6T四驱极限版	4425	1815	1505	1514	2700
	英菲尼迪2018款QX30 2.0T四驱运动版	4425	1815	1505	1594	2700
	英菲尼迪2018款QX30 2.0T四驱极限版	4425	1815	1505	1608	2700
	凯迪拉克CT4 2020款28T时尚型	4760	1815	1421	1535	2775
	凯迪拉克CT4 2020款28T精英型	4760	1815	1428	1540	2775
	沃尔沃S60 2020款T3智行豪华版	4761	1850	1437	1535	2872
	沃尔沃S60 2020款T4智远运动版	4761	1850	1437	1640	2872

续上表

组别	车型	长(mm)	宽(mm)	高(mm)	质量(kg)	轴距(mm)
D	沃尔沃 S60 2020 款 T5 智雅运动版	4761	1850	1437	1685	2872
	沃尔沃 V60 2020 款改款 T4 智逸豪华版	4761	1850	1432	1677	2872
	东风本田-享域 2019 款 180TURBO CVT 耀享版国 VI	4756	1804	1509	1266	2730
	东风本田-杰德 2020 款 1.8L 自动经典版	4667	1775	1530	1409	2760
	广汽丰田-YARiS L 致炫 2020 款 1.5L CVT 豪华版	4160	1700	1495	1115	2550
	广汽丰田-雷凌双擎 E＋2019 款 1.8PH V E-CVT 豪华版	4645	1775	1480	1540	2700
	广汽丰田-凯美瑞 2019 款改款 2.0E 精英版	4885	1840	1455	1530	2825
	一汽丰田-威驰 2019 款 1.5L CVT 创行版	4420	1700	1490	1105	2550
	一汽丰田-威驰 FS 2019 款 1.5L CVT 锋驰版	4140	1700	1495	1115	2550
	一汽丰田-卡罗拉 2021 款 1.2T S-CVT 先锋版	4635	1780	1455	1335	2700
	一汽丰田-卡罗拉双擎 E＋2019 款 1.8L E-CVT 领先版	4635	1775	1470	1535	2700
	一汽丰田-亚洲龙 2019 款 2.0L 进取版国 VI	4975	1850	1450	1575	2870
	东风日产-骐达 TIIDA 2020 款 1.6L CVT 智尊版	4393	1766	1524	1259	2700
	东风日产-轩逸 2020 款改款 1.6L TOP CVT 奢享版	4641	1815	1447	1288	2712
	东风日产-蓝鸟 2020 款 1.6L CVT 智联高能版	4683	1780	1465	1260	2700
	东风日产-天籁 2020 款改款 2.0T XV AD1 智尊领航版	4901	1850	1447	1601	2825
	长安福特-福克斯 2020 款三厢 EcoBoost 180 自动 ST Line	4671	1810	1454	1416	2705
	长安福特-福克斯 Active 2020 款 EcoBoost 180 自动劲耀型	4397	1848	1504	1422	2705
	长安福特-福睿斯 2019 款改款 1.5L 自动臻享型国 VI	4587	1825	1490	1345	2687
	东风雪铁龙-雪铁龙 C4L 2019 款 350THP 自动领先型	4675	1780	1500	1420	2710
	东风雪铁龙-爱丽舍 2018 款改款 1.6L 自动时尚型	4427	1748	1476	1200	2652
	东风雪铁龙-雪铁龙 C3L 2020 款 190THP 自动睿升版	4505	1748	1513	1190	2655
	东风标致-标致 301 2018 款 1.6 自动舒适版	4442	1748	1476	1200	2652
	东风标致-标致 308 2019 款 230THP 自动豪华版国 VI	4590	1820	1488	1320	2675
	东风标致-标致 408 2020 款 230THP 十周年质趣版	4750	1820	1488	1325	2730
	东风标致-标致 e2008 2020 款锋尚版	4312	1785	1545	1570	2612
	上汽通用雪佛兰-畅巡 2020 款星享版	4665	1813	1513	1660	2660
	上汽通用雪佛兰-科鲁泽 2020 款轻混 Redline 320T 双离合欢快版	4614	1798	1485	1265	2640
	上汽通用雪佛兰-科沃兹 2020 款 325T 自动欣悦版	4474	1730	1471	1120	2600
	上汽大众-桑塔纳 2019 款 1.5L 自动风尚版国 VI	4475	1706	1469	1155	2603
	上汽大众-朗逸 2019 款 1.5L 自动风尚版国 VI	4670	1806	1474	1265	2688
	上汽大众-凌渡 2019 款 230TSI DSG 风尚版国 VI	4615	1826	1425	1325	2656

续上表

组别	车型	长(mm)	宽(mm)	高(mm)	质量(kg)	轴距(mm)
D	上汽大众-帕萨特2020款280TSI商务版国Ⅵ	4933	1836	1469	1455	2871
	一汽大众-宝来2020款1.5L自动时尚型	4663	1815	1462	1285	2688
	一汽大众-高尔夫2020款挚爱版200TSI DSG 舒适型进取版	4259	1799	1476	1285	2637
	一汽大众-速腾2020款200TSI DSG 时尚型国Ⅵ	4753	1800	1462	1330	2731
	一汽大众-C-TREK蔚领2020款1.5L自动时尚型	4559	1793	1487	1315	2614
	大众(进口)-高尔夫(进口)2019款1.8TSI旅行版	4578	1799	1515	1456	2630
	大众(进口)-蔚揽2018款280TSI两驱舒行版	4767	1832	1501	1477	2791
	上汽通用别克-凯越2020款15N CVT精英型	4468	1765	1469	1070	2611
	上汽通用别克-威朗2020款15T自动进取型	4723	1802	1466	1310	2700
	上汽通用别克-英朗2021款典范1.5L自动进取型	4609	1798	1464	1270	2640
	上汽通用别克-阅朗2019款18T自动互联精英型国Ⅵ	4539	1798	1475	1285	2640
	上汽斯柯达-明锐2019款1.5L自动智行舒适版国Ⅵ	4675	1814	1460	1245	2686
	上汽斯柯达-昕动2020款1.5L自动标准版	4312	1706	1475	1155	2603
	上汽斯柯达-昕锐2020款1.5L自动标准版	4512	1706	1469	1155	2603
	马自达阿特兹2020款2.0L蓝天尊贵版	4870	1840	1445	1527	2830
	马自达阿特兹2020款2.5L蓝天至尊版	4870	1840	1451	1575	2830
	马自达CX-30 2020款2.0L自动质悦型	4395	1797	1545	1442	2653
	马自达CX-30 2020款2.0L自动雅悦型	4395	1797	1545	1442	2653
	捷达VA3 2019款1.5L手动悦享版	4501	1704	1479	1125	2604
	捷达VA3 2019款1.5L自动荣耀版	4501	1704	1479	1155	2604
	名爵6 2020款1.5T手动领潮风尚版	4704	1848	1466	1300	2715
	名爵6 2020款1.5T自动领潮风尚版	4704	1848	1466	1335	2715
	领克03 2021款2.0TD自动劲Plus	4657	1840	1472	1570	2730
	领克03 2021款03+2.0TD自动冠军定制版	4692	1840	1461	1615	2730
	铃木启悦2018款1.6L自动Pro版尊享型	4545	1730	1475	1120	2650
	KX CROSS 2019款1.6L自动灵动天窗版国Ⅴ	4240	1750	1505	1175	2600
	焕驰2020款1.4L自动精英互联版	4300	1700	1460	1060	2570
	起亚K2 2019款三厢1.6L AT Premium国Ⅴ	4400	1740	1460	1145	2600
	福瑞迪2019款1.6L自动智享互联版国Ⅴ	4510	1750	1470	1180	2650
	凯神2019款1.6T自动GLS	4720	1815	1465	1465	2770
	瑞纳2020款1.4L自动跃劲版	4300	1705	1460	1020	2570
	悦纳2020款1.4L CVT精英版TOP	4405	1720	1455	1120	2600

续上表

组别	车型	长（mm）	宽（mm）	高（mm）	质量（kg）	轴距（mm）
D	悦动2020款1.6L自动悦心版DLX	4510	1765	1470	1190	2650
	逸行2018款1.6L自动逸心型国V	4405	1750	1470	1207	2650
	逸行2018款1.4T双离合逸尚型国V	4405	1750	1485	1248	2650
	名图2017款1.6T自动旗舰型TOP国V	4710	1820	1470	1479	2770
	斯巴鲁-力狮2020款改款2.5i全驱风尚版	4815	1840	1500	1567	2750
	长安悦翔2019款1.4L手动尊贵型国Ⅵ	4390	1725	1490	1050	2535
	长安悦翔2019款1.5LDCT尊贵型国Ⅵ	4390	1725	1490	1095	2535
	长安逸动2020款PLUS 1.6L GDI自动豪华型	4730	1820	1505	1322	2700
	长安逸动2020款PLUS蓝鲸NE 1.4T GDI DCT旗舰型	4730	1820	1505	1340	2700
	长安逸动DT 2019款1.6L手动尊享型国Ⅵ	4575	1750	1525	1220	2610
	长安逸动DT 2019款1.6L自动尊享型国V	4575	1750	1525	1240	2610
	长安逸动ET 2019款创酷版	4535	1820	1530	1650	2700
	长安逸动XT 2019款1.6L GDI自动新潮型国Ⅵ	4505	1820	1505	1325	2700
	长安锐程CC 2021款蓝鲸版1.5T DCT豪华型	4800	1825	1465	1420	2770
	长安锐程CC 2021款蓝鲸版1.5T DCT旗舰型	4800	1825	1465	1460	2770
	吉利缤瑞2020款200T手动标准型	4680	1785	1460	1280	2670
	吉利缤瑞2020款1.4T CVT亚运版	4680	1785	1460	1360	2670
	吉利帝豪2020款1.5L手动舒适型	4632	1789	1470	1255	2650
	吉利帝豪2020款1.5L CVT尊贵型	4632	1789	1470	1285	2650
	吉利帝豪GL 2020款1.4T手动标准型	4725	1802	1478	1335	2700
	吉利帝豪GL2020款1.5T DCT尊贵型	4725	1802	1478	1375	2700
	吉利远景2020款1.5L手动亚运版	4599	1747	1482	1210	2615
	吉利远景S1 2019款升级版1.5L CVT亚运版	4465	1800	1535	1305	2688
	吉利远景S1 2019款升级版1.4T CVT尊贵型	4465	1800	1535	1385	2688
	宝骏310 2020款1.2L手动豪华型	4032	1680	1470	1030	2550
	宝骏310W 2020款1.5L自动乐享型国Ⅵ	4620	1710	1535	1225	2750
	新宝骏RC-5 2020款1.5L手动智耀精英型	4650	1806	1458	1321	2700
	新宝骏RC-5 2020款RC-5W 1.5T CVT智耀旗舰型	4685	1806	1485	1420	2700
	北汽昌河A6 2019款1.5L手动豪华版	4620	1810	1485	1210	2672
	比亚迪F3 2020款1.5L手动经典型	4533	1705	1490	1210	2600
	比亚迪F3 2020款1.5L手动超值型	4617	1716	1480	1210	2615
	比亚迪秦2019款1.5L手动豪华型	4675	1770	1480	1260	2670
	比亚迪秦2019款1.5L自动尊贵型	4675	1770	1480	1325	2670

续上表

组别	车　型	长(mm)	宽(mm)	高(mm)	质量(kg)	轴距(mm)
D	比亚迪秦 Pro 2020 款超越版 1.5TI 自动尊贵型	4765	1837	1500	1355	2718
	东风汽车风神 A60 2018 款 1.6L DCT 尊贵型 PLUS	4680	1720	1515	1253	2700
	东风汽车弈炫 2020 款 200T 手动炫目版	4660	1812	1490	1235	2680
	东风汽车弈炫 2020 款 230T 自动炫酷猎弯骑士版	4700	1812	1490	1273	2680
	东风汽车景逸 S50 2020 款 1.6L CVT 豪华型	4700	1790	1526	1300	2700
	江淮汽车嘉悦 A5 2020 款 1.5T CVT 梦想型	4772	1820	1492	1440	2760
	东风启辰 D60 2019 款十万荣耀 1.6L XV CVT 辰悦版国Ⅴ	4756	1803	1487	1250	2700
	东南 A5 翼舞 2019 款 1.5L CVT 旗舰版国Ⅴ	4588	1780	1485	1210	2625
	V5 菱致 2017 款 1.5L CVT 新逸型	4578	1775	1480	1210	2615
	广汽传祺 GA62019 款 270T 自动豪华版	4891	1850	1505	1455	2815
	广汽传祺 GA62019 款 270T 自动至尊版	4891	1850	1505	1512	2815
	广汽传祺 GA42018 款 150N 手动豪华版	4692	1805	1500	1270	2660
	广汽传祺 GA42018 款 200T 自动尊贵版	4692	1805	1500	1321	2660
	福美来 F52018 款 1.6L 手动精英型	4698	1806	1477	1325	2685
	福美来 F52018 款 1.6L 自动豪华型	4698	1806	1477	1350	2685
	陆风逍遥 2018 款 1.5T 手动青铜版	4439	1835	1550	1440	2700
	奇瑞艾瑞泽 52020 款 1.5T 手动运动版	4572	1825	1482	1316	2670
	奇瑞艾瑞泽 GX2019 款 Pro 1.5T CVT 耀色版国Ⅵ	4710	1825	1490	1358	2670
	荣威 i52020 款 GL 20T 自动智联网超能至尊版	4601	1818	1489	1270	2680
	荣威 i62020 款 PLUS 20T TST 互联网荣耀智臻版	4671	1835	1464	1320	2715
	特斯拉中国 Model 3 2020 款标准续航后驱升级版	4694	1850	1443	1614	2875
	北汽新能源 EC3 2019 款灵动版	3684	1630	1518	1140	2360
	江淮 ic5 2020 款豪华运动版	4770	1820	1510	1700	2760
	江淮 iEV7 2019 款 iEV7L 豪华智能型	4320	1710	1515	1340	2500
	吉利新能源帝豪新能源 2019 款 EV500 进取型标准续航版	4631	1789	1495	1570	2650
	长安汽车逸动新能源 2019 款 EV460 共享版	4740	1820	1530	1650	2700
	长安汽车逸动 ET 2019 款探酷版	4535	1820	1530	1650	2700
	上汽集团荣威 Ei5 2020 款舒适版	4544	1818	1536	1555	2665
	上汽集团科莱威 CLEVER 2020 款都市风尚版	3140	1648	1531	950	2000
	上汽集团荣威 i6 新能源 2019 款 PLUS 50T 4G 互联荣耀豪华版	4671	1835	1460	1480	2715

续上表

组别	车 型	长(mm)	宽(mm)	高(mm)	质量(kg)	轴距(mm)
D	奇瑞新能源艾瑞泽 e 2020 款改款超值版	4572	1825	1496	1545	2670
	东风日产-轩逸·纯电 2020 款舒适版	4677	1760	1520	1520	2700
	上汽通用别克-微蓝 6 2020 款互联智享型 PLUS	4650	1817	1510	1675	2660
T	雷克萨斯 ES 2020 款 200 卓越版	4975	1866	1447	1610	2870
	雷克萨斯 ES 2020 款 200 豪华版	4975	1866	1447	1610	2870
	雷克萨斯 ES 2020 款 260 卓越版	4975	1866	1447	1645	2870
	雷克萨斯 ES 2020 款 260 F SPORT	4980	1866	1447	1645	2870
	雷克萨斯 ES 2020 款 300h 卓越版	4975	1866	1447	1720	2870
	雷克萨斯 ES 2020 款 300h 行政版	4975	1866	1447	1720	2870
	雷克萨斯 LS 2020 款 350 豪华版国Ⅵ	5235	1900	1450	2145	3125
	雷克萨斯 LS 2020 款 500h 行政版国Ⅵ	5235	1900	1450	2295	3125
	奥迪 A6L 2020 款 40 TFSI 豪华动感型	5050	1886	1475	1820	3024
	奥迪 A6L 2020 款 45 TFSI quattro 甄选动感型	5050	1886	1475	1880	3024
	奥迪 A6L 2020 款 55 TFSI quattro 尊享智雅型	5028	1886	1475	1980	3024
	宝马 5 系 2020 款 525Li M 运动套装	5087	1868	1500	1710	3108
	宝马 5 系 2020 款 530Li M 领先型 M 运动套装	5087	1868	1500	1755	3108
	宝马 4 系 2021 款 425i M 运动套装	4768	1852	1383	1710	2851
	宝马 4 系 2021 款 425i M 运动曜夜套装	4768	1852	1383	1755	2851
	宝马 4 系 2021 款 430i M 运动曜夜套装	4768	1852	1383	1795	2851
	奔驰 S 级 2020 款 S 450 L 臻藏版	5259	1899	1497	1911	3165
	奔驰 E 级 2020 款改款 E 260 L 运动型	5065	1860	1484	1895	3079
	奔驰 E 级 2020 款改款 E 260 L 运动型 4MATIC	5065	1860	1490	1895	3079
	奔驰 E 级 2020 款改款 E 300 L 运动殊享版	5065	1860	1484	1820	3079
	奔驰 E 级 2020 款改款 E 350 L 4MATIC	5065	1860	1490	1880	3079
	奔驰 E 级 2020 款改款 E 350 L 运动型 4MATIC	5065	1860	1490	1980	3079
	奔驰 C 级 2020 款改款 C 200 L 时尚型运动版	4784	1810	1457	1710	2920
	奔驰 C 级 2020 款改款 C 260 运动版 4MATIC	4704	1810	1454	1755	2840
	奔驰 C 级 2020 款改款 C 300 L 运动版	4784	1810	1457	1710	2920
	讴歌 TLX-L 2018 款 2.4L 尊享版	4981	1854	1447	1710	2900
	讴歌 TLX-L 2018 款 2.4L 智享版	4981	1854	1447	1735	2900
	讴歌 TLX-L 2018 款 2.4L 钻享版	4981	1854	1447	1755	2900
	英菲尼迪 2019 款 Q70L 2.0T 精英版 PLUS	5130	1845	1510	1831	3050
	英菲尼迪 2019 款 Q70L 2.0T 悦享版 PLUS	5130	1845	1510	1845	3050

续上表

组别	车型	长(mm)	宽(mm)	高(mm)	质量(kg)	轴距(mm)
T	英菲尼迪 2019 款 Q70L 2.0T 豪华版 PLUS	5130	1845	1510	1872	3050
	英菲尼迪 2018 款 Q50L 2.1T 进享版国Ⅵ	4867	1823	1456	1711	2898
	英菲尼迪 2019 款 Q50L 2.2T 30 周年限量版国Ⅵ	4867	1823	1456	1721	2898
	英菲尼迪 2018 款 Q50L 2.3T 菁英运动版国Ⅵ	4867	1823	1456	1741	2898
	英菲尼迪 2018 款 Q50L 2.4T 豪华版国Ⅵ	4867	1823	1456	1723	2898
	英菲尼迪 2018 款 Q50L 2.5T 豪华运动版国Ⅵ	4867	1823	1456	1751	2898
	凯迪拉克 CT6 2020 款改款 28T 精英型	5223	1879	1492	1695	3109
	凯迪拉克 CT6 2020 款改款 28T 旗舰超级巡航型	5223	1879	1498	1755	3109
	凯迪拉克 CT6 2020 款 28T 精英型	5223	1879	1492	1695	3109
	凯迪拉克 CT6 2020 款 28T 铂金版	5223	1879	1498	1835	3109
	凯迪拉克 CT5 2020 款改款 28T 领先运动型	4924	1883	1453	1640	2947
	凯迪拉克 CT5 2020 款改款 28T 铂金运动型	4924	1883	1454	1685	2947
	沃尔沃 V90 2020 款改款 Cross Country T5 AWD 智远版	4939	1879	1546	1895	2941
	沃尔沃 V90 2020 款改款 Cross Country T5 AWD 智尊版	4939	1879	1546	1820	2941
	沃尔沃 V90 2020 款 Cross Country T5 AWD 智远版	4939	1879	1546	1880	2941
	沃尔沃 V90 2020 款 Cross Country T5 AWD 智尊版	4939	1879	1546	1980	2941
	沃尔沃 S90 2021 款 B5 智雅豪华版	5090	1879	1450	1610	3061
	沃尔沃 S90 2020 款改款 T5 智雅豪华版	5090	1879	1450	1645	3061
	沃尔沃 V60 2020 款改款 T5 智雅运动版	4761	1850	1432	1711	2872
	捷豹 XFL 2020 款 XFL 2.0T P200 两驱赛旗版	5093	1880	1456	1825	3100
	捷豹 XFL 2020 款 XFL 2.0T P250 四驱尊享版	5093	1880	1456	1905	3100
	捷豹 XFL 2020 款 XFL 2.0T P300 四驱奢华版	5093	1880	1456	1915	3100
	捷豹 XEL 2020 款 2.0T 250PS SE 科技优雅版	4778	1850	1429	1730	2935
	捷豹 XEL 2020 款 2.0T 250PS R-DYNAMIC HSE 豪华运动版	4778	1850	1429	1730	2935
	东风本田-INSPIRE 2019 款锐·混动 2.0L 净越版国Ⅵ	4910	1862	1450	1633	2830
	一汽丰田-皇冠 2018 款 2.0T 尊享版	5020	1805	1480	1735	2925
	长安福特-金牛座 2019 款 EcoBoost 245 尊享版	5018	1884	1506	1803	2949
	长安福特-蒙迪欧 2020 款 EcoBoost 200 时尚型	4873	1852	1470	1625	2850
	东风雪铁龙-雪铁龙 C5 2019 款 350THP ORIGINS 百年臻享版	4825	1860	1480	1580	2815
	东风雪铁龙-雪铁龙 C6 2020 款 360THP 舒适型	4980	1858	1475	1590	2900
	东风标致-标致 508 2019 款 508L 360THP PureTech 先锋版国Ⅵ	4870	1855	1455	1490	2848

续上表

组别	车型	长(mm)	宽(mm)	高(mm)	质量(kg)	轴距(mm)
T	上汽通用雪佛兰-迈锐宝 XL 2020 款 535T CVT 锐行版	4933	1854	1472	1430	2829
	雪佛兰(进口)-科迈罗 2017 款 2.0T RS	4786	1897	1356	1570	2811
	上汽大众-辉昂 2019 款 380TSI 两驱商务版国 VI	5074	1893	1489	1835	3009
	上汽通用别克-君威 2020 款 GS 28T 精英型	4913	1863	1462	1530	2829
	上汽通用别克-君越 2021 款 552T 豪华型	5026	1866	1459	1535	2905
	上汽斯柯达-速派 2019 款改款 TSI280 DSG 标准版	4869	1865	1489	1440	2841
	马自达 CX-4 2020 款 2.0L 自动两驱蓝天领先版	4637	1855	1524	1493	2700
	领克 02 2021 款 2.0T DCT 四驱劲 Pro	4448	1890	1528	1650	2702
	索纳塔 2020 款 380TGDi GLS 自动豪华版	4955	1860	1445	1542	2890
	吉利博瑞 2021 款 1.8T 领航版+	4986	1861	1513	1660	2870
	江淮汽车瑞风 A60 2017 款 1.5TGDI 自动尊贵型	5005	1890	1503	1665	2915
	众泰 Z700 2018 款 Z700H 1.8T DCT 旗舰型	5020	1877	1469	1665	3000
	广汽传祺 GA82020 款 390T 尊享版	5003	1868	1505	1705	2900
	广汽传祺 GA82020 款 390T 至尊版	5003	1868	1505	1730	2900
	特斯拉中国 Model 3 2020 款改款长续航后轮驱动版	4694	1850	1443	1745	2875
	特斯拉中国 Model 3 2020 款 Performance 高性能全轮驱动版	4694	1850	1443	1836	2875
	吉利新能源博瑞新能源 2020 款 1.5T PHEV 耀领版	4986	1861	1513	1840	2870
C	宾利飞驰 2020 款 6.0T W12 标准版	5316	1978	1484	2437	3194
	保时捷 Panamera 2019 款 Panamera 2.9T	5049	1937	1423	1888	2950
	保时捷 Panamera 2019 款 Panamera 行政加长版 2.9T	5199	1937	1428	1985	3100
	保时捷 Panamera 2020 款 Panamera 十周年纪念版 2.9T	5049	1937	1423	1973	2950
	保时捷 Panamera 2019 款 Panamera 4 行政加长版 2.9T	5199	1937	1428	2017	3100
	保时捷 Panamera 2020 款 Panamera GTS 4.0T	5053	1937	1417	2085	2950
	保时捷 Taycan 2020 款 Taycan	4963	1966	1395	2250	2900
	保时捷 Taycan 2019 款 Taycan 4S	4963	1966	1379	2350	2900
	保时捷 Taycan 2019 款 Taycan Turbo S	4963	1966	1378	2295	2900
	奥迪 A8L 2019 款改款 Plus 55 TFSI quattro 尊贵型	5302	1945	1483	2145	3128
	奥迪 A8L 2019 款 Plus 55 TFSI quattro 尊贵型	5302	1945	1483	2295	3128
	奥迪 A7 2020 款 40 TFSI 豪华型	4976	1908	1405	1895	2928
	奥迪 A7 2020 款 45 TFSI 专享型	4976	1908	1405	1895	2928
	宝马 7 系 2019 款改款 730Li 豪华套装	5273	1902	1498	1911	3210
	宝马 7 系 2019 款改款 740Li 尊享型豪华套装	5273	1902	1498	1950	3210

续上表

组别	车　型	长(mm)	宽(mm)	高(mm)	质量(kg)	轴距(mm)
C	宝马 7 系 2019 款改款 740Li Xdrive 行政型 M 运动套装	5273	1902	1498	2048	3210
	宝马 7 系 2019 款改款 750Li Xdrive V8 豪华套装	5273	1902	1498	2179	3210
	宝马 7 系 2019 款改款 M760Li Xdrive V12 豪华套装	5273	1902	1498	2326	3210
	奔驰迈巴赫 S 级 2020 款 S 450 4MATIC 典藏版	5466	1899	1500	2550	3365
	奔驰迈巴赫 S 级 2020 款 S 450 4MATIC	5466	1899	1498	2550	3365
	奔驰迈巴赫 S 级 2020 款 S 560 4MATIC	5466	1899	1500	2550	3365
	奔驰迈巴赫 S 级 2020 款 S 680	5466	1899	1500	2550	3365
	奔驰迈巴赫 S 级 2020 款 S 680 双调典藏版	5466	1899	1500	2550	3365
	奔驰 S 级 2020 款 S 450 L 4MATIC 臻藏版	5283	1905	1500	1950	3165
	奔驰 S 级 2020 款 S 450 L 4MATIC 轿跑版	5035	1912	1414	2048	2945
	福特(进口)-Mustang 2020 款 2.3L EcoBoost	4794	1916	1391	1702	2720
	保时捷 Taycan 2019 款 Taycan Turbo	4963	1966	1381	2362	2900
	特斯拉(进口)Model S 2019 款长续航版	4979	1964	1445	2100	2960
K	雷克萨斯 NX 2020 款 200 前驱锋逸国 VI	4640	1845	1645	1635	2660
	雷克萨斯 NX 2020 款 300h 前驱锋尚版国 VI	4640	1845	1645	1820	2660
	奥迪 Q3 2020 款轿跑 35 TFSI 进取型	4518	1843	1573	1575	2680
	奥迪 Q3 2020 款轿跑 45 TFSI quattro 时尚动感型	4495	1848	1616	1735	2680
	宝马 X1 2020 款 sDrive20Li 尊享型	4565	1821	1620	1553	2780
	宝马 X1 2020 款 sDrive25Li 尊享型	4565	1821	1620	1670	2780
	奔驰 GLB 2020 款 GLB 180 时尚型	4638	1834	1687	1670	2829
	奔驰 GLB 2020 款 GLB 200 时尚型	4638	1834	1700	1670	2829
	奔驰 2020 款 GLA 200	4417	1834	1610	1598	2729
	奔驰 2020 款 GLA 180	4417	1834	1610	1598	2729
	奔驰 2020 款 GLA 220 4MATIC	4417	1834	1610	1598	2729
	讴歌 CDX 2021 款 1.5T 两驱尊享版	4496	1840	1615	1598	1660
	讴歌 CDX 2021 款 1.5T 钻享 A-Spec 运动款	4542	1840	1634	1608	1660
	讴歌 CDX 2021 款 2.0L 质享版 Hybrid	4496	1840	1655	1615	1660
	广汽丰田-丰田 C-HR EV 2020 款领先版	4405	1795	1575	1780	2640
	一汽丰田-奕泽 E 进擎 2020 款 E·智行版	4405	1795	1575	1780	2640
	郑州日产-途达 2020 款 2.5L XE 手动两驱精英版	4882	1850	1835	1799	2850
	长安福特-翼虎 2019 款 EcoBoost 180 两驱精翼型国 VI	4524	1838	1685	1592	2690
	上汽大众-途观 L 2020 款 330TSI 自动两驱风尚版国 VI	4712	1839	1673	1625	2791
	大众(进口)-Tiguan 2019 款 280TSI 两驱精英型	4486	1839	1646	1552	2681

续上表

组别	车　　型	长(mm)	宽(mm)	高(mm)	质量(kg)	轴距(mm)
K	上汽通用别克-昂科威2020款20T两驱领先型	4686	1839	1686	1610	2750
	纳智捷URX 2020款1.8T智进AR版(5座)	4725	1826	1765	1585	2720
	纳智捷URX 2020款1.8T智进AR版(7座)	4725	1826	1765	1630	2720
	马自达CX-5 2020款改款2.0L自动两驱智尊型	4555	1842	1685	1558	2700
	马自达CX-5 2020款改款2.5L自动两驱智尊型	4555	1842	1685	1593	2700
	马自达CX-5 2020款2.5L自动四驱旗舰型	4555	1842	1685	1677	2700
	JEEP指南者2020款220T自动四驱精英版	4415	1819	1650	1575	2636
	JEEP指南者2020款220T自动四驱高性能旗舰版	4415	1819	1650	1675	2636
	途胜2020款280TGDi双离合四驱智尊版国Ⅴ	4545	1850	1670	1657	2670
	欧蓝德2020款2.4L四驱致尊版7座	4705	1810	1710	1650	2670
	奕歌2019款1.5T CVT四驱真我版国Ⅴ	4405	1805	1685	1628	2670
	长安CS75 2020款280T DCT豪华型国Ⅵ	4650	1850	1705	1600	2700
	长安CS85COUPE 2019款1.5T DCT型版国Ⅵ	4720	1845	1665	1635	2705
	吉利博越2021款百万款1.8TD手动两驱舒适型	4519	1831	1694	1575	2670
	吉利博越2021款百万款1.8TD DCT两驱豪华型	4519	1831	1694	1615	2670
	吉利远景X6 2020款1.4T手动尊贵型	4546	1834	1715	1550	2661
	吉利远景X6 2020款1.4T CVT亚运版	4546	1834	1715	1600	2661
	宝骏530 2020款1.5T CVT尊贵互联型	4695	1835	1750	1599	2750
	新宝骏RM-5 2019款1.5T CVT 24小时在线尊贵型7座	4705	1806	1645	1565	2750
	北汽道达V8 2017款2.0L手动豪华型	4900	1850	1890	1840	2950
	北汽幻速S7 2018款1.5T自动智尊型	4800	1850	1800	1710	2780
	北汽战旗2019款1.5T角斗士国Ⅵ	4050	1830	1840	1650	2300
	北汽战旗2019款1.5T硬顶版国Ⅴ	4340	1828	1870	1640	2500
	北汽BJ 212 2020款1.5T方门硬顶	4245	1830	1910	1620	2460
	北汽BJ 212 2020款2.4T方门硬顶	4245	1830	1910	1680	2460
	东风汽车风光580 2021款红星版1.5T自动豪华型	4715	1845	1715	1590	2780
	东风汽车风光580 2021款红星版1.5TGDI自动旗舰型	4715	1845	1715	1650	2780
	东风汽车风光580Pro 2020款280TGDI CVT领航版	4715	1845	1715	1650	2780
	东风汽车风行T5 2021款1.5T自动旗舰型	4460	1820	1720	1575	2720
	哈弗F7X 2019款1.5T两驱极智潮玩版	4620	1846	1660	1590	2725
	哈弗F7X 2019款2.0T四驱极智运动版	4620	1846	1660	1720	2725
	哈弗H4 2020款乐享版1.5T DCT悦	4410	1845	1695	1608	2660
	哈弗H5 2018款经典版2.0T手动两驱精英型	4645	1800	1785	1760	2700

续上表

组别	车　　型	长(mm)	宽(mm)	高(mm)	质量(kg)	轴距(mm)
K	哈弗 H6 coupe 2020 款智联版 1.5T 自动两驱豪华智联型	4590	1845	1700	1550	2720
	哈弗 M6 2019 款 1.5T 手动两驱精英型国Ⅵ	4649	1830	1705	1558	2680
	哈弗 M6 2019 款 1.5T DCT 两驱精英型国Ⅴ	4649	1830	1705	1590	2680
	江淮汽车瑞风 M3 2019 款宜家版 1.5T 豪华智能型	4715	1765	1935	1700	2810
	五菱 730 2020 款营运车 1.5L 手动超值版 8 座	4710	1765	1740	1620	2750
	众泰 T500 2018 款 1.5T 自动尊贵型六座版	4632	1850	1695	1560	2700
	广汽传祺 GM62019 款 270T 自动精英版(七座)国Ⅵ	4780	1837	1730	1661	2810
	广汽传祺 GM62019 款 270T 自动尊贵版(七座)国Ⅵ	4780	1837	1765	1690	2810
	海马 8S2020 款 1.6TGDI 自动旗舰型	4565	1850	1682	1560	2700
	观境 2019 款 1.5T 手动智联型	4745	1820	1780	1595	2780
	力帆轩朗 2017 款 1.5T 自动豪华型	4720	1840	1665	1630	2780
	江淮 Ievs4 2019 款豪华智联型	4410	1800	1660	1710	2620
	吉利新能源帝豪 GSe 2020 款 500 悦尚型	4440	1833	1560	1635	2700
	吉利新能源缤越新能源 2020 款 ePro Base	4330	1800	1609	1552	2600
	奇瑞新能源瑞虎 e 2020 款超值版	4358	1830	1670	1605	2630

附 录 B

《机械式停车设备 分类》(修订稿)主要适停汽车尺寸及质量

组别	车型	车长×车宽×车高(mm×mm×mm)	质量(kg)
X	大众 Polo2019 款 Plus 1.5L 自动	4053×1740×1449	1240
X	吉利金刚	4342×1692×1435	1153
X	马自达(进口)MX-5	3915×1735×1245	1185
X-G	smart fortwo	2695×1663×1555	1006
X-G	铃木北斗星	3400×1575×1670	950
X-G	宝骏 E200	2497×1526×1616	892
X-G	华泰 EV160B	3520×1570×1490	1090
X-G	长安奔奔	3730×1650×1530	1070
X-G	北汽新能源 LITE	2986×1676×1517	1080
X-G	众泰 E200	2735×1600×1630	1130
X-G	知豆 D2	2806×1540×1555	925
X-G	江淮 iEV6E	3660×1670×1500	1235
X-G	昌河北斗星	3950×1740×1690	1180
X-G	广本飞度 2020 款 1.5CVT 豪华版	4096×1695×1525	1160
X-G	现代瑞纳 2020 款 1.4L 自动	4300×1705×1460	1070
X-G	宝骏 310 2017 款 1.5L 手动	4032×1680×1470	1105
X-G	丰田威驰 FS 2019 款 1.5L CVT	4140×1700×1485	1175
X-G	起亚 K2	4400×1740×1460	1122
X-G	长安悦翔	4390×1725×1490	1100
X-G	起亚 KX CROSS	4240×1750×1505	1195
X-G	名爵 3 2017 款 1.5L 自动	4055×1729×1521	1240
X-G	悦纳 RV 2017 款 1.6L 自动精英版	4190×1728×1460	1215
X-G	铃木利亚纳 A6	4290×1720×1600	1200
X-G	云雀全界 Q1	3970×1730×1615	1110
X-G	东风俊风 ER30	3775×1665×1530	1150
X-G	雷丁 i5	4055×1630×1510	1060
X-G	雷诺 e 诺	3737×1579×1484	971

续上表

组别	车型	车长×车宽×车高(mm×mm×mm)	质量(kg)
X-G	铃木吉姆尼1.3自动四驱3门	3665×1600×1705	1175
	尼桑ADMAX1500LE	4270×1680×1810	1200
Z	本田思域2019款220TURBO CVT燃擎版	4658×1800×1416	1381
	奥迪A3	4312×1785×1426	1390
	马自达3-昂克赛拉2020款2.0L自动质豪版	4662×1797×1445	1435
	现代菲斯塔2019款280TGDi	4660×1790×1425	1435
	起亚K3	4660×1780×1450	1315
	斯巴鲁BRZ	4240×1775×1320	1310
	现代领动1.5L GLS	4610×1800×1450	1288
	现代领动1.5L GLX/1.5L LUX	4610×1800×1450	1350
	现代领动1.4T GLS/1.4T TOP	4610×1800×1450	1369
Z-G	MINI2019款2.0T COOPERS	3832×1727×1453	1395
	丰田威驰2019款1.5L CVT尊行版	4420×1700×1490	1175
	现代悦纳2020款1.4LCVT	4405×1720×1455	1170
	江淮iEV7	4320×1710×1515	1390
	凯翼E3	4450×1748×1493	1280
	丰田卡罗拉新能源	4635×1780×1455	1470
	丰田卡罗拉	4635×1780×1455	1385
	高尔夫2020款280TSI DSG舒适型	4259×1799×1476	1380
	别克英朗	4609×1798×1486	1290
	捷达VA3	4501×1704×1479	1175
	雪佛兰科鲁泽2019款RS 330T自动	4630×1798×1485	1315
	别克凯越2020款15N CVT豪华型	4468×1765×1469	1165
	丰田雷凌2019款双擎1.8H CVT	4640×1780×1455	1480
	奔驰A级	4622×1796×1454	1449
	吉利帝豪	4632×1789×1470	1305
	大众桑塔纳1.5L自动	4475×1706×1469	1205
	雪佛兰科鲁兹2019款320T	4614×1798×1485	1295
	日产骐达TIIDA 2020款1.6L CVT智尊版	4393×1766×1524	1309
	现代悦动2018款1.6L自动悦心	4510×1765×1470	1240
	日产蓝鸟2020款1.6L CVT智联高能版	4683×1780×1465	1310
	比亚迪F3	4533×1705×1490	1260
	雪铁龙C4L	4675×1780×1500	1470

续上表

组别	车型	车长×车宽×车高(mm×mm×mm)	质量(kg)
Z-G	雪铁龙爱丽舍	4427×1748×1476	1250
	雪铁龙 C4 世嘉	4588×1800×1496	1400
	雷克萨斯 CT	4360×1765×1455	1490
	奥迪 Q2L 2020 款 35TFSI 时尚动感型	4236×1785×1548	1455
	大众探影 2020 款 280TSI DSG R-Line	4194×1760×1601	1360
	本田缤智 2019 款 1.5L CVT 豪华型国Ⅵ	4340×1790×1605	1325
	斯柯达柯米克 2020 款 GT 1.5L 自动舒适版	4409×1781×1606	1385
	别克昂科拉 2020 款 20T CVT 豪华型	4295×1798×1616	1355
	宝骏 510 2019 款 1.5L CVT 优享型国Ⅵ	4220×1740×1625	1340
	远景 X3 2018 款 1.5L 自动周年版	4005×1760×1575	1265
	日产劲客 2020 款 1.5L CVT 智联尊享版	4313×1760×1588	1214
	雷诺 科雷缤	4263×1797×1593	1370
	起亚 KX3 傲跑	4345×1800×1645	1270
	雪佛兰创酷	4270×1791×1602	1310
	北京现代 ix25	4300×1790×1620	1250
	新宝骏 RS-3	4300×1750×1600	1350
	高尔夫纯电 2019 款 2.0 TSI GTI 国Ⅴ	4269×1799×1479	1480
	北汽新能源 2019 款 EC5	4122×1750×1583	1480
D	MINI CLUBMAN 2019 款 2.0T COOPER S	4263×1800×1479	1539
	大众朗逸 2018 款 280TSI DSG	4670×1806×1474	1368
	大众高尔夫(进口)	4578×1799×1515	1515
	领克 03	4639×1840×1460	1572
	福特福克斯 2020 款 EcoBoost 180 自动	4671×1810×1454	1466
	雪佛兰科鲁兹 2018 款 330T 双离合领锋版	4450×1807×1459	1365
	日产轩逸 2020 款 1.6L TOP CVT 奢享版	4641×1815×1447	1328
	大众宝来 2020 款 280T SI DSG 豪华型	4663×1815×1473	1370
	宝马 1 系	4462×1803×1446	1448
	奔驰 CLA 200	4645×1777×1417	1531
	斯柯达明锐 2019 旅行车 TSI280 DSG	4675×1814×1460	1380
	现代领动插电混动 PHS/PHX/PHP	4610×1800×1450	1595
	奥迪 A3、奥迪 A3(进口)	4436×1793×1386	1610
	江淮嘉悦 A5	4772×1820×1492	1482
	吉利帝豪新能源	4631×1789×1495	1620

续上表

组别	车型	车长×车宽×车高(mm×mm×mm)	质量(kg)
D	现代菲斯塔纯电动	4705×1790×1435	1653
	大众凌渡 2019 款 280T SI DSG	4615×1826×1425	1420
	吉利帝豪 GL 2019 款 1.5T DCT	4725×1802×1478	1475
	吉利帝豪 GL 新能源	4725×1802×1493	1700
	上汽荣威 Ei5	4544×1818×1536	1605
	宝马 1 系进口 2018 款 M140i	4341×1765×1458	1615
	比亚迪秦 Pro 2018 款	4765×1837×1500	1410
	奥迪 S3	4474×1796×1392	1605
	上汽荣威 i5 2020 款 GL 20T 自动	4601×1818×1489	1320
	标致 408 2019 款 360THP 自动	4750×1820×1488	1435
	丰田卡罗拉双擎 E+2019 款 1.8L 旗舰版	4635×1775×1470	1590
	标致 308 2019 款自动	4590×1820×1488	1370
	大众进口甲壳 2018 款 280T SI 沙丘越野版	4278×1808×1486	1443
	上汽荣威 i6	4671×1835×1464	1370
	大众迈腾 2020 款 380T SI DSG	4865×1832×1471	1630
	日产天籁 2020 款 2.0T XV AD1 智尊领航版	4901×1850×1447	1625
	奥迪 A4(进口)2020 款	4737×1842×1428	1660
	凯迪拉克 ATS-L	4730×1824×1426	1650
	红旗 H5	4945×1845×1470	1633
	起亚 K5	4855×1835×1475	1591
	奔驰 GLA	4449×1804×1535	1630
	保时捷 718	4379×1801×1295	1415
	奥迪(进口)奥迪 TT	4191×1832×1345	1575
	别克上海 LGX 新世纪轿车	4984×1845×1438	1649
	马自达睿翼 2.5L 至尊版	4755×1795×1440	1558
	丰田凯美瑞 200G 豪华版(新)	4825×1820×1485	1620
	斯柯达昊锐 2.0TSI 手自一体优雅版	4838×1817×1462	1655
	宝来纯电 2020 款 1.5L	4663×1815×1462	1335
	迈腾新能源 2019 款 208TSI DSG	4866×1832×1464	1490
	帕萨特新能源混动 2019 款 380 TSI	4933×1836×1469	1645
	高尔夫新能源(进口)2019 款 1.8 TSI	4578×1799×1515	1506
	索纳塔九 2018 款 2.0 GLS	4855×1835×1485	1660
	奥迪 TTS 2017 款 TTS coupe	4191×1832×1314	1495

续上表

组别	车型	车长×车宽×车高(mm×mm×mm)	质量(kg)
D	北汽新能源 EV5 2019 款	4675×1770×1500	1690
D-G	大众高尔夫嘉旅	4351×1807×1584	1445
D-G	丰田 C-HR 2020 款 2.0L 豪华版	4405×1795×1565	1560
D-G	哈弗 H2 20181.5T 双离合两驱智尚型国 VI	4365×1814×1710	1550
D-G	长安 CS35 PLUS	4335×1825×1660	1485
D-G	起亚 KX3 傲跑新能源	4290×1780×1650	1700
D-G	北京汽车 BJ 212	4080×1840×1870	1650
D-G	奇瑞瑞虎 5x	4358×1830×1670	1455
D-G	上汽名爵 ZS	4323×1809×1653	1368
D-G	上汽名爵 EZS 纯电动	4314×1809×1620	1568
D-G	日产奇骏 2020 款 2.0L CVT 智联舒适版 2WD	4675×1820×1722	1558
D-G	日产逍客 2019 款 2.0L CVT 旗舰版	4401×1837×1611	1521
D-G	长安 CS75 2018 款 280T 自动领智型国 V	4650×1850×1705	1700
D-G	吉利博越 2020 款 1.5TD 自动智联 PRO	4544×1831×1713	1660
D-G	吉利 ICON	4350×1810×1615	1495
D-G	奥迪 Q3	4481×1848×1584	1620
D-G	大众途岳	4453×1841×1632	1455
D-G	奇瑞瑞虎 7	4500×1842×1746	1532
D-G	三菱欧蓝德	4705×1810×1710	1670
D-G	小鹏汽车 G3	4450×1820×1610	1628
D-G	大众捷达 VS5	4419×1841×1616	1405
D-G	大众途观 L 2019 款 280TSI 自动两驱全景舒适版国 VI	4712×1839×1673	1620
D-G	别克昂科威 2019 款 20T 两驱豪华型国 VI	4686×1839×1686	1660
D-G	雪佛兰探界者	4652×1843×1684	1570
D-G	五菱宏光 PLUS	4720×1840×1810	1460
D-G	新宝骏 RM-5	4705×1806×1615	1615
D-G	别克 GL6	4692×1794×1626	1550
D-G	宝骏 730	4780×1780×1740	1614
D-G	东风风行菱智	4745×1720×1940	1695
D-G	克莱斯勒 PT 漫步者 2.4L 自动	4288×1748×1601	1610
D-G	标致 308 2009 款 SW 豪华型	4500×1815×1555	1602
D-G	马自达 5 2008 款 2.0 自动豪华型	4565×1745×1620	1619
D-G	斯巴鲁森林人 2.5 XT 豪华导航型自动	4560×1780×1700	1635

续上表

组别	车型	车长×车宽×车高(mm×mm×mm)	质量(kg)
D-G	途安2008款2.0L	4411×1794×1670	1650
	风行景逸1.8 TT自动逸动版	4320×1804×1620	1610
	北汽新能源2019款R600	4200×1780×1638	1650
	传祺GE3	4337×1825×1658	1576
T1	雪佛兰畅巡	4665×1813×1513	1710
	江淮IC5	4770×1820×1510	1750
	比亚迪秦Pro新能源2018款	4765×1837×1495	1740
	北汽新能源EU5 2020款R600	4650×1820×1510	1730
	本田雅阁2018款锐混动2.0L锐尊版	4893×1862×1449	1673
	丰田凯美瑞2019款2.5HQ旗舰版	4885×1840×1455	1745
	奥迪a4l 2019款45 TF SI quattro运动型	4837×1843×1432	1720
	博瑞	4986×1861×1513	1710
	凯迪拉克CT5 2020款28T铂金运动版	4924×1883×1453	1735
	丰田亚洲龙	4975×1850×1450	1775
	别克君威2019款GS 28T尊贵型	4902×1863×1456	1585
	别克君越	5026×1866×1462	1650
	特斯拉(进口)Model 3 2019款Performance高性能全轮驱动版	4694×1850×1443	1925
	一汽大众CC	4864×1870×1447	1650
	捷豹XEL	2778×1850×1429	1780
	奥迪A4(进口)2019款	4750×1842×1433	1780
	宝马4系	4670×1825×1408	1850
	雪佛兰迈锐宝XL	4933×1854×1472	1520
	本田INSPIRE	4910×1862×1450	1621
	奥迪A5(进口)2019款Cabriolet 45 TFSI quattro运动型国V	4700×1846×1350	1760
	福特蒙迪欧2018款EcoBoost 245智控旗舰型	4873×1852×1470	1709
	奥迪S4	4749×1842×1400	1775
	英菲尼迪Q50L	4867×1823×1456	1791
	标致508	4870×1855×1455	1589
	雪铁龙C5	4825×1860×1480	1665
	皇冠2018款2.0T时尚版	5020×1805×1480	1740
	雷克萨斯ES	4975×1866×1447	1695
	宝马5系	5087×1868×1500	1760

续上表

组别	车　　型	车长×车宽×车高(mm×mm×mm)	质量(kg)
T1	沃尔沃 S90	5083×1879×1450	1834
	大众辉昂	5074×1893×1489	1885
	捷豹 XFL	5093×1880×1456	1955
	沃尔沃 V90	4939×1879×1543	1937
	马自达 CX-4	4637×1855×1524	1580
	雪佛兰进口科迈罗	4786×1897×1356	1620
	蔚揽新能源 2018 款 380 TSI 四驱	4777×1832×1530	1793
	广汽新能源 2019 款 Aions	4768×1880×1530	1675
	迈腾新能源 2020 款 GTE	4865×1832×1469	1800
	帕萨特新能源 2020 款 430 PHEV	4948×1836×1469	1780
	蔚揽新能源 2019 款 GTE	4767×1832×1501	1834
	蒙迪欧新能源 2018 款 2.0 PHEV	4873×1852×1470	1886
	索纳塔插电混动 2018 款 2.0 PHT	4855×1835×1475	1818
	奥迪 A6L 新能源 2019 款 45 TFSI Quattro 臻选动感型	5050×1886×1475	1930
	宝马新能源 2020 款 530 Li	5087×1868×1500	1805
	本田奥德赛场	4800×1800×1545	1730
T1-G	长城哈弗 H6 2020 款 1.5GDIT 自动铂金冠军版	4600×1860×1720	1725
	日产本田 CR-V 2019 款 240TURBO CVT 两驱舒适版国 V	4585×1855×1679	1580
	丰田威兰达	4665×1855×1680	1715
	丰田 RAV4 荣放	4600×1855×1680	1720
	本田皓影	4634×1855×1679	1648
	福特锐际	4585×1882×1688	1709
	林肯冒险家	4615×1887×1630	1825
	宝马 X1	4565×1821×1620	1720
	奔驰 GLB	4638×1834×1687	1725
	吉利星越	4605×1878×1643	1720
	吉利星越新能源	4605×1878×1643	1860
	凯迪拉克 XT4	4600×1881×1627	1692
	斯巴鲁森林人	4640×1815×1730	1707
	奔驰 GLC 2020 款 GLC 260L 4MATIC 动感型	4764×1898×1642	1960
	奥迪 Q5L 2020 款 45 TFSI 尊享时尚型	4765×1893×1659	1925
	宝马 X3 2020 款 xDrive25i 豪华套装	4717×1891×1689	1910
	大众探岳	4589×1860×1660	1650

续上表

组别	车型	车长×车宽×车高(mm×mm×mm)	质量(kg)
T1-G	Jeep(进口)牧马人	4334×1894×1839	1993
	奇瑞瑞虎8	4700×1860×1746	1601
	日产途达	4882×1850×1835	1984
	雷克萨斯 NX	4640×1845×1645	1930
	广汽传祺 GM6	4780×1860×1730	1740
	菱智 M5EV	5145×1720×1995	1870
	金杯 SA6474	4797×1770×2005	1870
	北京现代途胜	4325×1830×1730	1783
	长城哈弗	4620×1800×1710	1820
	哈弗2009款 H3 2.0 豪华型	4650×1800×1810	1820
	嘉誉2009款 2.0 自动豪华型	4574×1704×1845	1710
	宝马 X3 xDrive25i 豪华增配型	4569×1853×1674	1855
	新奥德赛2009款 2.4 领秀版	4810×1802×1570	1805
	三菱格蓝迪 2.4 豪华版 7 座	4780×1795×1700	1755
	福迪探索者Ⅲ NHQ6490Q3	4855×1780×1900	1820
	北汽新能源2019款 EX5	4480×1837×1673	1820
	帅客新能源2019款	4500×1695×1870	1760
	途观新能源 380TSI 自动四驱	4712×1839×1673	1845
	途观新能源 380TSI R-Line	4716×1859×1673	1865
	宝马 X1 新能源 X1 系列	4565×1821×1620	1720
	昂希诺电动2020款	4195×1800×1580	1708
T2	凯迪拉克 CT6	5223×1879×1492	1805
	沃尔沃 S90 新能源	5083×1879×1450	2227
	奔驰 E 级 AMG	4949×1852×1450	2076
	奥迪 S6	4943×1874×1443	2050
	雷克萨斯 LS	5235×1900×1450	2275
	奔驰 S 级 S 300L 豪华型	5206×1871×1473	1950
	红旗世纪星 CA7202E3L	5206×1814×1422	1940
	奥迪 A6L 2020 款 55T FSI quattro	5050×1886×1475	2200
T2-G	路虎发现神行	4599×1894×1724	2100
	丰田普拉多.2018款 3.5L 自动 TX-L	4840×1885×1890	2335
	三菱进口帕杰罗	4900×1875×1900	2205
	雷克萨斯 RX	4890×1895×1710	2090

续上表

组别	车型	车长×车宽×车高(mm×mm×mm)	质量(kg)
T2-G	别克 GL8	5256×1878×1776	1910
	奥德赛	4847×1820×1702	2034
	艾力绅	4950×1842×1711	2030
	广汽传祺 GM8	5066×1884×1822	2113
	丰田(进口)埃尔法	4975×1850×1945	2340
	雷克萨斯 LM	5040×1850×1945	2340
	丰田(进口)威尔法	4975×1850×1890	2340
C	特斯拉(进口)Model S	4979×1964×1445	2150
	保时捷 Taycan	4963×1966×1379	2345
	奥迪 RS 6	4987×1936×1456	2120
	林肯大陆(进口)	5115×1912×1492	1987
	奥迪 RS 7	5012×1911×1414	2100
	宝马 7 系新能源(进口)	5250×1902×1498	2240
	保时捷 Panamera	5049×1937×1423	1938
	保时捷 Panamera 新能源	5049×1937×1423	2332
	宾利飞驰	5316×1978×1484	2487
	玛莎拉蒂总裁	5262×1948×1481	1970
	奔驰 S 级 AMG2018 款	5049×1913×1420	2167
	福特(进口)Mustang	4787×1916×1379	1752
	陆欧	4850×1954×1399	2294
	捷豹 F-TYPE	4482×1923×1311	1770
	奥迪 R8	4425×1940×1236	1705
	兰博基尼 Huracan	4520×1933×1165	1615
	法拉利 488	4605×1975×1206	1535
	迈凯伦 720S	4544×1930×1194	1333
	宝马 i8	4689×1942×1282	1590
	法拉利 F8	4611×1979×1206	1485
	阿斯顿·马丁 DB11	4739×1950×1279	1920
	雷克萨斯 LC	4770×1920×1345	2080
	迈凯伦 GT	4683×2045×1213	1580
	劳斯莱斯魅影	5285×1947×1507	2490
	阿斯顿·马丁 V8 Vantage	4465×1942×1273	1580
	法拉利 Portofino	4586×1938×1318	1714

续上表

组别	车型	车长×车宽×车高(mm×mm×mm)	质量(kg)
C	奥迪 S7 2018 款 4.0T FSO quattro	4982×1911×1398	2095
C-G	劳斯莱斯古斯特	5467×1948×1556	2510
	北京越野 BJ40	4645×1925×1871	2165
	丰田汉兰达 2018 款 2.0T 四驱豪华版 7 座国 Ⅵ	4890×1925×1715	2130
	比亚迪唐 2018 款 2.0T 自动智联尊贵型 7 座国 V	4870×1940×1720	1945
	沃尔沃 XC60 新能源	4688×1902×1658	2159
	英菲尼迪 QX50	4705×1903×1681	1930
	凯迪拉克 XT5	4813×1903×1682	1965
	本田冠道	4816×1942×1669	1810
	福特锐界	4878×1925×1734	2238
	路虎发现运动版	4597×1904×1727	2140
	红旗 HS5	4760×1907×1700	1855
	保时捷 Macan	4696×1923×1624	1907
	路虎揽胜极光	4371×1904×1649	2005
	本田 UR-V	4825×1942×1670	1926
	大众途昂 2020 款 380TSI 四驱舒适版国 Ⅵ	5039×1989×1773	2095
	保时捷 Cayenne	4918×1983×1696	2070
	保时捷 Cayenne 新能源	4918×1983×1696	2456
	大众(进口)途锐	4878×1984×1717	2220
	别克昂科旗	4981×1953×1732	2100
	长城哈佛 H9	4856×1926×1900	2425
	凯迪拉克 XT6	5056×1964×1780	2120
	理想 ONE	5020×1960×1760	2350
	林肯飞行家(进口)	5080×2022×1759	2103
	Jeep 大切诺基(进口)	4828×1943×1792	2354
	兰博基尼 Urus	5112×2016×1638	2250
	蔚来 ES8	5022×1962×1756	2475
	宝马 X6(进口)	4947×2004×1698	2240
	福特探险者(进口)	5064×2005×1798	2329
	沃尔沃(进口)XC90	4953×1958×1776	2435
	吉利嘉际	4706×1909×1690	1710
	夏朗	4854×1904×1740	1908
	江铃福特途睿欧	4976×2032×1990	2285

续上表

组别	车型	车长×车宽×车高(mm×mm×mm)	质量(kg)
C-G	大众(进口)迈特威	4904×1904×1970	2459
	克莱斯勒大捷龙(进口)	5176×2037×1777	2119
	奥迪(进口)Q7新能源2019款2.0 45T FSI舒适型	5069×1968×1716	2165
	五菱荣光加长	4490×1615×1900	1320
	五菱荣光V	4415×1665×1850	1190
	华晨鑫源小海狮X30	4100×1680×1930	1240
	东风小康风光330	4365×1720×1790	1300
	东风小康K07S	4070×1560×1910	1050
	长安之星9	4430×1655×1935	1310
	长安V3	3995×1645×1910	1170
	昌河北汽EV5行业版1.5T 4.5米纯电动厢式运输车(210km)32.3kWh	4500×1650×1940	1550
	上汽MAXUS EV30	4500×1780×1895	1470
	东风小康EC36	4500×1680×2000	1740
	东风小康C37	4500×1680×2000	1420
	九龙EM3	3180×1495×1720	1205
	北汽昌河M50S	4525×1700×1818	1320
	优优EV	4430×1626×1965	1530
	陆地方舟威图X35	4495×1680×1990	1730
	吉林佳宝V77	4020×1595×1880	1165
	北汽幻速H2	4520×1720×1785	1375
	江淮瑞风	5035×1820×1970	1935
	福田蒙派克E 2017款2.0L长轴	5245×1825×2030	2060
	长安睿行EM80	4805×1715×1990	1600
	长安睿行EM80高顶	4805×1715×2200	1660
	南方金龙NJL 6420EV	4165×1680×1930	2380
	南京金龙NJL 6520 BEV	5200×1700×2240	2050
	九龙HKL 6520BEV	5150×1835×1890	2715
K2	风景G7	4840×1695×2240	1890
	江铃福特全顺	4974×2032×2066	2240
	上汽MAXUS V80	4950×1998×2345	3900
	依维柯欧胜	5670×2011×2726	2930
	丰田进口HIACE	5380×1880×2285	2155

续上表

组别	车　　型	车长×车宽×车高(mm×mm×mm)	质量(kg)
K2	依维柯得意2017款 2.5T 低顶	4850×2000×2150	2300
	依维柯得意2017款 2.5T 中顶	4850×2000×2495	2300
	依维柯褒迪中顶5-7座	4905×2000×2500	2520
	依维柯褒迪中顶14座	5580×2000×2540	2800
	福田汽车风景G9 17座以下	5380×1920×2285	2210
	中车电动 TEG 6591 BEV01	5995×2100×2980	5050
	中车电动 TEG 6590 BEV01	5990×2130×3040	5250
	九龙 HKL 6600BEV11	5990×1880×2320	2935
K3	丰田柯斯达20座	7005×2040×2631	3634
	南京金龙 NJL 6600 EVQ	6005×2130×2980	5240
	南京金龙 NJL 6680 EV4	6800×2270×2952	6185
	北汽福田欧辉 BJ 6650 EVCA-7	6545×2100×2930	5700
	银隆新能源 GTQ 6681BEVB8	6840×2290×3060	6270
	上饶 SR 6660BEVG2	6620×2260×2980	5330
	北汽福田欧辉 BJ 68026 EVCA-7	8005×2450×3380	8220
	南方金龙 NJL 6859EV9	8545×2040×3150	9100
	南方金龙 NJL 6859EV12	8545×2400×3150	9100
	中车电动 TEG 6900 BEV01	8995×2450×3260	9150
	北方 BFC 6809 GBEV7	8010×2350×3000	7350
	比亚迪 BYD 6810LZEV1	8060×2420×3470	9050
	南京金龙 NJL 6810BEV22	8080×2020×2870	4430
	上饶 SR6810 BEVG1	8100×2350×2920	7930
	上饶 SR6800 BEVG1	8040×2280×3020	6500
	南京金龙 NJL 6706 EV1	7000×2050×2860	5050
	比亚迪 BYD 6710 HLEV2	7110×2060×2845	5750
	比亚迪 BYD 6700 H2EV	7010×2160×3210	6650
K4	北汽福田欧辉 BJ 6816 EVCA	8075×2500×3360	8650
	中车电动 TEG 6852 URBEV8	8540×2500×3150	8750
	青年 JNP 6850 LFCEV	8500×2450×3630	8950
	比亚迪 BYD 6900HLEV	8995×2500×3305	10050
	南京金龙 NJL 6822EV	8245×2480×3180	8700
	亚星 YBL 6815HBEV5	8150×2460×3325	7950
	海格蔚蓝 KLQ 6856GAEVN5	8545×2480×3050	8250

续上表

组别	车　型	车长×车宽×车高(mm×mm×mm)	质量(kg)
K4	申龙 SLK 6803ABEVL1	8045×2480×3430	8400
	福田欧辉 BJ6117 EVCA-2	10990×2550×3430	11550
	北方 BFC6129 GBEV S1	11990×2550×3250	12950
	北方 BFC6115 TBEV	10990×2500×3530	10700
	南京金龙 NJL 6129EV55	11990×2550×3300	12700
	南京金龙 NJL 6123 EV2	11990×2550×3280	12750
	南京金龙 NJL 6127EV1	11600×2480×3540	12700
	比亚迪 BYD 6110LLEV1	10690×2500×3580	12250
	亚星 YBL 6111HBEV3	10990×2500×3400	10550
	亚星 YBL 6119HBEV	10990×2550×3525	11150
	万象 SXC 6105CBEV	10490×2500×3550	11460
	申龙 SLK 6128 AFCEVH	11995×2530×3695	13350
	银隆新能源 GTQ 6119 BEVP8	10700×2500×3210	12550
	银隆新能源 GTQ 6129 GAHEVC6K	12000×2550×3280	12850
	银隆新能源 GTQ 6126 GAEVN1	12000×2550×3180	12500
	银隆新能源 GTQ 6121 H2EV1N2	11600×2550×3310	11950
	中车电动 TEG 6129BEV10	11950×2540×3380	12900
	中车电动 TEG 6125BEV09	11980×2540×3280	12550
	中车电动 TEG 6120EV01	11650×2540×3470	11850
	中车电动 TEG 6110BEV04	10900×2540×3470	12000
	中车电动 TEG 6106BEV51	10490×2490×3380	11950
	中车电动 TEG 6106BEV35	10490×2490×3380	12450
	中车电动 TEG 6105BEV14	10500×2500×3280	11500

参 考 文 献

[1] 全国起重机械标准化技术委员会.机械式停车设备 分类:GB/T 26559—2011[S].北京:中国标准出版社,2011.

[2] 全国起重机械标准化技术委员会.机械式停车设备 术语:GB/T 26476—2011[S].北京:中国标准出版社,2011.

[3] 全国起重机械标准化技术委员会.机械式停车设备 通用安全要求:GB 17907—2010[S].北京:中国标准出版社,2011.

[4] 中华人民共和国住房和城乡建设部.汽车库、修车库、停车场设计防火规范:GB 50067—2014[S].北京:中国计划出版社,2015.

[5] 全国起重机械标准化技术委员会.起重机械 检查与维护规程 第11部分:机械式停车设备:GB/T 31052.11—2015[S].北京:中国标准出版社,2016.

[6] 全国起重机械标准化技术委员会.机械式停车设备 使用与操作安全要求:GB/T 33082—2016[S].北京:中国标准出版社,2016.

[7] 中华人民共和国住房和城乡建设部.建筑设计防火规范:GB 50016—2014[S].北京:中国计划出版社,2014.

[8] 中华人民共和国住房和城乡建设部.城市停车规划规范:GB/T 51149—2016[S].北京:中国建筑工业出版社,2016.

[9] 中华人民共和国住房和城乡建设部.钢结构设计标准:GB 50017—2017[S].北京:中国建筑工业出版社,2017.

[10] 中华人民共和国住房和城乡建设部.民用建筑设计统一标准:GB 50352—2019[S].北京:中国建筑工业出版社,2019.

[11] 中华人民共和国住房和城乡建设部.机械式停车库工程技术规范:JGJ/T 326—2014[S].北京:中国建筑工业出版社,2014.

[12] 中华人民共和国住房和城乡建设部.车库建筑设计规范:JGJ 100—2015[S].北京:中国建筑工业出版社,2015.

[13] 唐伯明,曾超,刘唐志,等.城市中心区路外公共停车场停车选择行为模型[J].重庆交通大学学报(自然科学版),2015,06:116-122.

[14] 曾超.城市立体停车设施设置理论与方法研究[D].重庆:重庆交通大学,2016.

[15] 唐伯明,王卫军,刘唐志,等.停车场建设规模对道路通行能力影响的分析[J].重庆交通大学学报(自然科学版),2016,35(02):100-104.

[16] Zeng Chao,Tang Boming,Liu Tangzh. Service Radius Model and Service Scope optimization of City Public Parking Garage[J]. Mathematical Problems in Engineering,2016,06:1-11.

[17] Zeng Chao,Tang Boming,Liu Tangzh,et al. Hospital Parking Character and SEM-ML Inte-

gration Model of Parking Mode Choice Behavior[J]. International Journal of Control and Automation,2016,07:23-38.

[18] Zeng Chao,Deng Mei,Qiao Hao,et al. Movable plates with g-C3N4/TiO2 as a compound system for a greener urban parking lot environment.[J]. PloS one,2020,15(4).

[19] 中国重机协会停车设备工作委员会.中国机械式停车设备行业30年发展史[M].北京：机械工业出版社,2018.

[20] 深度分析立体车库充电解决方案解析[EB/OL].2019-05-31.